Thomas Kesselring
Ethik und Erziehung

Thomas Kesselring

Ethik und Erziehung

Die Deutsche Nationalbibliothek verzeichnet diese Publikation
in der Deutschen Nationalbibliografie;
detaillierte bibliografische Daten sind im Internet über
http://dnb.d-nb.de abrufbar.

© 2014 by WBG (Wissenschaftliche Buchgesellschaft), Darmstadt
Die Herausgabe dieses Werkes wurde durch
die Vereinsmitglieder der WBG ermöglicht.
Redaktion: Katharina Gerwens, Eichendorf
Satz: Lichtsatz Michael Glaese GmbH, Hemsbach
Einbandgestaltung: schreiberVIS, Bickenbach
Gedruckt auf säurefreiem und alterungsbeständigem Papier
Printed in Germany

Besuchen Sie uns im Internet: www.wbg-wissenverbindet.de

ISBN 978-3-534-26382-0

Elektronisch sind folgende Ausgaben erhältlich:
eBook (PDF): 978-3-534-73855-7
eBook (epub): 978-3-534-73856-4

Inhalt

Einleitung 7

Zum Aufbau des Buches 11

1. Institution Schule und Werte. Fünf kritische Rückfragen 13
   1.1 Ist Schule kindgerecht? 13
   1.2 Weicht die Pädagogik Wertfragen aus? 17
   1.3 Bildung als Wettbewerb? 20
   1.4 Ist Chancengleichheit realisierbar? 24
   1.5 Wie ist Bildung zur Selbstbestimmung in einer fremdbestimm-
       ten Institution möglich? 29

2. Ethik im Unterricht und Unterricht in Ethik 31
   2.1 Ethik im Unterricht 31
      2.1.1 Wechselseitige Achtung 31
      2.1.2 Einseitige Achtung 33
   2.2 Macht und Verantwortung 35
      2.2.1 Macht im Allgemeinen, Macht in gesellschaftlichen
          Beziehungen 35
      2.2.2 Machtmissbrauch und Machtkämpfe 37
   2.3 Unterricht in Ethik 39

3. Elemente der Selbstbestimmung 46
   3.1 Freiheit 46
   3.2 Überlegen und Willensbildung 48
   3.3 Gründe und Motive 49
   3.4 Gefühle – Emotionen 50
   3.5 Werte 51
      3.5.1 Ökonomische Werte 52
      3.5.2 Werte-Skeptizismus 53
      3.5.3 Den Umgang mit Werten lernen 56
   3.6 Kann man sein Leben planen? 57
      3.6.1 Was ist Glück? 59
      3.6.2 Gesellschaftliche Vorbedingungen für Glück 60
   3.7 Glücksbedingungen: Ein paar Faustregeln 62
      3.7.1 Sinn 62
      3.7.2 Freiheit 63
      3.7.3 Glück lässt sich nicht auf Lust reduzieren 64
      3.7.4 Glück gibt es nur in der realen Welt 65
      3.7.5 Wünsche, die uns zu weit von der Realität wegführen,
          sind nicht glücksförderlich 65
      3.7.6 Status, Reichtum, Ehre 66

4. Ethik: Dimensionen der Rücksichtnahme 69
   4.1 Ethik der Haltungen: Aristoteles und die Folgen 69
   4.2 Ethik der Emotionen I: Was wir von Spinoza lernen können . . . 73
   4.3 Ethik der Emotionen II: Der Beitrag von Adam Smith 75
   4.4 Ethik der Normen, Gebote und Verbote: Neuzeitlicher Ansatz . . 78
   4.5 Ethik der Gegenseitigkeit. Autonomie und Achtung: Kantische
       Ethik 79
   4.6 Eine Synthese. 88

5. Diskursethik: Ethik in Entscheidungsprozessen 90
   5.1 Exkurs in die Demokratietheorie 90
   5.2 Zur Logik kollektiver Entscheidungsprozesse 92
      5.2.1 Der Diskurs 93
      5.2.2 Die Verhandlung 94
      5.2.3 Die Debatte 95
   5.3 Ethik und Diskurs I: Die Theorie von Habermas 96
   5.4 Philosophieren mit Kindern. 98
   5.5 Ethik und Diskurs II: K.-O. Apel 99
   5.6 Zur Begründung des Gleichheitsprinzips 101
   5.7 Kooperation und Moralbegründung 102
   5.8 Symmetrische und asymmetrische Kooperation 105

6. Utilitaristische Ethik 108
   6.1 Das größte Wohl der größten Zahl. 108
   6.2 Utilitarismus und Ökonomie 110
   6.3 Das utilitaristische Gleichheitsprinzip. 112
   6.4 Kann der Utilitarist moralische Normen gutheißen? 113
   6.5 Der Regelutilitarismus. 113
   6.6 Tierethik 116
   6.7 Unterschied zwischen Mensch und Tier. 117
   6.8 Der utilitaristische Kalkül 119
   6.9 Schwachpunkte des Utilitarismus 121

7. Die Entwicklung des Ethik-Verständnisses bei Kindern und
   Jugendlichen 124
   7.1 Entwicklung verläuft in Stufen 124
   7.2 Die Anfänge: Piagets „sensomotorische" Stufe 127
   7.3 Das gespiegelte Gesicht, Empathie, keimender Wille
       (eineinhalb bis drei Jahre). 128
   7.4 Das gespiegelte Ich. Das Kind gewinnt ein Bild von sich selbst
       (von ca. drei bis sieben Jahren) 131
   7.5 Die gespiegelte Sozialbeziehung und die Bildung einer
       eigenen Rolle (von ca. sieben bis zwölf Jahre) 135
   7.6 Die gespiegelte Rolle: Entwicklung bis zum Erwachsenenalter. . 139
      7.6.1 Persönlichkeitsentwicklung 140
      7.6.2 Entwicklung des Moralbewusstseins 141
      7.6.3 Entwicklungslogische Fragen 143

Literaturverzeichnis 144

Personen- und Sachverzeichnis 149

Einleitung

Dieses Buch ist eine Anleitung zur eigenen Reflexion. Zugleich versteht es sich als Einführung in drei sich überlappende Themenbereiche: in den der *Werte*, den der *Ethik* und in die entwicklungspsychologischen Grundlagen des *kindlichen Ethik-Verständnisses*.

Ethik und Erziehung kreisen beide um Wertfragen. Wenn man von Werten spricht, liegt wohl als Erstes die Assoziation an ökonomische Werte nahe – an „Geldwert", „Wertpapier", „Wertschöpfung", „Mehrwert". In zweiter Linie denkt man vielleicht an christliche Werte – katholische, evangelische, orthodoxe beziehungsweise an islamische und hinduistische Werte oder allenfalls an einen nebulösen Ideenhimmel, in dem das *Gute*, das *Schöne* und das *Wahre* regieren.

Die meisten Werte sind jedoch weder auf monetäre Größen reduzierbar noch etwas schlechthin Nebulöses. Über Werte kann man sich in den unterschiedlichsten Kontexten verständigen. Diese Verständigung braucht es im Bildungswesen heute wohl mehr denn je. Die vorliegende Einführung ist weder aus einer ökonomischen noch aus einer religiösen, sondern aus einer philosophischen Perspektive geschrieben. Sie setzt bei der Erfahrung an, dass viele Vertreter öffentlicher Bildungsinstitutionen sich heute verunsichert fühlen, wenn sie über Werte reden sollen. Exemplarisch dafür sind zwei für das Bildungswesen meines Wohnorts markante Begebenheiten aus den letzten Jahren.

Die erste verdeutlicht die Ungewissheit des Erfolgs einer Wertevermittlung durch Erziehung und Unterricht: Etwa zwei Jahre lang besuchte ein koreanischer Junge das 6. bis 8. Schuljahr einer öffentlichen Volksschule in meiner Nähe. Der Junge nannte sich „Pak" und wurde als Sohn eines nordkoreanischen Botschaftsangestellten ausgegeben. Er fehlte häufig, bei Klassenausflügen kreuzte jeweils unangekündigter Besuch von nordkoreanischem Botschaftspersonal auf. Anscheinend war der Junge ein guter Comic-Zeichner und ein begeisterter Basketball-Spieler. Doch niemand wusste genau, wer er war – nicht einmal die Schulbehörde, auch nicht die Einwohnerpolizei. Man wollte es vielleicht gar nicht so genau wissen. Eines Tages blieb er von der Schule weg und kehrte nicht mehr zurück. Jahre später wurde bekannt: Der Junge hieß in Wirklichkeit Kim Yong-un und wurde am 29.12.2011 Staatsoberhaupt von Nordkorea. Im Frühjahr 2013 hielt er durch infantil klingende Drohungen mit einem atomaren Erstschlag gegen die USA die Weltöffentlichkeit in Atem.

Die zweite Begebenheit zeugt vom geringen Status, den im Bildungswesen eine systematische Wertereflexion hat: Bei einem Podiumsgespräch anlässlich eines Kongresses über „Bildungsungleichheit und Gerechtigkeit" wurde ein renommierter Bildungsforscher gebeten, die Ausführungen seines Vorredners zum Begriff *Gerechtigkeit* zu kommentieren. Er antwortete: „Man soll die Dinge nicht vermischen!" *Gerechtigkeit* sei ein Wertbegriff, als empirische Wissenschaft habe Bildungsforschung nichts mit Werten zu tun. Im Publikum machte sich Unruhe breit. Ein Bildungshistoriker ergänzte: Werturteile und ethische Argumente hätten zwar ihre Berechtigung, aber sobald die Politik sich darauf einlasse, bestehe das Risiko, dass sie Maßnahmen beschließe, die über das intendierte Ziel hinausschössen und es pervertierten.

Beide Geschichten werfen Fragen auf. Bei der ersten erstaunt nicht nur, wie es möglich ist, dass ein Kind jahrelang unter falschem Namen eine öffentliche Schule besucht und trotz zuweilen aufkeimender Zweifel an seiner Herkunft niemand darauf besteht, dass seine wahre Identität offengelegt wird. Man fragt sich auch, wie es möglich ist, dass ein Junge, der jahrelang eine Schule mit demokratischem Wertekodex besucht, sich auf einmal als skrupelloser Diktator entpuppt. Das provoziert die Frage, ob Schulen die Werthaltungen ihrer Schüler wirklich beeinflussen können. Merkwürdig ist nicht zuletzt, dass die Geschichte von „Pak" keine Diskussion über diese Fragen ausgelöst hat.

Auch die zweite Geschichte wirft Fragen auf: Lässt sich empirische Forschung über Bildungsungleichheit wirklich von jeder Wertereflexion trennen? Sind die Begriffe *Chancengleichheit* und *Bildungsbenachteiligung* nicht genauso Wertbegriffe wie *Gerechtigkeit*? Steht *Chancengleichheit* nicht sogar im Zentrum von Forschungen über Bildungsungleichheit? Auf diese Frage könnte man antworten: Bei der empirischen Forschung geht es um Fakten; über sie kann man sich einigen; Werte sind aber keine Fakten, deswegen ist es viel schwieriger, sich über Wertfragen zu einigen. Diese Antwort provoziert allerdings eine Gegenfrage: Besteht ein breiter Konsens nicht im Gegenteil gerade über den Wert der Chancengleichheit, während ihre Realisierung an der empirischen Frage über das Wie scheitert?

Die Zurückhaltung des Bildungswissenschaftlers gegenüber Wertfragen erklärt sich vielleicht damit, dass das Schulwesen wie kaum eine andere staatliche Institution so gut wie permanent den Einflüssen aus Politik, Wirtschaft und öffentlicher Meinung ausgesetzt ist. Diese Einflüsse wechseln mit der Konjunktur und der politischen Großwetterlage. Anders als die Axiome der Mathematik oder das chemische Periodensystem, die sich durch den Einfluss der öffentlichen Meinung nicht verändern, ist der Umgang mit Werten direkt von solchen Einflüssen abhängig. Welche Rückschlüsse sind daraus zu ziehen? Dass der Wertediskurs an der Schule die wechselnde öffentliche Meinung wie ein Echo begleiten soll – auf die Gefahr hin, diesem Wechsel jeweils hinterherzuhinken? Oder dass dieser Diskurs eigene Wege, auch konträr zur öffentlichen Meinung, gehen darf? Provoziert dann aber, wer diesen Diskurs leitet, nicht den Vorwurf der Indoktrination? Der Umgang mit Wertfragen stürzt die Pädagogik in ein Dilemma. Müsste sich am Ende nicht bloß der Bildungswissenschaftler, sondern auch die Schule in eine Sphäre der Wertfreiheit zurückziehen? Wertabstinenz wäre aber gar nicht widerspruchsfrei möglich. Da nämlich jede rationale Entscheidung auf Werte zurückgreift, ist auch die Entscheidung zur Wertfreiheit selber nicht wertfrei.

Die Verlegenheit im Umgang mit Werten dürfte mit der Geschichte des Bildungswesens zusammenhängen. Die frühesten Schulen waren ursprünglich religiöse Institutionen – im Judentum, Islam und Hinduismus so gut wie im Christentum, wo sie häufig von Klöstern geführt wurden. Alle Religionen treten für ethische Anliegen ein, und dazu gehört eben die Erziehung. In säkularen, pluralistischen Gesellschaften hat sich das Schulwesen von der religiösen Basis gelöst. In weiten Teilen Europas geschah dies im 18. und 19. Jahrhundert, als staatliche Schulen gegründet und das Schulobligatorium eingeführt wurde. Die rasch voranstürmenden Naturwissenschaften schlugen sich in den schulischen Curricula nieder, während sich der Einfluss der Kirche praktisch auf den Religionsunterricht reduzierte. Damit rückte aber auch die ethische Ausrichtung des öffentlichen Bildungswesens in den Hintergrund. In den siebziger Jahren des 20. Jahrhunderts wurde an manchen Schulen zwar ein Ethikunterricht eingeführt. Bis heute steht er jedoch auf institutionell wackligem Grund.

In den vergangenen Jahrzehnten geriet die Politik immer stärker in den Sog wirtschaftlicher Interessen. Diese drücken inzwischen auch dem Bildungswesen ihren Stempel auf. Eines der Ziele schulischen Unterrichts – die Jugendlichen auf einen Beruf oder eine Berufslehre vorzubereiten – ist mit der Verteilung sozialer Aufstiegsversprechen gekoppelt und hat sich den anderen Bildungszielen übergestülpt: Jugendliche in ihrer Entwicklung zu autonomen Persönlichkeiten, zu verantwortlichen Staatsbürgerinnen und zu Weltbürgern (im Sinne Wilhelm von Humboldts) zu unterstützen. Ihre Existenzberechtigung bezieht die Schule heute vor allem aus ihrem Beitrag zum Wirtschaftswachstum: Sie stellt für den „Produktionsstandort" Deutschland bzw. Österreich oder Schweiz das so genannte „Humankapital" bereit ...

Werte sind nicht an eine Religion gebunden, noch weniger aber sind sie es an die Wirtschaft: Menschen entwickeln ein Bewusstsein ethischer Werte, weil sie friedlich zusammenleben wollen. Als *gut* gilt, was das Zusammenleben stärkt oder erleichtert, und als *schlecht*, was es zerstört oder erschwert. So kommt es, dass Eltern ihre Kinder gewöhnlich so erziehen wollen, dass sie sich gut und zum eigenen Wohlergehen mit der Gesellschaft arrangieren. Die meisten Eltern erwarten deshalb von der Schule, dass sie ihre Kinder beim Aufbau von Werthaltungen unterstützt. Das geht aber nur, wenn Lehrkräfte in Wertfragen nicht Abstinenz üben. Eine Expedition in den Dschungel der Werte bleibt ihnen also kaum erspart, selbst wenn sie dabei theoretisch wie praktisch mit nicht immer einfachen Fragen konfrontiert werden: Wie entscheide ich, welche Werte die „richtigen" sind? Welche Werthaltungen soll ich unterstützen? Wie vermeide ich es, mit dem Zaunpfahl so zu winken, dass die Schülerinnen und Schüler lieber das Gegenteil ausprobieren oder sich eine Haltung kühler Gleichgültigkeit, wenn nicht gar zynischer Distanznahme angewöhnen?

Die Antworten auf Fragen dieser Art sind natürlich oft situationsabhängig. Einen Königsweg der Werteerziehung gibt es nicht. Das hat drei Gründe:

- Die Fähigkeit, über Werte zu reflektieren, kann nur in Eigenregie erlernt werden und gehört zum Selbstwerdungsprozess eines Menschen. Weder Eltern noch Lehrkräfte können Kindern und Jugendlichen Selbstbestimmung (Autonomie) beibringen. Das wäre ein Widerspruch in sich.
- Werteerziehung setzt voraus, dass der Erzieher bzw. die Lehrperson die eigenen Werte klärt und sich die Kriterien der eigenen Wertentscheidun-

gen bewusst macht. Nur wer sein Verhalten, seine Leistungen, ja die eigene Person kritisch beurteilt – eine Fähigkeit, die in der Lehrerausbildung nicht überall kultiviert wird –, lernt sich selbst verstehen. Und nur wer sich selbst versteht, kann andere Menschen verstehen. Nur wer sich selbst zu erziehen bereit ist, kann auch andere erziehen.

● Werteerziehung ist, wie Erziehung überhaupt, auf eine Zukunft ausgerichtet, die wir nicht genau kennen. Kant hat in seinen Vorlesungen über Pädagogik geschrieben:

> „Eltern erziehen gemeiniglich ihre Kinder nur so, dass sie in die gegenwärtige Welt, sei sie auch verderbt, passen. Sie sollten sie aber besser erziehen, damit ein zukünftiger besserer Zustand dadurch hervorgebracht werde." Erzieher sollten versuchen, „die Nachkommenschaft weiter zu bringen, als sie selbst gekommen sind" (KANT ÜP, A 17f., A 22).

Obwohl heute die wenigsten Menschen den Fortschrittsglauben teilen, von dem Kant beseelt war, ist sein Rat bedenkenswert: Seit der Aufklärung hat sich die Geschichte rasant beschleunigt. Niemand kann die Zukunft voraussehen. Man sollte aber nicht davon ausgehen, dass die heutigen Schüler als Erwachsene mit genau denselben Fragen und Aufgaben konfrontiert sein werden wie wir heute. Das gilt im Positiven wie im Negativen: Die Informationstechnologien zum Beispiel werden in zehn Jahren wahrscheinlich weiterentwickelt, der Schatz an Kunst, Musik und guter Literatur wird größer und der Austausch zwischen den Kulturen intensiver sein als heute. Doch auch die Herausforderungen dürften sich kaum verringern – die Risiken der globalisierten Finanzmärkte, die Ambivalenzen der Technologie (Fukujima!), die schwer absehbaren Folgen des Klimawandels. Selbst die Schule – einst eine relativ heile Welt – wird sich weiter wandeln.

Der Blick des Erziehers nach vorn schließt allerdings den Rückgriff auf Bewährtes nicht aus. Die Digitalisierung von Lernmaterialien zum Beispiel sollte nicht das Buch verdrängen, das Surfen im Internet nicht das systematische Üben von Fertigkeiten, das Geschick im Auffinden von Informationen nicht die Fähigkeit, etwas auswendig zu lernen, und das *E-Learning* nicht die persönliche Begegnung der Partner in einer didaktischen Beziehung.

Nicht nur der unbefangene Blick auf mögliche Erziehungsziele, auch derjenige auf die Unterrichtsmittel und -methoden verlangt eine bewusste Werteorientierung.

Diese Einleitung möchte ich nicht ohne ein paar Dankesworte schließen: Eva Steinherr bin ich für ihre Hinweise auf wichtige Argumente und Literatur zu den ersten zwei Kapiteln verbunden, Kurt Gilgen für seine hilfreichen Ratschläge zur Gestaltung der Endfassung und Katharina Gerwens für die sorgfältige Durchsicht des Manuskripts. Mein größter Dank gilt der Pädagogischen Hochschule Bern, die mich für die Arbeit an diesem Buch in großzügiger Weise freigestellt hat.

Zum Aufbau des Buches

Das Buch gliedert sich in sieben weitgehend voneinander unabhängige Kapitel, die auch einzeln gelesen werden können. Es ergänzt in wesentlichen Punkten mein *Handbuch Ethik für Pädagogen*. Trotz der lockeren Anlage folgt es einem roten Faden:

Kapitel 1 geht vom Ist-Zustand unserer Erziehungs- und Ausbildungsinstitutionen aus und thematisiert einige ihrer zentralen Herausforderungen: Unsere Schulen müssen gegensätzliche, ja widersprüchliche öffentliche Erwartungen bedienen und können schon deswegen kaum mit allseitiger Zustimmung rechnen. Sie sind aber auch mit ethischen Fragen konfrontiert: Wie weit operiert die Schule wirklich kindgerecht? Wie hält sie es mit der Werteerziehung? Inwieweit realisiert sie Chancengleichheit?

Kapitel 2 kreist um die pädagogische Beziehung. Bekanntlich sollen sich beide, Erzieherin oder Erzieher und Kind, mit *Achtung* begegnen. Was ist damit genau gemeint? Wie wirkt sich die Machtasymmetrie zwischen ihnen auf ihre Beziehung aus? Der letzte Teil des Kapitels gilt dem Ethikunterricht: Was erwarten wir in einer Gesellschaft mit Wertepluralismus von ihm? Welche didaktischen Optionen bieten sich? *Darf* eine Lehrkraft ihren Schülern Werte aufdrängen? *Kann* sie es überhaupt? Wie sieht ein Ethikunterricht aus, der die Jugendlichen bei ihren Anliegen, Interessen und Nöten abholt?

Die anschließenden fünf Kapitel bieten dem Leser eine Einführung in die Ethik und in die Entwicklung des kindlichen Ethik-Verständnisses.

Kapitel 3 erörtert Fragen rund um eines der wichtigsten Ziele der modernen Pädagogik – *Selbstbestimmung*. Sie ist dem Menschen nicht angeboren, sondern resultiert aus Lernprozessen. Eine Orientierung an Werten ist dabei unerlässlich. Doch was sind Werte, und wie vergewissern wir uns eines Wertes? Welche Rolle spielen Werte bei der Planung komplexer Handlungen? Wie verhalten wir uns zu übergeordneten Werten – etwa *Glück* und *Lebenssinn*? Können wir unser Leben selbst bestimmen? Es geht nicht darum, auf diese Fragen letzte Antworten zu finden. Schon wenn wir klar unterscheiden zwischen dem, was wir klar sehen, und dem, was uns unklar geblieben ist, bringt uns das weiter und stärkt unsere Selbstsicherheit als Erzieherinnen und Erzieher.

Wir treffen unsere Entscheidungen immer im Medium der menschlichen Gesellschaft. Das erklärt, wieso wir früher oder später auf *ethische Fragen* stoßen. Sie entstehen an den Reibungsflächen zwischen Selbstbestimmung und Rücksichtnahme auf andere. – Das 4. Kapitel führt in die Ethik ein und wirft anhand von vier „klassischen" Texte ein paar Streiflichter auf ihre Geschichte. Die vier Texte sind zu unterschiedlichen Zeiten und unter differenten sozialen Bedingungen entstanden, fügen sich aber dennoch zu einem kohärenten Bild zusammen – einem Bild der „ethischen Feinmechanik", die dem zwischenmenschlichen Umgang im Idealfall zugrunde liegt. Zu dieser „Feinmechanik" gehören (a) eine Ethik der Haltungen oder „Tugenden" (deren Bedeutung häufig unterschätzt wird); (b) eine Ethik, die von der Einfühlung oder Empathie ausgeht und auf die Rolle der Gefühle im zwischenmenschlichen Umgang reflektiert; und (c) die normative Ethik der Gegenwart, in der es vor allem um Rechte, Grundrechte, Normen, Regeln und Prinzipien geht. Der Ahnherr dieser modernen Ethik ist Immanuel Kant – derselbe, der auch das Verhältnis zwischen *Autonomie* und *Achtung* in seiner ganzen Tiefe durchdacht und erläutert hat. Die drei Ethiken sind von zunehmender Komplexität, sie verbinden sich aber zu einer stimmigen Einheit. Für eine ethische Erziehung ist die Vergegenwärtigung unserer Emotionen und unserer Haltungen unabdingbar.

Kapitel 5 ist einer jüngeren Ethiktradition gewidmet – der Diskursethik. Es gibt zwei Gründe, auf sie einzugehen: Erstens ist eine Orientierung am Dialog oder Diskurs die beste Voraussetzung für eine Entwicklung zur autonomen Persönlichkeit – dem versucht das „Philosophieren mit Kindern" gerecht zu werden. Zweitens hat die Diskursethik die Sozialwissenschaften im deutschen Sprachraum beeinflusst – auch die Pädagogik. Dabei ist es allerdings zu Missverständnissen gekommen, die dieses Kapitel entwirren helfen möchte: Der *Diskurs* dient der gemeinsamen Wahrheitssuche und folgt den Prinzipien der Kooperation. Anders die Debatte, die den Wettbewerb abbildet. Die Verhandlung, der Aushandlungsprozess, ist eine dritte Kommunikationsfigur und orientiert sich am Tausch. Beim Diskurs ist der Bezug zur Ethik am engsten, weil er, wie diese, dem Geist der Kooperation verpflichtet ist. Das kann man heute kaum genug betonen, denn immer wenn wir uns nach den Imperativen der Wirtschaft richten, orientieren wir uns stärker am Wettbewerb als an der Kooperation. Das Kapitel schließt deshalb mit der Skizze einer Begründung der Ethik, die ihre Verwurzelung in der Kooperation aufzeigt (die Abschnitte 5.5 bis 5.7 sind die abstraktesten des Buches; auf ihre Lektüre können eilige Leser verzichten).

Kapitel 6 führt in den Utilitarismus ein – eine Ethik-Tradition, die aus dem angelsächsischen Raum stammt. Sie steht dem an Effizienz orientierten Denken der Ökonomie nahe und gerät mitunter, wie diese, zu den Menschenrechten in Konflikt. Obwohl mit den Ethiktradtionen aus Kapitel 4 zum Teil inkompatibel, bietet der Utilitarismus dazu eine wichtige Ergänzung. In seinen Ansätzen zur Tierethik geht er sogar deutlich über sie hinaus. Die Hauptthesen des Utilitarismus eignen sich für Diskussionen an Gymnasien besonders gut, weil sich mit ihrer Hilfe eine Vielzahl ethischer Dilemmata aus dem Alltag aufdecken lassen.

Kapitel 7 beleuchtet die Voraussetzungen des Ethik-Verständnisses von Kindern und Jugendlichen: die Entwicklung ihres moralischen Urteilens und Verhaltens einerseits und des sozialen Verstehens, des Selbstkonzepts (Ich-Verständnisses) sowie des emotionalen Erlebens andererseits. Die engen Beziehungen zwischen diesen Entwicklungsbereichen verdeutlichen einmal mehr das Wechselspiel zwischen *Autonomie* und *Achtung* – das das ganze Buch leitmotivisch durchzieht.

1. Institution Schule und Werte. Fünf kritische Rückfragen

Schule ist in vielfältiger Weise von Wertfragen tangiert. Das zeigt sich besonders deutlich an der Kritik, mit der sie von verschiedenen Seiten konfrontiert ist. Dieses Kapitel nimmt diese Kritik als Leitfaden für eine Einführung in Wertfragen rund um die Institution Schule. Es sind vor allem fünf sich überlappende Problemfelder, auf die sich die Kritik bezieht:

(1) Schule ist nicht kindgerecht und wirkt sich auf die Entwicklung von Kindern negativ aus.

Fünf Kritiken am Schulwesen

(2) In Wertfragen zeigen Schule und Bildungswesen eine tiefe Verunsicherung, die sich in inkonsequenten Haltungen manifestiert.

(3) Die Schule ist Diener zweier Herren: Sie hat einen Bildungsauftrag, sie soll Schüler zu mündigen Staatsbürgern formen; sie soll aber auch die Wirtschaft mit tüchtigen Arbeitnehmern eindecken. Dabei fungiert sie als Agentur für die Zuweisung künftiger sozialer Rangpositionen. Die beiden Ziele sind schlecht miteinander vereinbar.

(4) Das wichtigste ethische Versprechen in diesem Kontext, *Chancengleichheit*, kann sie nicht erfüllen: Das Bildungswesen ist ungerecht.

(5) Schulen sind fremdbestimmt, sollen Schüler aber zur Selbstbestimmung führen.

Dass trotz dieser Kritiken viele Menschen der Schule eine gute Seite abgewinnen können und mit ihrer Qualität sogar relativ zufrieden sind, ist großenteils den Lehrkräften zu verdanken, die als „Helden des Alltags" (Horst Köhler) im Allgemeinen wirklich gute Arbeit leisten und aus der gegebenen Situation das Beste machen.

Zwei der fünf Kritikpunkte betreffen direkt ethische Fragen. Die übrigen drei haben mit Pädagogik, Politik und Ökonomie mehr zu tun als mit Ethik, doch indirekt tangieren sie die Ethik ebenfalls. Im Folgenden wird auf alle Punkte eingegangen.

1.1 Ist Schule kindgerecht?

Der Vorwurf lautet: Schule spannt das Kind in ein Korsett multipler Imperative: Erstens, du *sollst* lernen. Zweitens, du sollst *genau das lernen*, was die Lehrkraft dir sagt. Drittens, du sollst *genau im vorgesehenen Rhythmus* lernen. Viertens, du sollst *die Methoden anwenden, die man dir vorführt*. Schulischen Lehrplänen liegt die Annahme zugrunde, *Lernen werde durch Unterrichten hervorgebracht*. Damit sich der Lehrstoff in Lernergebnisse – Wissen, Fertigkeiten, Fähigkeiten – transformiert, werden die Schülerinnen und Schüler einem Zwangs- und Kontrollsystem unterworfen: *Ihr müsst lernen, Experten werden es überprüfen!* – Typische Begriffe des Schulwesens sind: *Anforderungen, Aufgaben, Curriculum, Disziplin, Fleiß, Leistungskontrolle, Pensum, Probe, Prüfung, Schulpflicht …*

Schule blockiert die Eigenaktivität

Diese Kritik existiert in zwei Varianten. Die eine lautet: Schule arbeitet wider die menschliche Natur und bringt darum widersprüchliche Ergebnisse hervor. Die andere: Schule ist gewalttätig.

Menschen sind genuin aktive Wesen, die über das, was sie tun, am liebsten selbst entscheiden. *Selbständigkeit, Selbstverantwortlichkeit, Autonomie* stehen für die Eigenschaften mündiger Staatsbürger. Das Ideal der *Autonomie* ist seit der Aufklärung ein Brennpunkt der Ethik. Es hat über die Kantische Philosophie Eingang in die Ethik und Pädagogik gefunden (vgl. 4.5). In seinem Aufsatz „Was heißt Aufklärung" von 1784 rief der Königsberger Philosoph seine Leser auf: „Habe Mut, dich deines *eigenen* Verstandes zu bedienen!", statt dein Denken an andere zu delegieren! Entscheide über deine Angelegenheiten selbst, auch wenn es manchmal einfacher wäre, sich einem Spezialisten anzuvertrauen (KANT, WiA 53).

Aus gutem Grund insistierte der brasilianische Pädagoge Paulo Freire vor Beginn seiner Alphabetisierungskurse für Erwachsene jeweils darauf, dass diese selber die Schlüsselwörter auswählten, auf denen danach der Unterricht aufbaute. Eine Tendenz zum Selbermachen zeigt sich schon bei Kindern, und zwar vom zartesten Alter an. Sie erforschen die Welt, nehmen alles in die Finger, klettern auf Bäume und Mauern … Sie strahlen, wenn ihnen etwas aus eigener Kraft gelungen ist. Die Schule wird ihrer Spontaneität nicht gerecht, ihr Lerneifer erlahmt, die Lust am Lernen verpufft.

„Schulbildung", schrieb H. von Hentig (1973, S. 11), ist „zum Gegenteil dessen geworden, was Menschen sich darunter vorstellen wollen (…) – ein Stück sozialer Determinismus statt ein Akt geistiger Emanzipation".

In ähnlicher Weise kritisierte auch Maria Montessori die Schule: Die Handlungen des Erziehers seien weniger „darauf gerichtet, dem Kind zu helfen", als „seine Aktivität zu unterdrücken"; die Pädagogik macht es „zum *Objekt* der Erziehung und des Unterrichts". Eigentlich ist das „Kind allein der Bildner seiner Persönlichkeit", doch man überlässt ihm „den kleinsten Teil an dieser Bildungsarbeit." „Der Erwachsene hat den Nutzen der päd-

„Entschulung der Gesellschaft"

agogischen Lehre, nicht das Kind." (MONTESSORI 1967, S. 25–29). Ivan Illich ging mit seiner Kritik noch einen Schritt weiter: In der Schule verkümmerten selbst die elementarsten Fertigkeiten der Kinder. Echtes Lernen sei nur durch eine „Entschulung der Gesellschaft" möglich (ILLICH, 1973, S. 52).

Die wichtigsten Dinge, so Illich, eignen wir uns ohnehin außerhalb der Schule an. Das Kind lernt lange vor der Einschulung essen, trinken, aufrecht gehen, sich in der Muttersprache verständigen, sich ankleiden. Auch im Schulalter eignen sich Kinder „das meiste ohne ihre Lehrer und häufig trotz diesen" an (ebd. S. 42): Freundschaften schließen, Geheimnisse austauschen, sich verlieben … Dasselbe gilt auch noch für vieles, was man als Erwachsener tut: Geschäfte machen, eine Familie gründen, Kinder ernähren, Urlaub planen, Wein genießen, Steuern optimieren: All dies und vieles mehr lehrt uns die „Schule des Lebens".

Antipädagogik

In den späten sechziger und frühen siebziger Jahren, etwa zur Zeit, als Alexander Neill`s Summerhill-Schule ihre Blütezeit erlebte, formierte sich in Deutschland eine Gruppe von „Antipädagogen", die Schule als eine

Zwangsinstitution darstellten. Solange man von „Lernen" spreche, betrachte man das Kind als Subjekt, sobald man aber die Seite der „Erziehung" hervorhebe, degradiere man es zum Objekt, schrieb Hermann Giesecke (1969, S. 101). Daraus zog er die Folgerung, Erziehung sei „ein Gewaltverhältnis (…) bestimmter Erwachsener (Eltern, Lehrer) über Kinder und Jugendliche" (ebd., S. 68). Für Ekkehard von Braunmühl (1975, S. 80) bedeutete jeder erzieherische Akt einen „kleinen Mord" oder zumindest eine „Amputation", weil durch die Erziehung die Selbstbestimmung und Integrität des Kindes verkümmern.

Diese Kritik ist historisch bedingt – durch die Aufbruchstimmung nach 1968. Bis heute aber gehört zur Schule eine Sanktionsphilosophie, die die Kritik der Antipädagogik teilweise nachvollziehbar macht.

Die Vorstellung, mit positiven und negativen Sanktionen – Lob und Ermunterung, Ermahnungen, Drohungen, Strafe – lasse sich die Motivation der Kinder steigern, passt am besten zum Behaviorismus, für den Lernen nur als Folge von Dressur, nicht als selbstgesteuerte Aktivität denkbar ist. Außerhalb des Behaviorismus gelten Sanktionen als Maßnahmen, die ausschließlich dem Zweck dienen, dass sich Kinder unerwünschtes Verhalten abgewöhnen. Unerwünscht sind nicht nur Störungen des Unterrichts, Gewaltanwendung, Frechheit, Belästigung von Mitschülern, sondern auch Nachlässigkeit, Desinteresse, geistige Abwesenheit – Verhaltensweisen also, die ihren Ursprung gerade in der Atmosphäre schulischer Fremdbestimmung haben. Das ist paradox. Durch die Strafe verliert das Kind „sein wirkliches Ziel, Wissen, Freiheit und Arbeit", aus den Augen (MONTESSORI 1967a, S. 49). Auch das ist paradox. Verordnet man Kindern sinnvolle Tätigkeiten als Strafaufgaben, so ist das der beste Weg, ihnen diese Tätigkeiten zu verleiden (MÜLLER-WIELAND 1989, S. 66). Das ist erst recht paradox. In der Geschichte der Pädagogik – von *Friedrich Schleiermacher* bis zu Carl Rogers – ist der Sinn von Strafen immer wieder infrage gestellt worden (SCHWEITZER 1996, S. 65).

Die Antipädagogen konzentrierten sich bei ihrer Kritik allerdings nicht auf Sanktionspraktiken. Sie hielten Erziehung insgesamt für Manipulation, die an Psychoterror grenze (V.BRAUNMÜHL 2006, S. 35, S. 90f.). Dabei ließen sie unberücksichtigt, dass die Umgebung, in der ein Kind aufwächst, so gut wie immer von Erwachsenen bevölkert und gestaltet ist. Mit Erwachsenen steht das Kind seit seiner Geburt in engem Austausch, es hat deshalb ganz selbstverständlich ein starkes Interesse am Umgang mit Menschen jeden Alters. Auch was es selbständig lernt, lernt es großenteils im Rahmen sozialer Interaktionen.

Richtig ist: Seine Muttersprache wählt das Kind nicht selber, so wenig wie das, was es später in der Schule lernen wird. „Die Bedeutung eines Wortes ist sein Gebrauch in der Sprache", formulierte Ludwig Wittgenstein (1967, S. 35, § 43). Der Umgang mit Zeichen und Bedeutungen ist normativ, er unterliegt einer komplexen Fülle von Regeln – grammatischen, semantischen und pragmatischen, denen das Kind anfangs hilflos ausgeliefert ist.

Richtig ist ferner: Auch die gesellschaftlichen Benimmregeln wählt das Kind nicht selbst, so wenig wie die Werte, mit denen es in der Schule konfrontiert wird. Schule ist kein wertfreier Raum, ebensowenig wie die Gesell-

Sanktionswesen

Kritik an der Antipädagogik

schaft, in die das Kind hineinwächst. Wie die Schwerkraft zur materiellen Welt, gehören Werte zur sozialen Welt. Wie das Kind mit den Wirkungsweisen der Erdanziehung vertraut werden muss, um den Balanceakt des Gehens auf zwei Beinen zu erlernen, muss es auch erst intuitiv mit den Werten seiner sozialen Umgebung vertraut werden, bevor es sie reflektiert und zum Gegenstand eigener Meinungsbildung macht.

Selbständiges Lernen ist also nicht einfach Freiheit und schulisches Lernen nicht einfach Zwang. Schulkritik, die sich an der Freudschen Entgegensetzung von „Lust-" und „Realitätsprinzip" orientiert, greift zu kurz. Ein Zeitgenosse Freuds, der russische Psychologe Lew Wygotski, schrieb vor achtzig Jahren:

> „Man kann die Befriedigung von Bedürfnissen nicht der Anpassung an die Wirklichkeit gegenüberstellen (…); denn der Begriff des Bedürfnisses umschließt (…), dass ein Bedürfnis durch eine gewisse Anpassung an die Wirklichkeit befriedigt wird." Der Säugling z.B. erlebt „die Befriedigung seines Bedürfnisses nicht dadurch (…), dass er Lust halluziniert, – die Befriedigung seines Bedürfnisses tritt erst nach der wirklichen Nahrungsaufnahme ein" (WYGOTSKI 1964, S. 45).

Wygotski hielt deshalb Piagets These, was man einem Kinde beibringe, könne es nicht mehr selber erfinden oder entdecken (BRINGUIER 1977, S. 97), für eine Übertreibung: Kinder leben in einem *sozialen Universum* – einem Universum von Symbolen, Zeichen, Bedeutungen, Regeln. Den Umgang mit ihnen lernen und „internalisieren" sie nur, indem sie mit Menschen interagieren.

Doch Piaget behält in einem wesentlichen Punkt Recht: Alles Lernen setzt die Eigenaktivität des Kindes voraus. Es lernt die Muttersprache ganz anders als später, in der Schule, die Grammatik. Die Bedeutung der Wörter und die Regeln ihres Gebrauchs muss es selber herausfinden: Es nützt nichts, einem Kind eine Sprachregel zu erläutern, bevor es sie intuitiv erfasst hat. Verbale Erklärungen versteht es nur, wenn es zuvor schon die nötigen sprachlichen Normen entschlüsselt hat. Diese Leistung kann ihm niemand abnehmen. Die Dinge selbst zu entdecken ist eine der grundlegenden Fähigkeiten des Kindes. Wie Piaget haben sich viele Autoren deshalb gegen den verbalen Unterricht ausgesprochen. „Die *Belehrung* durch das Wort spielt (…) bei uns keine überragende Rolle", schrieb Maria Montessori (1967, S. 41) über ihre Schule. „Haltet eurem Zögling keine Reden: Er darf nur aus der Erfahrung lernen", hatte schon Rousseau gelehrt (ROUSSEAU 1971, S. 71).

Lernen ist an soziale Interaktion gebunden

Dennoch – und hier bleibt Wygotski unwiderlegt: Kinder, mit denen nicht gesprochen wird, lernen auch nicht sprechen. Die Interaktion mit anderen Personen hat aber nicht nur für den Spracherwerb, sondern für das soziale Lernen insgesamt größte Bedeutung. Menschen kommunizieren auch sprachlos miteinander, nämlich über die Gefühle. Schon Babys tun dies, und zwar lange bevor sie zu sprechen beginnen. Die Fähigkeit zur Empathie ist ihnen praktisch in die Wiege gelegt, ebenso die Fähigkeit, fremdes Verhalten zu beobachten und nachzuahmen (vgl. 7.2). Empathie, Beobachtung und Nachahmung bilden die Grundlage für das „Modell-Lernen", auf das Albert Bandura vor vierzig Jahren die Aufmerksamkeit der Psychologen und

Pädagogen gelenkt hat: das Lernen durch innere Imitation einer Person, die erfolgreich eine bestimmte Handlung verrichtet (BANDURA 1976).

Was für das Lernen des Vorschulkindes zuhause, in Spielgruppen, im Kreis von Nachbarskindern gilt, gilt ebenso für das Lernen in der Schule: Es „ist eingebettet in ein interaktives und dialogisches Beziehungsgeschehen" (BAUER 2008, S. 16).

Ohne die sichere Beziehung zu Erwachsenen sind Ich-Entwicklung und Selbstwertgefühl der Kinder bedroht (vgl. 2.1.2). – Was bedeutet das für die Schule? Sie ist ein Ort, an dem Kinder – trotz aller künstlichen Arrangements – *soziale Erfahrungen* machen, sie vielleicht sogar konsequenter als sonstwo machen. Schule bietet ihnen regelmäßigen Kontakt mit Erwachsenen. Ist die Beziehung der Lehrkraft zum Schüler durch Misstrauen bestimmt, diskriminierend und erniedrigend, dann liegt vor, was die Antipädagogen als Gewalt charakterisieren. Sind die Lehrkräfte den Schülerinnen und Schülern hingegen *Stütze* und *Stimulans, spiegeln sie* ihnen ein von Zuversicht getragenes *Selbstbild* zurück, und sind sie ihnen zudem in der einen oder anderen Hinsicht ein *Vorbild*, so erfüllt Schule eine der zentralen Bedingungen für die soziale Entwicklung von Kindern. Eine andere Bedingung – Kontakte zu Kindern und Jugendlichen derselben Altersgruppe – erfüllt sie ohnehin: je besser der Kontakt zu anderen Kindern, desto höher die Lernbereitschaft (ALLMENDINGER 2012, S. 72).

Führte man an Schulen zudem flächendeckend die Methode des entdekkenden Lernens ein, die Martin Wagenschein (2003, 2009) im letzten Jahrhundert entwickelt hat, wäre das ein weiterer Schritt vorwärts.

1.2 Weicht die Pädagogik Wertfragen aus?

Mit Blick auf Wertfragen besteht in der Pädagogik eine große Verunsicherung, die auf die Schule abfärbt. Um Werte geht es erstens bei der Frage nach dem angemessenen Maß von Freiheit und Disziplin, von Lust und Frust, das Schülern zuzumuten ist. Um Werte geht es zweitens bei der Diskussion darüber, welcher Umgang mit Werten im Unterricht angebracht ist. Kann man Schülern Werte *vermitteln*? Darf man das überhaupt? Um Wertfragen geht es drittens in der Debatte über Bildungsziele und generell bei der Festlegung von Lernzielen. Das erste Thema ist auf den vorangehenden Seiten schon zur Sprache gekommen. Im Folgenden geht es vor allem um den zweiten und dritten Fragenkreis.

Bildung und Wertfragen

Zwei der häufigsten Vorwürfe an schulischen Unterricht sind einander diametral entgegengesetzt. Die Kritik der Antipädagogen lautete, in der Schule dominiere ein autoritärer Stil, Kinder würden unterdrückt und indoktriniert. Die Gegenkritik lautet, Schule verfahre im Gegenteil zuwenig autoritär, sie erziehe Kinder eigentlich gar nicht, sondern lasse sie an Gummiwände rennen (BUEB 2008). Der Kritik am Setzen von „Grenzen ohne Freiheit" steht die Kritik an einer Erziehung der „Freiheit ohne Grenzen" gegenüber. Dem Mittelweg entspricht ein Erziehungskonzept der „Freiheit in Grenzen" (SCHNEEWIND/BÖHMERT 2008, 2009). Dieser Mittelweg darf sich nicht darauf beschränken, lediglich die Extreme zu vermeiden, sonst orien-

Grenzen ohne Freiheit – Freiheit ohne Grenzen

tiert er sich *ex negativo* an ihnen. Der Mittelweg ist denn auch kein Kompromiss, sondern verfolgt eine Linie – die Erziehung zur Autonomie, zur Selbstbestimmung, durch Pflege der Beziehung zu den Schülerinnen und Schülern und durch eine dialogische Haltung.

Was den Umgang mit Werten im Klassenzimmer betrifft, lassen sich wiederum drei Positionen unterscheiden: eine dogmatische, eine relativistische und ein Mittelweg (CORTINA 2005, S. 88). Einerseits will man Indoktrination vermeiden – eine solche hat es in der deutschen Vergangenheit oft genug gegeben. Beim Versuch, Jugendlichen ein Verbot rassistischer Äußerungen oder ein Mobbing-Verbot nahezubringen, geht zudem der Schuss leicht nach hinten los: Einsicht in Werte lässt sich ebenso wenig befehlen wie Spontaneität. Andererseits kann man Kindern und Jugendlichen nicht jedes Verhalten durchgehen lassen. Wenn ein Schüler mit einer Waffe oder mit Drogen zur Schule kommt, wenn er einen Kameraden zusammenschlägt oder eine Lehrkraft grob beleidigt, darf man das unter keinen Umständen tolerieren. Die Devise des „Anything goes" ist Gift für jede Pädagogik.

Rekurs auf Common Sense und Zeitgeist

Ruft man aber Schüler zur Ordnung oder sanktioniert sie, so muss man ihnen die Gründe dafür transparent machen, und das geht nicht ohne Bezugnahme auf Werte. Die Reflexion über Werte ist also nicht zu umgehen. Es mag naheliegend erscheinen, sich dabei im Wesentlichen „auf kollektiv gebilligte Werte" zu konzentrieren, wie es etwa Giesecke in einer späten Publikation tut (GIESECKE 2005, S. 42). Eine andere Möglichkeit wäre, Werte nach sozialen Gruppierungen oder Organisationen zu differenzieren. Die Schule kann, wie die Familie, Kirche, Pfadfinder, Jugendgruppen usw., als *ein* „sozialer Ort" unter mehreren, mit einem eigenen Ensemble an Werten und Regeln betrachtet werden. Lehrkräfte sollen sich deshalb nur auf diejenigen Werte und Regeln beziehen, die am „sozialen Ort" Schule gefragt sind (ebd. S. 39, S. 201). Sie sollten beispielsweise mit den Schülerinnen und Schülern die Regeln aushandeln, die die schulische Arbeit begleiten. Dies entspreche dem Zeitgeist. Wegen des hohen Zeitaufwandes möge man diese Methode aber auf besondere Situationen beschränken. Basis schulischer Wertbezüge sind nach diesem Konzept also *Common Sense* und *Zeitgeist*.

Schule und Wertepluralismus

In einer pluralistischen Gesellschaft kann diese Option aber nicht befriedigen. In den meisten Klassen sitzen Schüler, deren Eltern aus unterschiedlichen Ländern eingewandert sind und eine eigene „Kultur" mitgebracht haben. Einen Konsens kann man hier nur in sehr allgemeinen und grundsätzlichen Fragen erwarten. Die einen verbieten z. B. die Strafe in Form einer verbalen Erniedrigung, die anderen verbieten den Klaps auf die Hand. Ein dichter Wertekonsens lässt sich höchstens in kleinen Gruppen erwarten. In größeren Gruppen hat man es gewöhnlich mit einem Meinungspluralismus zu tun. Dieser ist für Giesecke aber kein möglicher Ausgangspunkt für eine pädagogische Wertevermittlung (ebd. S. 25). Dabei begünstigt gerade der Pluralismus die Entdeckung des Werts der *Toleranz*.

Kritik an der Konsensorientierung

Die Orientierung am Konsens, am Common Sense und Zeitgeist ist noch aus einem tiefer liegenden Grund problematisch: Wie die Mehrheitsentscheidung, ist auch der Konsens irrtumsanfällig. Man muss in der Geschichte nicht weit zurückgehen, um auf Beispiele zu stoßen, die dies belegen. Schließt man sich einfach der Mehrheitsmeinung oder dem, was gerade Konsens ist, an, so entscheidet man unter Konformitätsdruck, nicht auf Basis *guter Argumente*: Man unterwirft sich der herrschenden Meinung, der „normativen Kraft des Faktischen".

Mit dem Hinweis, für eine bestimmte Ansicht gebe es zu wenig Unterstützer, kann man abweichende Stimmen und mit der Berufung auf einen Konsens Gegner zum Schweigen bringen. In beiden Fällen zwingt man Andersdenkende zur Anpassung. Der Rekurs auf einen Konsens oder ein Mehrheitsvotum wird dann zur autoritären Geste. Die Mehrheit kann ein Interesse daran haben, dass die Minderheit ihre Meinung nicht artikuliert. Was hindert eine Gesellschaft dann daran, „diesen Anspruch auch mit autoritären Mitteln durchzusetzen? Es braucht nicht viel Fantasie, um sich politische Situationen vorzustellen, in denen für ‚Notstandsgesetze' schnell ein entsprechender Konsens gefunden werden könnte" (STEINHERR 2013, S. 426).

In gewissen Situationen kann die Orientierung am Konsens ins Gegenteil umschlagen. Wer ernst nimmt, dass unterschiedliche gesellschaftliche Gruppen unterschiedliche Wertvorstellungen haben, gelangt leicht zur relativistischen Konsequenz, man solle jeder Gruppe unbesehen ihre Werte zugestehen, selbst wenn diese mit den Menschenrechten kollidieren. Ebenso leicht schlägt der Relativismus in Dogmatismus um: Eine Lehrkraft, die sich zur Auffassung bekennt, die Vielfalt von Regel- und Wertesystemen sei eine Bereicherung, kann sich in einem Konflikt trotzdem dazu hinreißen lassen, den Eltern eines Kindes mit Migrationshintergrund zu erklären, „hierzulande" gälten eben die und die Regeln, daran hätten sich alle zu halten, auch Zuwanderer. Autoritären und relativistischen Einstellungen ist eine dialogische Haltung überlegen, die sich darum bemüht, der Gegenseite den Sinn der bestehenden Regeln zu erklären und ihr unterstellt, dass auch sie aus ihrer Sicht das Beste will – für ihr Kind und für die Klassen- und Schulgemeinschaft. Der Dialog, der Diskurs, die Konsenssuche gehören zu den Grundlagen einer Pädagogik, die die Schüler zur Selbstbestimmung, zur Autonomie führen will, einfach deshalb, weil man seine Überzeugung nur im Dialog bzw. Diskurs *begründen* kann: Die Kritik an Gewalt, Grobheit und allen Formen der Diskriminierung setzt deshalb Offenheit für den Diskurs über Wertfragen voraus (STEINHERR 2013; vgl. Kap. 5.3.1).

Kritik am Relativismus

Dennoch gibt es Stimmen, die das Bemühen um *Humanität* in eben diesem Sinn als autoritär brandmarken. Dieter Lenzen bezeichnet sie als „Fiktion" und empfiehlt, Pädagogik solle es vermeiden, sich an dieser „Fiktion" zu orientieren. Jede Ausrichtung an einem Ideal, auch an Humanität und Menschenwürde, schließe andere Ideale aus, und dies laufe auf Indoktrination hinaus, denn Indoktrination bestehe nicht in dem, was man Schülern lehre, sondern in dem, was man ihnen vorenthalte: „Verschweigen ist Indoktrination" (LENZEN 1997, S. 952, nach STEINHERR 2013, S. 431).

Humanität – eine Fiktion?

Natürlich kann es nicht darum gehen, Humanität und Menschenwürde missionarisch zu vertreten. Das wäre schon deswegen unangebracht, weil der Humanismus just zu der Zeit in Blüte stand, als die europäischen Konquistadoren die indigene Bevölkerung Amerikas abschlachtete, so wie später die Einführung des demokratischen Liberalismus mit Kolonialismus und Sklaverei synchron ging. Zu den Idealen von Humanismus und Aufklärung zählt aber die Selbstbestimmung, weshalb die Aufklärer repressive Praktiken stets kritisiert haben. Verbannt man, was zum besten Erbe der Aufklärung gehört, aus der Pädagogik, so zeigt man sich nicht so sehr tolerant und offen als vielmehr indifferent: Man fördert eine Tendenz zum Wegblicken, auch dort, wo man einschreiten müsste.

Dogmatismus und Relativismus sind nicht als solche inhuman. Der Dogmatiker greift aber womöglich zu inhumanen Methoden, um seine Ziele durchzusetzen. Der Relativist möchte es allen recht machen und verwickelt sich dabei in den Widerspruch, auch rassistische und inhumane Standpunkte einschließlich solcher, die ihn selbst bekämpfen, akzeptieren zu müssen. Die „Frage, ob Werte und Normen relativ oder allgemein gültig sind, ist keine theoretische Spitzfindigkeit, sondern hat (…) Konsequenzen für die Erziehungspraxis" (STEINHERR 2013, S. 430).

Selbstbestimmung als zentraler Wert

Läuft das Festhalten an allgemeingültigen Werten nicht doch letztlich auf einen Selbstbetrug hinaus? Auf diese Frage wird in Kapitel 5.5 näher eingegangen. Hier soll nur ein thematisch besonders naheliegendes Beispiel diskutiert werden: Repräsentiert Autonomie einen allgemeinen Wert, einen Wert für alle Menschen? Versteht man Autonomie als wesentliches Ziel der Aufklärung – des „Ausgangs des Menschen aus seiner (…) Unmündigkeit" (KANT, WiA S. 53), so schließt sie zweierlei ein, erstens die Fähigkeit zur Selbstbestimmung, zum Selber-Denken, und zweitens die Fähigkeit, sich im Dialog, im Diskurs, in der Kooperation auf den Standpunkt des anderen zu stellen, also die Fähigkeit, den eigenen Standpunkt zu relativieren, beziehungsweise den *Egozentrismus* wenigstens in seinen elementarsten Formen zu überwinden. Piaget bezeichnete diese Fähigkeit als „Dezentrierung" (vgl. 7.1).

Man kann die These, Autonomie sei allgemein wertvoll, nicht bestreiten, ohne in einen Diskurs einzutreten und sich auf eine Argumentation einzulassen. Argumentieren verlangt erstens gedankliche Beweglichkeit, also *Denken*, und zweitens die Bereitschaft, *den Standpunkt*, den man widerlegen möchte, vorher zu prüfen. Das bedeutet, der Argumentierende lockert die Fixierung auf seine eigene Perspektive mindestens für die Dauer des Gesprächs. Den Wert von Selbstbestimmung, Denkfähigkeit und Überwindung seines Egozentrismus kann also nur bestreiten, wer bereit ist, selber zu denken und seinen Egozentrismus zu überwinden. Damit gerät er in einen Widerspruch.

Kritiker mögen einwenden: Daraus folgt nicht, dass Autonomie und Selbstbestimmung einen für alle Menschen verbindlichen Wert repräsentieren. Tatsächlich existieren auch rein instrumentelle Bildungskonzepte, die Bildung nicht als Selbstzweck begreifen. Das führt uns zum nächsten, dem dritten Kritikpunkt am Schulwesen.

1.3 Bildung als Wettbewerb?

Das Schulwesen verbindet zwei ganz verschiedene gesellschaftliche Funktionen: die Bildung der heranwachsenden Generation zu mündigen Staatsbürgern und, über das Selektionswesen, die Zuweisung der Schulabsolventen zu unterschiedlichen Berufslaufbahnen mit den entsprechenden sozialen Positionen. Die Selektion behindert die Schule bei der Erfüllung ihres ursprünglichen Auftrags: Sie wird zu einem Mittel für einen ihr äußerlichen Zweck. Bei den Schülerinnen und Schülern verdrängt eine extrinsische Motivation das Interesse, im Wettbewerb gut abzuschneiden und sozial aufzusteigen, die intrinsische, das Interesse am Gegenstand des Lernens (ILLICH 1973, GRONEMEYER 1997). Lernen unter Bedingungen des Wettbewerbs ist etwas Anderes als Lernen aus sachlichem Interesse, aus Neugier und Entdeckungsfreude. Gewinnen wollen ist nicht dasselbe wie erkennen wollen. Siegen ist eine Belohnung, Verlieren eine Strafe (KOHN 1989). Ehrgeiz wirkt zwar in allen Bereichen als Leistungsmotiv, es ist aber nicht sachbezogen, sondern bloß darauf gerichtet, besser zu sein als andere.

Intrinsische und extrinsische Motivation

Der Wettbewerb im Bildungswesen hat noch weitere Konsequenzen: Da er die Messbarkeit der verglichenen Leistungen voraussetzt, die meisten Fähigkeiten und Fertigkeiten, die für Bildung von Bedeutung sind, sich aber nicht direkt messen lassen – Phantasie, räumliches Vorstellungsvermögen, Spontaneität, Schlagfertigkeit, Ausdauer usw. –, werden für den Wettbewerb statt der wesentlichen Fähigkeiten vor allem die messbaren trainiert (BINSWANGER 2010, S. 57).

Sind Leistungen messbar?

„Dort, wo der Sportunterricht nicht ausfällt, erleben Schüler Auswüchse einer scheinbar unverwüstlichen Stoppuhr- und Metermaßmentalität." Das Fach Sport erinnert manchmal an „militärischen Drill (…) vergangener Zeiten, bei dem einige wenige Schüler am Reck, am Barren, beim Hochsprung, beim Weitwurf und beim Laufen glänzen, andere, ‚Unsportliche', demgegenüber als abschreckendes Beispiel dienen und sich dem regelmäßigen Gespött von Lehrkräften und Mitschülern ausgesetzt sehen (…). Wie soll sich unter solchen Bedingungen (…) jemals Freude am eigenen Körper, am Spiel und an der Bewegung entwickeln?" (BAUER 2008, S. 44).

Mit der Globalisierung der Märkte ist die Konkurrenz zwischen den nationalen Ökonomien aggressiver geworden. Die Schule gerät zunehmend ins Gravitationsfeld ökonomischer Effizienz- und Innovationserwartungen. Enttäuscht sie diese, schadet dies ihrem Ruf. Es wird immer schwieriger, die Qualität einer Ausbildung unabhängig von ihrem Beitrag zur Wettbewerbsfähigkeit der nationalen Wirtschaft zu würdigen.

Bildung für den Wettbewerb

Es liegt im Trend, dass Schulen das *New Public Managment* einführen. Dazu gehört, wie bei wirtschaftlichen Unternehmen, die „Gliederung der Führung von Schulen in einen strategischen und einen operativen Bereich" – die Aufsichtsbehörde trifft „strategische", die Schulleitung „operative" Entscheidungen (DUBS 1996, S. 331). Schulen werden „teilautonom", gewinnen damit an Flexibilität und Gestaltungsfreiheit, was wiederum „Effizienz und Effektivität" erhöhen soll (ebd.). Problematisch an dieser Idee ist, dass die Schule selbst in die Schule geht – bei wirtschaftlichen Unternehmen, deren *Business* darin besteht, den Umsatz über die materielle Produktion zu steigern. Der einschlägige Jargon – „Outputorientierung", „Ressourcen", „Standards", „Benchmarking" – dringt ungefiltert ins Bildungswesen ein, was nicht den Eindruck erweckt, die Fremdbestimmtheit der Schulen nehme wirklich ab. Die technokratische Sprache verrät im Gegenteil einen Trend zur Uniformierung von Bildungsprozessen: Ausbildungen werden in kleine

Verbetrieblichung der Schule

„domain"- oder fächerspezifische Päckchen – „Module" – untergliedert und nach vorgegebenen „Standards" abgeprüft.

Die neue technokratische Sprache – Kostproben:

„Unter Berücksichtigung der angestrebten Effekte der angesprochenen Führungskonzepte auf die Geführten als Individuen und als Gruppe (Empowerment in Form individueller und kollektiver Selbstwirksamkeit; Entwicklung von Commitment gegenüber der Schule und der Tätigkeit; proaktives, altruistisches Verhalten; Vertrauen) wird besonders mit Blick auf die Voraussetzungen zum organisationalen Lernen in Schulen diese Zulässigkeit gesteigert."

„Präziser ausgedrückt bedeutet Gefolgschaft erzeugen, das Fördern resp. Entwickeln (sprich beeinflussen) der individuellen und kollektiven Lernvoraussetzungen. Da mit dem Lernparadigma auf organisationaler Ebene das Anstreben konstanter Veränderung resp. Anpassung an neue Verhältnisse impliziert wird, soll (...) dem Begriff *transformationale Führung* Vorrang gegeben werden." (SCHÄFER 2004, S. 66, S. 68)

Hochschulen betreiben *Marketing* und *Qualitätsmanagement*, obwohl in der Öffentlichkeit weder ein Konsens darüber besteht, was Bildungsqualität überhaupt ist, noch auch nur eine Diskussion über diese Frage geführt wird. Der Imperativ, „Effizienzlücken" zu stopfen, setzt Schulen unter Druck:

> „Die Gymnasialzeit wurde ohne eine entsprechende Reduzierung des Lehrplans von neun auf acht Jahre verkürzt, was bedeutet, dass heute nahezu die gleichen Stoffmengen in einem deutlich verringerten Zeitkontingent ‚durchgezogen' werden müssen. Auch Grund- und Hauptschullehrer sollen wahre Wunder vollbringen: Den Mädchen und Jungen bereits in der Grundstufe die erste Fremdsprache lehren, die Begabten besonders fördern, gleichzeitig aber auch Kinder integrieren und unterstützen, die schwere Lern- und Verhaltensstörungen aufweisen (...). Die Folge von alldem ist: Schulen sind (...) Orte der ständigen Zeitnot und Hetze, Orte des Grauens" (BAUER 2008, S. 46).

Wettbewerb zwischen Schulen Landesweite Quervergleiche zwischen Schülerleistungen, die sich auf einige Fächer beschränken (in den PISA-Studien die Erstsprache, Mathematik und Naturwissenschaften), sollen zwar zur Vereinheitlichung der Lernziele und Lehrpläne beitragen. Das ist insofern positiv, als sich dadurch die Transparenz bei Leistungsvergleichen – eine notwendige Voraussetzung für Chancengleichheit – erhöht. Sie bergen aber auch Risiken: Der Quervergleich setzt Schulen unter erhöhten Profilierungsdruck und verstärkt die Tendenz, den Unterricht auf den Prüfungsstoff zu fokussieren. Das *„Teaching to the test"* führt weg vom selbstgesteuerten Lernen und nähert sich der Konditionierung. Fähigkeiten, die nicht zum Prüfungsstoff gehören, droht eine Abwertung, und seien sie auch noch so wichtig. Besonders gefährdet sind die sozialen, handwerklich-gestalterischen und künstlerischen (musischen) Fähigkeiten. Ein weiterer Nachteil: Schulen, deren Schüler unterdurchschnittlich abschneiden, riskieren eine Stigmatisierung. Als beste Schule gilt diejenige, deren Absolventen die höchsten Standards erfüllen, nicht die, die ihre Schüler am intensivsten fördert. Das kann auch eine Schule sein, deren Klientel überwiegend aus einem schwierigen Milieu stammt und bei der Einschulung mit unterdurchschnittlichen Vorleistungen angetreten ist.

Die Ausrichtung des Bildungswesens auf den Wettbewerb fördert zudem eigenartige Praktiken – besonders deutlich an Hochschulen und Fachhochschulen: Im Hochschul-Rating kommt es eher auf die Anzahl Studierender an als auf das Unterrichtsniveau, weil letzteres nicht messbar ist; und eher auf die Zahl wissenschaftlicher Publikationen als auf ihren Gehalt und ihre Originalität, weil diese ebenfalls nicht messbar sind (BINSWANGER 2010, S. 125–131, S. 140–179). Da die Menge an wissenschaftlichen Publikationen derzeit in schwindelerregender Weise wächst und die meisten Publikationen immer weniger Leser finden, kommt es häufig zu Betrügereien, wie Unterschlagung von Quellenbelegen, Kopieren langer Textpassagen, Delegieren akademischer Arbeiten an bezahlte *Ghostwriter*. Es entstehen Online-Zeitschriften, die die Autoren statt der Leser zur Kasse bitten, weil sie kaum Leser finden.

Bildungsqualität ist nicht messbar

Die Kriterien für Anstand und Erfolg sind einander entgegengesetzt. Im Wettbewerb wird strategisches Verhalten stärker belohnt als die Ausrichtung auf Zusammenarbeit, Bluff gedeiht besser als Wahrhaftigkeit, die Neigung zu Täuschung und Irreführung, einschließlich der Lüge, besser als Ehrlichkeit. Dabei ist klar, dass Wissenschaft, wie Bildung, als kooperatives Unternehmen ohne die Selbstverpflichtung zur Wahrheit nicht gedeihen kann.

Die beschriebenen Trends sind weltweit beobachtbar. Forschung an Hochschulen und Fachhochschulen wird zunehmend privat finanziert, die Forschenden werden von den Geldgebern abhängig. Von einer Bank gesponserte Forschungsprojekte dürften kaum zu bankenkritischen Resultaten gelangen. Ein weiteres Indiz für die zunehmende Integration des Bildungswesens in die Sphäre der Wirtschaft ist der Trend zur Gründung von Privatuniversitäten und privaten Fakultäten. In wirtschaftlich stark expandierenden Regionen, vor allem Lateinamerikas und Afrikas, ist diese Entwicklung am auffälligsten. Man könnte sie auf den ersten Blick für das Indiz einer weltweiten Bildungsexpansion halten und begrüßen. Private Bildungshäuser müssen sich aber überwiegend, wenn nicht gar ausschließlich, über Studiengebühren finanzieren, doch dummerweise sind die am besten betuchten Klienten nicht immer die begabtesten und motiviertesten. Manch ein Institut musste seine Tore wieder schließen, weil finanzstarke Kundschaft ausblieb. Die Versuchung ist deswegen nicht gering zu schätzen, kaufkräftige Kandidaten durch Prüfungen durchzuwinken, selbst bei ungenügender Leistung. Manchenorts experimentiert man damit, die Ausstellung guter Zensuren von Extrazahlungen abhängig zu machen. Sobald Diplome zur Handelsware werden, tritt als Zugangsvoraussetzung für privilegierte Positionen Geld an die Stelle der intellektuellen oder beruflichen Kompetenzen.

Kommerzialisierung von Bildung und Forschung

Bei Privatschulen im Bereich der obligatorischen Grundausbildung sind die Verhältnisse weniger extrem. Es ist aber klar, dass auch sie an Schülerinnen und Schülern aus wohlhabenden Familien interessiert sind, soweit sie nicht dank einem Stipendienfonds Unterschichtskinder aufnehmen können. Bei manchen Privatschulen, wie den Rudolf-Steiner-Schulen in der Schweiz, liegen die Gehälter tief unter dem Durchschnitt, den Lehrkräften wird ein fast schon heroisches Maß an Idealismus abverlangt.

Risiken privater Bildungsanbieter

Zwar sind viele der weltweit renommiertesten Universitäten, namentlich in den USA, ebenfalls privat. Sie verdanken ihre Glaubwürdigkeit nicht nur ihrem durch jahrzehntelangen Erfolg bewährten Ruf, sondern auch ihrer unvermindert guten Qualität. Bei den erst vor Kurzem in den übrigen Teilen der Welt gegründeten Privatfakultäten ist das aber anders: Sie haben keine lange Erfolgstradition, die Qualitätsgarantie ihrer Diplome steht auf wackligen Füßen. Eine Bildungsinstitution kann sich gegen den Trend, in reinen Kommerz abzudriften, nur behaupten, wenn sie an einem inhaltlichen, an überprüfbaren Kriterien ausgewiesenen Bildungskonzept festhält und sich weder von finanziellen Bestechungsangeboten blenden noch von Moderströmungen irritieren lässt. Das Vertrauen in Bildung rührt aus einer Zeit, in der ihr Wert noch nicht in Geld konvertierbar war. Mit dem Gütesiegel „Made in Germany" oder „Made in Switzerland" kann man auch nur solange punkten, als niemand Produkte, die anderswoher stammen, damit auszeichnet bzw. solange, als der Missbrauch nicht auffliegt. Es ist kein Zufall, dass die qualitativ hochstehenden Vorlesungsangebote im Internet nicht in kommerziellen Interessen begründet sind.

1.4 Ist Chancengleichheit realisierbar?

Die Kritik lautet: Mit dem Bildungswesen verbindet sich zwar der Anspruch der Chancengleichheit, doch diesen Anspruch erfüllt es nicht. Chancengleichheit – ausgerechnet der Wert, den die Schulen und ihre übergeordneten Behörden unisono verteidigen, bleibt ein leeres Versprechen. Das hat Ivan Illich schon vor vierzig Jahren kritisiert: „Anstatt (…) Gleichheit der Chancen zu schaffen, hat das Schulwesen deren Zuteilung monopolisiert." Soziale „Rollen werden zugeteilt, indem man ein Curriculum von Bedingungen festlegt, die der Bewerber erfüllen muss, wenn er aufsteigen soll." Der Schüler erwirbt neue Fertigkeiten oder Erkenntnisse; ob er aber befördert wird oder nicht, hängt von der Meinung ab, die sich andere über ihn bilden. Die Auswahl der Kandidaten für besser bezahlte Berufe hängt immer weniger von ihrer Leistung, dafür „immer mehr von der Länge des Schulbesuches ab". Diese Effekte zusammen führen „zur Polarisierung einer Gesellschaft" (ILLICH 1973, S. 24–27).

Bedeutung von Chancengleichheit

Was hat sich seit dieser Kritik geändert? – Vor allem dies, dass wir heute über mehr und detaillierteres empirisches Wissen und Zahlen verfügen. Illichs Thesen sind nach wie vor gültig. Winfried Kronig stellt fest: Bildungserfolg hängt nicht in erster Linie von der Leistung (Begabung und Anstrengung) ab, sondern von äußeren Faktoren, und zwar sowohl von natürlichen als auch von institutionellen (KRONIG 2007). Chancengleichheit bedeutet, dass soziale Ungleichheiten keinen Einfluss auf den Bildungserfolg haben dürfen. Es sollte insbesondere vermieden werden, dass sich soziale Benachteiligungen, die auf die Faktoren *Natur* und *Zufall* zurückgehen – auf Geburt, Elternhaus, soziale Schicht- und ethnische Zugehörigkeit –, durch gesellschaftliche Institutionen noch verschärfen. Genau dies geschieht aber faktisch im Bildungswesen – zwar nicht generell und flächendeckend, aber der Trend ist statistisch signifikant. Eine soziale Ordnung, die bestehende

Benachteiligungen weiter zuspitzt, ist nach den Rawlsschen Gerechtigkeitskriterien vom Zustand der Gerechtigkeit weit entfernt (RAWLS 1971, S. 80, S. 98).

Unter aristokratischen Verhältnissen war für alle Menschen klar, dass die Söhne in die Fußstapfen ihrer Väter treten sollten, gleichgültig, ob sie Bauern, Handwerker, Ärzte oder Barone waren, während den Töchtern typisch weibliche Aufgaben vorbehalten blieben. Diese Ordnung ist ungerecht (ebd., S. 81) – den oberen Ständen werden Privilegien zugewiesen, die sie sich nicht verdient haben. Welche soziale Rangposition jemand erreicht, soll in modernen Gesellschaften einzig von seiner Leistung abhängen: Privilegien muss man sich erarbeiten. Das ist das Prinzip der *Meritokratie*. Gehobene Stellungen sind aber, gemessen mit den Begehrlichkeiten, die sie wekken, knappe Güter. Da der Zugang zu privilegierten Posten nicht mehr über Abstammung und Geburt geregelt wird, erfolgt die Zuteilung über den *Wettbewerb*. Menschen haben unterschiedliche Fähigkeiten, Interessen, Motive und einen unterschiedlich starken Durchhaltewillen; allein nach diesen Kriterien sollen sich die Gewinnchancen bemessen.

Damit der Wettbewerb einigermaßen zivilisiert abläuft und die Konkurrenten ihre Ansprüche nicht mit brachialen Mitteln austragen, muss er durch Regeln domestiziert werden, die für alle verbindlich sind. Dies gilt in der Konkurrenz um gehobene soziale Positionen genauso wie im Sport. Chancengleichheit ist dabei das wichtigste ethische Kriterium: Als Maßstab für den sozialen Aufstieg fungiert allein die Tüchtigkeit, und diese bemisst sich in der Regel an der schulischen Leistung.

Wettbewerb und *Chancengleichheit* sind wie die zwei Seiten derselben Münze: Der Wettbewerb ist das institutionelle Arrangement, die Chancengleichheit definiert die legitimierende Norm. Doch wie sieht die Wirklichkeit aus? Die „Bedingungen für den Erwerb eines Bildungstitels" sind höchst ungleich, werden aber „als gleich angesehen"; „Leistung und Leistungsbewertung sind nicht kongruent" (KRONIG 2007, S. 216), das Ergebnis der Leistungsmessung entsprechend verzerrt: „Die Abbildung der individuellen Leistung ist in sehr direkter Weise von den Klassenmitgliedern abhängig. Leistungsniveau und Leistungsstreuung der Schulklasse, der ein Schüler mehr oder minder zufällig zugeteilt ist, steuern seinen Notendurchschnitt" (ebd. S. 219). „In leistungsschwächeren Klassen bekommt man bessere Noten" (ebd. S. 194). „Außerhalb des Klassenzimmers verlieren Noten deshalb jegliches Maß an Reliabilität [Vergleichbarkeit]" (ebd. S. 219). Für dieselbe Leistung in Mathematik kann ein Schüler in der einen Klasse Note 2 erhalten, in der anderen Note 4 (ebd. S. 219). Es kommen sogar Differenzen um bis zu drei vollen Notenpunkten vor (THIEL/VALTIN 2002, S. 73 ff.). Umgekehrt verbergen sich „hinter gleichlautenden Abschlüssen (…) ganz unterschiedliche kognitive Kompetenzen" (ALLMENDINGER 2012, S. 129).

Um diese Probleme abzumildern, wurde vorgeschlagen, zwischen „formativer", d. h. den Lernprozess unterstützender, und „summativer", d. h. das Lernergebnis festhaltender Beurteilung zu unterscheiden (VÖGELI-MANTOVANI 1999, S. 26ff.). Der Quervergleich bezieht sich auf die summative Beurteilung, die formative Beurteilung hingegen ist für die Rückmeldung an den Schüler wesentlich. Doch diese Differenzierung schafft die Schwierig-

Chancengleichheit
bleibt unerfüllt

keit nicht aus der Welt: Die erwähnten Unschärfen in der Beurteilung beziehen sich alle auf das Lernergebnis, die summative Leistungserhebung.

Selbst im Unterricht sind die Erfolgschancen der Schüler ungleich. Die einen werden intensiver gefördert, die anderen weniger intensiv. Einzelne werden häufiger und stärker ermutigt, andere seltener. Schlechte Zensuren, negative Rückmeldungen, die Nichtzulassung zu einer Prüfung fügen „der Schülerin eine narzisstische Kränkung zu, die einen Leistungsabfall zur Folge haben kann" (STRECKEISEN et al. 2007, S. 12). Sowohl bei der Leistungsbewertung als auch bei der Aneignung von Bildungsinhalten erfüllen unsere Schulen das Kriterium der Chancengleichheit also nicht: „In beiden Fällen wird das mit gesellschaftlicher Billigung aufgestellte (…) Leistungsprinzip außer Kraft gesetzt" (KRONIG 2007, S. 216).

Schule ohne Selektion?

Fachleute fordern deshalb, das Selektionswesen in der Schule abzuschaffen (ALLMENDINGER 2013, S. 105; KRONIG 2007, S. 226). Dieser Vorschlag ist umso bedenkenswerter, als der Zusammenhang von schulischem Leistungsausweis und Berufskarriere durch die hohe Arbeitslosigkeit, die in manchen Ländern die Jugend, einschließlich junger Akademiker, überproportional trifft, ohnehin aufgeweicht worden ist.

Es wäre bereits eine Verbesserung, wenn die Lehrkräfte ihre Mitwirkung bei selektionswirksamen Prüfungen an eine schulexterne Instanz abträten. An deutschen Schulen ist es ursprünglich, im 18. und bis ins 19. Jahrhundert, auch so gewesen: Das Selektionswesen konzentrierte sich „zunächst auf die neuralgische Nahtstelle zwischen Bildungs- und Beschäftigungssystem" (STRECKEISEN et al. 2007, S. 17). Bei der Abnahme des Abiturs ist noch heute eine außerschulische staatliche Behörde federführend, und der Begriff „Staatsexamen" für bestimmte Professionen hat sich bis in die Gegenwart erhalten. Doch die meisten selektionswirksamen Prüfungen finden in den Schulen selber statt. Dies bedeutet zweierlei: Die Lehrkräfte, die eigentlich Advokaten ihrer Schüler sein sollten, geraten mit ihrer richterlichen Beurteilungspflicht in einen Rollenkonflikt und werden für die Schüler als Partner in einem Lernbündnis unglaubwürdig. Zudem wird der Wettbewerb in die Schule selbst hineinverlagert. Dadurch gerät alles, was mit Noten zu tun hat, in den Sog von Leistungsvergleich und Konkurrenzdenken. „Der gesamte schulische Alltag, jedes zustimmende Lächeln und jedes kritische Stirnrunzeln der Lehrperson stehen unter dem Stern der Selektion" (ebd., S. 12).

Dadurch, dass bereits während der schulischen Ausbildung selektioniert wird, verliert das Kriterium der Chancengleichheit an Schärfe, und dies gleich in mehrfacher Hinsicht: Die Definition von Chancengleichheit sagt nichts darüber aus, welcher Anteil am Leistungserfolg dem Schüler und welcher dem Elternhaus zuzuschreiben ist. Manche Lehrkräfte neigen dazu, eine Erfolgsprognose eher vom Elternhaus als von den Eigenleistungen der Schülerin bzw. des Schülers abhängig zu machen – sehr zum Vorteil der Kinder aus privilegierten Milieus. Die Definition von Chancengleichheit lässt zudem offen, zu welchem Zeitpunkt die Leistungen der Schüler gemessen werden sollen. Je nachdem, wann in der Schullaufbahn dies geschieht, verschiebt sich die Selektion mehr nach vorne oder nach hinten. Je früher dieser Zeitpunkt liegt, desto schwerer haben es Kinder aus bildungsfernen Elternhäusern.

Theoretisch gibt es drei Möglichkeiten, wie die Schule Chancengleichheit zu verwirklichen versuchen kann (KESSELRING 2012, S. 276ff.): Setzt man die Leistungserhebung und Selektion so früh wie möglich an, so kann man die am leistungsfähigsten erscheinenden Kinder schon in zartem Alter herausfiltern und sie dann in anspruchsvolleren Leistungsgruppen fördern. Dieses Vorgehen lässt sich mit dem Argument rechtfertigen, es nütze der Gesellschaft als ganzer, denn je früher man die „Zugpferdchen" fördere, desto tüchtiger seien sie nachher. Setzt man Leistungserhebung und Selektion umgekehrt so spät wie möglich an, so lassen sich die schwachen Schülerinnen und Schüler entsprechend länger und intensiver fördern. Auch hier kann man mit dem Nutzen für die Gesellschaft argumentieren, denn je mehr Schülerinnen und Schüler im späteren Leben reüssieren, desto geringer ist die Zahl der *Dropouts*. Entsprechend sinken die Ausgaben für die Sozialhilfe und die Kriminalitätsbekämpfung. Man kann auch einen Mittelweg beschreiten und – zumindest im Sinne eines theoretischen Ideals – alle Schülerinnen und Schüler bis zum Schluss exakt gleich intensiv fördern, unabhängig davon, wie leistungsfähig sie sind. Bei dieser Option geht es einfach darum, die Investitionen – an Aufmerksamkeit, Zeit, Geld, Zuwendung usw. – genau gleich auf alle Schülerinnen und Schüler zu verteilen. Dieses Verfahren ist in seiner mathematischen Austariertheit natürlich pure Fiktion. Es veranschaulicht aber, was es bedeuten würde, den Wert strikter Neutralität in der Schulpraxis umzusetzen.

Die Realisierung von Chancengleichheit wird noch durch einen weiteren Faktor erschwert: Schülerleistungen lassen sich nicht in der gleichen Weise messen wie etwa die Fließgeschwindigkeit in einem Wasserlauf. Während sich bei einem Bach das Durchflussvolumen nicht dadurch verändert, dass man es misst, verbessern oder verschlechtern Schülerinnen und Schüler ihr Leistungsverhalten häufig gerade deswegen, weil sie getestet werden oder worden sind. Die Messung beeinflusst die Leistungen. Sie ermutigt und stimuliert die Schüler oder entmutigt und demotiviert sie. Es wäre ein Kurzschluss, aus dem Umstand, dass sich eine Leistungsvoraussage erfüllt, zu folgern, die Prognose sei eben richtig und exakt gewesen. Wahrscheinlicher ist, dass es sich überhaupt nicht um eine empirische Prognose gehandelt hat, sondern um eine „sich selbst erfüllende Prophezeiung" (Robert Merton). Pädagogen sprechen in diesem Kontext auch von „Pygmalioneffekt" (ROSENTHAL/JACOBSON 1968) oder „Ödipuseffekt" (TAUBER 1997).

Eine Lehrkraft kann ihre Schüler mit den Augen einer Mutter beurteilen, die ihrem Kind nur das Beste wünscht und ihm vielleicht mehr zutraut, als es im Augenblick leisten kann. Diese Haltung bezeichnet Fritz Oser (2001, S. 85) als „pädagogische Zumutung". Eine Lehrkraft, die ihre Schüler so positiv wie möglich beurteilt, läuft jedoch Gefahr, ihre besten Schüler an eine höhere Schulform abtreten zu müssen und nur die schwächeren zu behalten. Wer will das schon? Nur wenige Lehrkräfte neigen zu dieser wohlwollenden Betrachtung der Schülerleistungen. Konsequenz:

Laut Jutta Allmendinger rutschten von 72.000 Schülerinnen und Schülern der siebten bis neunten Klasse, die im Schuljahr 2009/2010 die Schulform wechselten, „über die Hälfte, nämlich 51 Prozent, in eine niedrigere Schulform, die meisten vom Gymnasium in die Realschule. Den Sprung nach

Randnotizen:

Chancengleichheit in drei Varianten

Leistungsmessung beeinflusst die Leistung

Persönliche Einstellung beeinflusst Leistungsmessung

oben schafften lediglich zwölf Prozent. (…) Im Durchschnitt aller Bundesländer kommen auf jeden Aufstieg vier Abstiege, das Verhältnis liegt bei eins zu vier" (ALLMENDINGER 2012, S. 98f.).

Immerhin sind die Zugänge zum Abitur vielfältiger geworden. Elf Prozent der Schülerinnen und Schüler schaffen ihr Abitur auf anderen Wegen als über das Gymnasium. „Zunehmend erreichen die Schüler auch hohe Abschlüsse außerhalb der allgemeinbildenden Schulen im beruflichen Schulsystem: Das ist wohl bisher das wichtigste Mittel, um die Fehlzuweisungen im gesamten Schulsystem auszugleichen" (ebd. S. 101f.).

Dennoch ist der Trend eindeutig – auch außerhalb Deutschlands: In England etwa brechen dreißig Prozent der Schüler den Besuch der High School ab (ROBINSON 2013).

> *Es gibt mindestens drei Gründe, weshalb die Leistungsmessung bei Menschen nicht mit physikalischen Messungen vergleichbar ist:*
>
> (1) Menschen reflektieren auf ihre Leistungen; Messresultate, die ihnen zurückgemeldet werden, gehen in diese Reflexion ein.
> (2) Bei Leistungstests befinden sich Schülerinnen und Schüler in Konkurrenz zueinander, darauf reflektieren sie ebenfalls, und das verstärkt den extrinsischen Erfolgsdruck oder im negativen Fall den Resignationseffekt.
> (3) Prüfer und Prüfling stehen zueinander in einer menschlichen Beziehung. Emotionen, Interessen, wechselseitige Erwartungen prägen bewusst oder unbewusst diese Beziehung und können sowohl die Prüfungsleistung als auch die Leistungsbeurteilung beeinflussen. Diese ist entsprechend subjektiv.

Bildungsinstitutionen schaffen soziale Ungleichheit

Eine Diskussion über Werte wird dort unerlässlich, wo Entscheidungen über praktische Maßnahmen anstehen. Solche Maßnahmen setzen jedoch eine genaue Sachanalyse voraus. In Schulen und Schulklassen finden immer auch gruppendynamische und systemtheoretisch zu erklärende Prozesse statt, deren genaue Auswirkungen man erst zum Teil kennt. Konsens besteht heute aber über zwei Arten von Prozessen, die Ungleichheit produzieren: Einerseits entsteht „bei einheitlichem Zeitbudget und einheitlicher Lehrqualität für alle Schüler (…) eine Leistungsspreizung, die umso höher ausfällt, je besser es der Schule gelingt, die Kinder zu fördern" (ALLMENDINGER 2012, S. 75). Dieser Effekt, der im Übrigen bei immerhin einem Drittel der Klassen nicht eintritt (KRONIG 2007, S. 221), ist nicht beabsichtigt, und es ist unklar, wie er sich vermeiden ließe. Andererseits bewirkt das Selektionswesen, dass ein Teil der Schüler zu den Gewinnern, ein anderer zu den Verlierern gehört. Ist auch dieser Effekt unbeabsichtigt? Unveränderbar ist er nicht! Kritische Stimmen interpretieren dies so: Der Zugang zu gesellschaftlichen Privilegien ist ungleich, also trifft es sich gut, dass die schulischen Abschlussqualifikationen ebenfalls ungleich sind. Schafften alle Schüler das Abitur, so wäre es, wie wenn sich im Theater alle von ihren Stühlen erhöben: Niemand sähe besser. Das Selektionswesen garantiert, dass die Verlierer sich ihre Benachteiligung selber zuschreiben (GRONEMEYER 1997).

1.5 Wie ist Bildung zur Selbstbestimmung in einer fremdbestimmten Institution möglich?

Schulen müssen auf alles Mögliche reagieren – den sozialen und kulturellen Wandel, technologische Umbrüche, das Auf und Ab der nationalen Wirtschaft. Kaum eine Institution muss sich so häufig neu erfinden wie die Schule. Da sie den Staat auch einiges kosten, bieten Schulen zudem eine offene Flanke für periodische Sparmaßnahmen. Schulen sind so wenig perfekt, wie menschliche Institutionen es eben sind. Als Austragungsort permanenter bildungspolitischer Auseinandersetzungen, Experimentierfeld für Reformen und als Spielwiese wissenschaftlicher Beforschung ist die Schule eine dauerhafte Baustelle. Die Folge sind Provisorien, Improvisationen, Unwägbarkeiten. Stress und Unruhe beherrschen den schulischen Alltag.

Der Dauerbeschuss, unter dem Lehrkräfte heute stehen, geht nicht spurlos an ihnen vorbei. Da auch die Schülerinnen und Schüler tendenziell nicht pflegeleichter werden, ist *Burnout* weit verbreitet. Bauer schätzt aufgrund eigener Forschungen, „dass zwanzig Prozent der diensttuenden Lehrkräfte an stressbedingten Gesundheitsstörungen leiden, die nach Art und Umfang medizinisch relevant und eigentlich behandlungsbedürftig sind" (BAUER 2008, S. 52).

Zu den größten Herausforderungen, die der Schule zu schaffen machen, gehört der Umstand, dass sie wie kaum eine andere Institution zum Spielball gegensätzlicher öffentlicher Interessen geworden ist. Bildung in einem emphatischen Sinn zu fördern wird dadurch erheblich erschwert – nicht nur, weil Schule sich dauernden Änderungen und Reformen unterziehen muss und von der Erfüllung ihrer Hauptaufgabe abgelenkt wird, sondern auch, und vor allem, weil echte Bildung ein Selbstzweck ist, der unter Bedingungen permanenter Fremdbestimmung verkümmert.

Der Bildungsphilosoph Marian Heitger kommentiert: „Eine Pädagogik, die sich nicht besinnungslos einem unreflektierten Schicksal unterwirft, muss sich die Frage nach Recht und Grenze ihrer eigenen Instrumentalisierung stellen." „Man ist erstaunt, wieviel an Regelungen dem Lehrer in ministeriellen Veröffentlichungen zugemutet wird." Und: „Für die zu fordernde Pädagogik der Selbstbestimmung verbietet sich jede Art der Bevormundung der Lehrer" (HEITGER 2004, S. 204, S. 214).

Schule lässt sich zweifellos reformieren. Es gibt dazu viele Möglichkeiten, viele Ideen. Echte Verbesserungen lassen sich aber nur erzielen, wenn Schule die nötigen Freiräume erhält, um andere Lehr- und Unterrichtsformen auszuprobieren. Können nur Jüngere von Älteren etwas lernen? Ist das Umgekehrte unmöglich? Kann man nur in Gruppen von Gleichaltrigen, in Gruppen von zwischen 15 und 30 Schülern lernen? Und nur im Alter zwischen 7 und 17 Jahren, nur an Wochentagen, zwischen 07 und 17 Uhr? In Lektionen von genau 45 bis 50 Minuten, gleichgültig, ob die Lernenden 7 oder 17 oder – an der Universität – 27 Jahre alt sind?

Schule als Spielball öffentlicher Interessen

Fremdbestimmung als Vorbild für Selbstbestimmung?

Thesen von Sir Ken Robinson:

- Grundausstattung für Unterricht: Jemand lehrt und jemand lernt. Alles Übrige (Gebäude, räumliche Anordnung, zeitlicher Rhythmus, Lehrmittel, Anzahl Lernende usw.) ist Beiwerk. Analog beim Theater: Zur Grundausstattung gehören Schauspieler und Publikum. Alles Weitere (Bühnenbild, Beleuchtung, Regisseur, Requisiten, Theaterdirektor) ist Beiwerk.

- Jede Lerngemeinschaft ist eine *Vielfalt von Individuen*; Bildungssysteme sind aber auf *Konformität* ausgerichtet.

- Kinder sind begierig zu lernen, sie lernen spontan, wenn das Mikroklima der Lernumgebung stimmt. Dieses leidet, wenn Lernen forciert und von oben kontrolliert wird.

- Lernkontrollen durch Tests sind auf Konformität ausgerichtet und werden den individuellen Begabungen und Interessen der Kinder nicht gerecht.

- Bildungs-Arrangements, die sich einmal bewährt haben, gelten als sakrosankt und unabänderlich. Das macht ein Bildungssystem unflexibel. Jede Generation muss die Demokratie für sich neu erfinden (John Dewey).

- Unser Schulsystem stammt aus der Zeit der industriellen Revolution und erinnert an eine Maschine. Lerngemeinschaften sind aber Organismen. Sie benötigen für ihr Gedeihen ein günstiges Klima. Dieses lässt sich nicht verordnen. Lerngemeinschaften sollten die Freiheit zu Initiativen haben, die ihr „Mikroklima" optimieren helfen.

- Größtes Handicap der Bildung: die von der Politik festgesetzten Bildungsstrategien und ministeriellen Verordnungen. Bildung kann nicht *von oben* („top down") geplant, sie muss *von der Basis her* („bottom up") aufgebaut werden. *„Rock'n' Roll was not a government plan!"*

2. Ethik im Unterricht und Unterricht in Ethik

2.1 Ethik im Unterricht

Moral hat es weitgehend mit den Regeln zu tun, die in einer Gruppe gelten, und mit den Regeln des zwischenmenschlichen Umgangs. Schule und Unterricht leben von unterschiedlichsten Varianten menschlicher Beziehungen. Manche sind symmetrisch – Beziehungen zwischen Gleichgestellten –, manche asymmetrisch – zwischen Menschen, die sich voneinander hinsichtlich Macht, Kompetenzen oder Fähigkeiten stark unterscheiden. Um eine Betrachtung dieser Beziehungen aus ethischer Perspektive geht es im ersten Teil dieses Kapitels. Im zweiten werden, darauf aufbauend, verschiedene Modelle des Ethikunterrichts entwickelt.

2.1.1 Wechselseitige Achtung

Menschen, die kooperieren, verfolgen gemeinsam ein bestimmtes Ziel, beispielsweise führt ein Orchester ein Konzert auf, eine Schulklasse organisiert einen Basar zur Finanzierung einer Klassenfahrt. Jeder Beteiligte leistet einen Beitrag, jeder wird dafür in irgendeiner Weise – materiell oder ideell – entschädigt. Jede auf Kooperation ausgerichtete Beziehung ist ein dynamisches *Geben* und *Nehmen*. Mit einer Person, die andere ausnützt, indem sie regelmäßig mehr nimmt, als sie gibt, wird es schwierig, eine Beziehung im Gleichgewicht aufrechtzuerhalten. Das Verhältnis von Geben und Nehmen hat in der Ethik eine Entsprechung im Verhältnis von *Pflichten* und *Rechten*. Eine Pflicht zu erfüllen, heißt etwas zu tun, was man vielleicht nicht ohne Weiteres täte, oder etwas Bestimmtes zu unterlassen, was man nicht ohne Weiteres unterlassen würde. Wer eine Pflicht erfüllt, kommt also einer anderen Person oder Gruppe in etwas entgegen; insofern leistet oder gibt er etwas. Ein Recht steht umgekehrt für einen Anspruch darauf, dass andere Personen bestimmte Dinge tun oder unterlassen. Ohne das Verbot, andere physisch anzugreifen, gäbe es kein Recht auf körperliche Integrität. Normen, die uns verbieten, andere zu bestehlen, zu demütigen, zu verleumden oder einzusperren, dienen dem Schutz elementarer Rechte: des Rechts auf persönliche Unversehrtheit und Würde, auf Unbescholtenheit, auf Eigentum, auf Mobilität …

Dem Verhältnis von Nehmen und Geben, von Rechten und Pflichten entspricht als Drittes das Verhältnis von *Autonomie* und *Achtung*. Autonomie, die Fähigkeit zur Selbstbestimmung, setzt voraus, dass wir um unsere Rechte wissen und unsere Pflichten wahrnehmen. Sie entwickelt sich Hand in Hand mit unserer Bereitschaft, die Rechte und Freiheiten der anderen zu respektieren (= zu achten).

Autonomie und Achtung spielen eine Schlüsselrolle in der Ethik Immanuel Kants, die für das Selbstverständnis der Moderne grundlegend ist (vgl.

[Marginalien:]
Geben und Nehmen

Pflichten und Rechte

Autonomie und Achtung

4.5). Nicht zufällig sind Autonomie und Achtung – genauer, ihre Entwicklung bei Kindern und Jugendlichen – auch ein Thema in Jean Piagets Studie über *Das moralische Urteil beim Kinde.*

Achtung von Grundrechten

Achtung ist eine *Haltung*, an der sich drei Momente unterscheiden lassen (Tugendhat 1993, S. 306f.): Eine Person achten, heißt *erstens*, ihre *(Grund-) Rechte* anzuerkennen. Meine Freiheit hat ihre Grenzen in deiner Freiheit. Da die Rechte und Freiheiten einer Person ihre Grenzen haben, nämlich in den gleichen Rechten und Freiheiten der anderen, können auch nur Rechtsansprüche, die diese Begrenzung anerkennen, Gegenstand von Achtung sein. Das gilt in der Schule so gut wie überall in der Gesellschaft. Und es gilt für alle legitimen Rechte – die Menschenrechte und Kinderrechte, aber auch für all die besonderen Rechte, die aus einem Versprechen, einem Vertrag, einer Verabredung entstehen. Hat eine Lehrkraft mit ihren Schülern Regeln ausgehandelt, sind alle Beteiligten berechtigt zu erwarten, dass alle sich daran halten, auch die Lehrkraft.

Achtung der Würde der Person

Eine Person achten, bedeutet *zweitens*, ihre *Würde* nicht anzutasten. Die Rede von der Menschenwürde hat biblische Wurzeln: Gott hat den Menschen als „Krone der Schöpfung" geschaffen, und das gibt ihm vor der übrigen Kreatur eine besondere Würde. Wer sich mit dem jüdisch-christlichen Erbe nicht zu hundert Prozent identifiziert, fühlt sich von dieser Erklärung aber vielleicht nicht ganz befriedigt. Man kann den Begriff der menschlichen „Würde" (vgl. Art. 1 der Allgemeinen Erklärung der Menschenrechte) auch auf eine religiös neutrale Weise erklären: Die Würde des Menschen gründet darin, dass er bestimmte *Wertüberzeugungen* vertritt, nach denen er auch zu leben versucht (Bieri 2013). Wertvorstellungen entwickeln sich auf der Grundlage von Erfahrungen, die wir im Zusammenleben mit anderen machen. Kleine Kinder haben noch kein Wertebewusstsein, später identifizieren sie sich (ohne es wirklich zu verstehen) mit dem Wertesystem, in das sie hineinwachsen. Als Jugendliche gelangen sie schließlich zu einer eigenen Auffassung über Werte. Parallel zu dieser Entwicklung konstituiert sich ihr Selbstwertgefühl (vgl. 7.4).

Die Würde einer Person zu achten, heißt demzufolge, die Grundlagen ihres Selbstwertgefühls zu respektieren – einfacher gesagt, diese Person nicht zu kränken und nicht zu demütigen. Fortgesetzte Kränkungen und Demütigungen unterminieren die geistige Gesundheit einer Person und können, ähnlich wie physische Verletzungen, Aggressionen auslösen. Im weitesten Sinn bezieht sich Achtung auch auf die Gefühlsebene: Ich habe nicht das Recht, die Gefühle anderer Personen mutwillig zu verletzen oder sie wegen ihrer Gefühle zu diskriminieren. Das bedeutet natürlich nicht, dass wir Gefühlsäußerungen, die andere verletzen oder, wie Hass und Fanatismus, das friedliche Zusammenleben gefährden, nicht kritisieren bzw. die entsprechenden Personen nicht zur Rede stellen sollen.

Achtung der Autonomie

Eine Person achten, heißt *drittens*, sie *nicht zum Werkzeug für eigene Zwecke* zu machen, ihr nichts gegen ihren Willen aufzudrängen, sie zu nichts zu zwingen, womit sie nicht einverstanden ist. Wer andere *instrumentalisiert*, anerkennt nicht ihre Autonomie.

Ich muss allerdings unterstellen können, dass die Personen, denen ich Achtung entgegenbringe, dasselbe auch mir gegenüber tun: Dass auch sie meine legitimen Rechte respektieren und meine Entscheidungen, die Grundlagen meiner Selbstachtung und meine Gefühle nicht durch den Kakao ziehen.

2.1.2 Einseitige Achtung

Achtung und Autonomie sind uns nicht angeboren, sondern stellen sich erst im Laufe einer langen Entwicklung ein. Die Verantwortung für Kinder liegt daher bei ihren Erziehern – in erster Linie bei den Eltern, im Schulkontext bei den Lehrkräften. Schülerinnen und Schüler sind bis zum Erreichen der Volljährigkeit noch nicht autonom im Vollsinn des Wortes. Das stellt die Pädagogik vor eine Paradoxie: Wie führt man Kinder zur Autonomie? Oder umgekehrt: Wie soll man sie behandeln, damit sie trotz ihrer Abhängigkeit Selbstverantwortung übernehmen lernen? Diese ethische Schlüsselfrage hat Kant so formuliert: „Wie kultiviere ich die Freiheit bei dem Zwange?" (KANT ÜP, A 32; STEINHERR 2012).

Die Beziehung zwischen Erwachsenem und Kind ist asymmetrisch. Wie sieht sie aus der Sicht der Kinder aus und wie aus der Sicht der Erzieher? – Jean Piaget nennt die Achtung, die Kinder Erwachsenen entgegenbringen, „einseitig", und beschreibt sie als eine Mischung aus Zuneigung und Furcht (PIAGET 1973). Statt von *Zuneigung* könnte man auch von einer Identifikation des Kindes mit dem Erzieher sprechen (vgl. 7.2 und 7.3). Zuneigung und Identifikation machen verständlich, weshalb das Kind lustvoll an allem teilnimmt, wofür die erwachsene Bezugsperson es zu begeistern vermag. Die *Furcht* gründet in der Einsicht des Kindes, dass ihm seine Erzieher überlegen sind, und erklärt, weshalb es ihnen auch dann gehorcht, wenn es aus freien Stücken lieber anders handelte.

(Randnotiz: Achtung in asymmetrischen Beziehungen)

Wie sieht die Beziehung zwischen Erzieher und Kind aus der Sicht des Erziehers aus? Das Verhältnis der Eltern zu ihren Kindern hat eher den Charakter der Liebe als der bloßen Achtung. Liebe schließt Achtung mit ein, wogegen das Umgekehrte nicht gilt. Eine Lehrkraft, die sich vornimmt, alle ihre Schüler zu lieben, würde sich mit diesem Vorsatz wahrscheinlich überfordern. Das entbindet sie aber nicht davon, dass sie ihre Schüler *achten* soll. Die Aspekte *Zuneigung* und *Furcht* finden in der Lehrer-Schüler-Beziehung eine exakte Entsprechung in dem, was Joachim Bauer als verstehende *Zuwendung* und *Führung* bezeichnet:

> „Der Lehrerberuf erfordert eine Balance zwischen verstehender Zuwendung und Führung. *Verstehende Zuwendung* bedeutet, den einzelnen Schüler nicht nur unter dem Aspekt seines schulischen Könnens (oder seiner schulischen Schwächen) zu sehen, sondern auch und vor allem als Person, das heißt seine Motive, sein Bemühen, sein Verhalten, seine emotionalen Stärken ebenso wie seine problematischen Seiten wahrzunehmen. Dabei vermeidet sie Kränkungen, Demütigungen und Bloßstellungen. *Führung* bedeutet die Notwendigkeit, Werthaltungen zu vertreten, Ziele zu formulieren, Schüler zu fordern, als Lehrkraft mutig zu diesen Forderungen zu stehen und Kritik zu üben, Schülerinnen und Schüler dabei aber Mut zu machen und sie in ihren Anstrengungen zu unterstützen" (BAUER 2008, S. 56).

Die drei Momente der Achtung finden sich auch in einer asymmetrischen Beziehung: Erstens, *Kinder haben Rechte*, die es zu achten gilt. Daran erinnert Artikel 3 [1] der Kinderrechts-Konvention (= KrK): „Bei allen Maßnahmen,

(Randnotiz: Achtung der Kinderrechte)

die Kinder betreffen, (…) ist das Wohl des Kindes ein Gesichtspunkt, der vorrangig zu berücksichtigen ist." Die KrK führt in 40 Artikeln die Rechte, die Kindern zustehen, auf und nennt doch keine einzige Pflicht, die Kinder im Gegenzug zu erfüllen haben. Alle Pflichten fallen den Erwachsenen zu: Das Verhältnis zwischen Erwachsenem und Kind ist auch in juristischer Hinsicht asymmetrisch. Kinder wachsen in ihre Pflichten langsam hinein, etwa in die Pflicht zur Körperpflege, zur Hygiene, zur Aufmerksamkeit bei Gefahren (etwa beim Überqueren der Straße), zum Schulbesuch und immer mehr auch zur Rücksichtnahme auf andere Personen. Die „nützliche Erfahrung, nützlich zu sein" (HENTIG 2006) machen Kinder aber nicht nur, indem sie Pflichten erfüllen, sondern vor allem, indem sie sich spontan in ihre Familien, ihre Peer-Gruppe, in die Gesellschaft einbringen und auf diese Weise sozial wertgeschätzte Haltungen (Aristoteles: „Tugenden") aufbauen (vgl. 4.1).

Achtung der wachsenden Autonomie

Zweitens lernt ein Kind schon relativ früh, *Entscheidungen zu treffen*. Es ist seine Sache, wie es sich kleidet, welche Haartracht es trägt, wie es sein Zimmer gestaltet. Je älter es wird, desto weiter wächst der Radius seiner Entscheidungen. Auch wenn es noch nicht fähig ist, wie Erwachsene Entscheidungen fürs Leben zu treffen, wird es doch *zunehmend autonom*. Artikel 12 [1] der KrK spricht daher einem „Kind, das fähig ist, sich eine eigene Meinung zu bilden, das Recht zu, diese Meinung in allen das Kind berührenden Angelegenheiten frei zu äußern"; diese Meinungsäußerung ist „entsprechend seinem Alter und seiner Reife" angemessen zu berücksichtigen. Das gilt auch für die Schule.

Achtung des Selbstwertgefühls

Drittens, *Kinder entwickeln zunehmend ein Selbstwertgefühl*. In dieses Gefühl geht u. a. die Erfahrung ein, dass andere Personen sich ein Bild von ihnen machen. Dieses Bild ist nie wertfrei. Kinder erfahren täglich Lob und Kritik, Zuspruch und Ablehnung. Auf diesen Erfahrungen baut ihr Selbstwertgefühl auf. Ein positives Selbstbild ist für eine gesunde psychische und geistige Entwicklung wesentlich. Daraus lässt sich für die Erziehenden die Aufgabe ableiten, dem Kind ein möglichst günstiges Bild seiner selbst zurückzuspiegeln. Natürlich dürfen und sollen sie es auch tadeln, wo dies angebracht ist. Dabei müssen sie es aber immer – auch in kritischen Situationen – spüren lassen: „Ich vertraue darauf, dass du die Aufgabe meisterst und dass du zu einer verantwortungsfähigen Person heranreifst." Spiegelt der Erzieher einem Kind ein negatives Bild zurück, so nimmt er ihm einen Teil seiner Würde. Die Art der Rückmeldungen der Lehrkraft an den Schüler ist deswegen so wichtig, weil sie nicht selten den Charakter sich selbst erfüllender Prophezeiungen annehmen.

Resilienz

Wie das Phänomen der Resilienz zeigt, suchen viele Kinder, deren Bezugspersonen ihnen eine positive Anerkennung verweigern, die Nahrung für ihr Selbstwertgefühl anderswo; werden sie fündig, so haben sie große Chancen, vor dem Schicksal einer problematischen Entwicklung bewahrt zu bleiben (HORSTER 2007, S. 12). Auch ältere Geschwister oder Freunde können hier eine wichtige Funktion übernehmen. Man kann das mit den Worten Joachim Bauers zusammenfassen:

„Kinder brauchen persönliche Bindungen zu Bezugspersonen": Nicht nur „um von ihnen *gefordert zu werden* und sich *an ihnen als Vorbildern zu orientieren*, sondern auch um von ihnen *eine Vision von der eigenen Entwicklung und den eigenen Potenzialen zurückgespiegelt zu bekommen.* Zwischenmenschliche Beziehungen sind für Kinder eine Art essenzielles Vitamin, sie sind ebenso wichtig wie gesunde Ernährung und ausreichender Schlaf" (BAUER 2008, S. 129f.).

2.2 Macht und Verantwortung

Zur asymmetrischen Beziehung zwischen Kind und Erwachsenem gehört auch, dass der Erwachsene eine reflektierte Kenntnis dieser Asymmetrie hat, während das Kind sie gewissermaßen *intuitiv* erfasst. Als Erwachsene haben wir vor dem Kind einen erheblichen Kenntnis- und Erfahrungsvorsprung. „Wir können unser Leben auch ohne das Kind führen, aber das Kind braucht den Erwachsenen zum Leben" (MONTESSORI 1967, S. 28). Das macht diesen in den Augen des Kindes zu einer *Autorität.* Im Austausch mit den Schülerinnen und Schülern trägt der Erwachsene daher die Hauptverantwortung. Das klingt trivial, die Folgerungen sind indessen nicht trivial.

> Verantwortung der Erwachsenen

Als Pädagoge – wörtlich: Führer des Kindes – muss der Erzieher die Balance halten zwischen der Rolle des Gesprächspartners, der „auf gleicher Augenhöhe" mit ihm kommuniziert, und der Rolle des verantwortlichen Führers, der sich nicht scheut, dann und wann ein *Machtwort* zu sprechen – etwa wenn das Kind über die Stränge schlägt, wenn es andere verprügelt oder verhöhnt, oder wenn es sich einer Beschäftigung zuwendet, mit der es sich selbst gefährdet.

Macht ist nichts Schlechtes, geschweige denn Böses wie Jacob Burckhardt (1978, S. 36) suggeriert hat. Dennoch weckt der Begriff bei vielen Menschen negative Assoziationen. Kein Wunder – wir erfahren Macht am deutlichsten dann, wenn sie missbraucht wird. Das Element des Machtmissbrauchs durchzieht auch die „schwarze Pädagogik". Zur Klärung dieses Sachverhalts lohnt sich ein Seitenblick auf die Macht aus ethischer Perspektive.

2.2.1 Macht im Allgemeinen, Macht in gesellschaftlichen Beziehungen

Der Begriff „Macht" hat zwei miteinander locker zusammenhängende Bedeutungen. In der einen verweist „Macht" auf ein zwischenmenschliches Abhängigkeitsverhältnis. Über Macht verfügen heißt, nach einer bekannten Definition von Max Weber, die Chance haben, „innerhalb einer sozialen Beziehung den eigenen Willen auch gegen Widerstreben durchzusetzen" oder die „Möglichkeit, den eigenen Willen dem Verhalten anderer aufzuzwingen" (WEBER [5]1980, S. 28; 2005, S. 212f.).

> Machtverhältnis zwischen Personen

Macht ist immer im Spiel, wenn auch oft in homöopathischer Dosis, wo Menschen zusammenleben oder etwas gemeinsam unternehmen. Das wird spätestens deutlich, wenn zwischen einzelnen Personen oder Gruppen ein Machtkampf ausbricht. Der Gegenbegriff zu „Macht" ist „Abhängigkeit". Ich bin von jemandem abhängig, der mir seinen Willen aufdrängen, Pflichten auferlegen oder über Dinge, die mein Wohlbefinden betreffen – meinen Wohnort, meine Gesundheit, meine Ausbildung – entscheiden kann. In dieser Lage befinden sich die Schülerinnen und Schüler gegenüber ihren Eltern und, was die Ausbildung betrifft, gegenüber ihren Lehrkräften.

Macht:
Grundbedeutung

In der anderen Bedeutung ist Macht von zwischenmenschlichen Beziehungen unabhängig: „Die Macht eines Menschen sind, ganz allgemein, seine gegenwärtigen Mittel, um ein künftiges (…) Gut zu gewinnen." Der Sinn dieser Definition, die von Thomas Hobbes (2011, Kap. 10, Beginn) stammt, wird klar, sobald man die Übersetzung des Wortes „Macht" in die romanischen Sprachen zurate zieht. Im Französischen, Spanischen und Portugiesischen ist das Wort für „Macht" – „pouvoir" oder „poder" – auch ein Verb und bedeutet „können". Etwas *tun können* und *über Macht verfügen* sind zwei Seiten derselben Münze. In einem Zustand der Ohn-Macht reduziert sich mein *Können* auf Null.

Machtmittel

Hobbes identifiziert *Macht* aber nicht bloß mit *Können*, sondern assoziiert damit weitere Mittel, die für den Erwerb künftiger Güter infrage kommen: nützliche Techniken und Wissenschaften; Ressourcen aller Art, finanzielle Mittel, Kapital („Geld ist Macht"); Beziehungen, Freunde, Verbündete; ein guter Ruf und Ehre; Verfügung über Zeit; methodisches Geschick, Kraft, Ausdauer, Erfahrung; ferner Wissen, nützliche Informationen sowie Fähigkeiten und Fertigkeiten (*Know-how*) – womit sich der Kreis zum „Können" wieder schließt.

Macht im pädagogischen Verhältnis

In der Pädagogik spielt das Thema *Macht* also an zwei verschiedenen Stellen eine Rolle: Erstens kann man erfolgreichen schulischen Unterricht als „*Empowerment*" bezeichnen: Die Schüler erwerben Fähigkeiten und Fertigkeiten, die ihnen die Zukunft sichern, sie zu mündigen Staatsbürgern werden lassen und zur Ausübung eines Berufs qualifizieren („ermächtigen"). Zweitens besteht zwischen einer Lehrkraft und ihren Schülerinnen und Schülern ein *Machtgefälle*. Eine Lehrkraft ist von der Öffentlichkeit (Staat, Gemeinde) *ermächtigt* zu unterrichten. Ihre Machtbefugnis beruht auf ihrem Amt, also einer *institutionellen* Grundlage. Sie hängt aber zugleich (oder sollte zumindest) an ihrer *Persönlichkeit*, ihrer Ausstrahlung, ihrer Empathiefähigkeit, ihren Fähigkeiten. Der Begriff „Kompetenz" umfasst beide Bedeutungen: das *Können* und das *Amt*.

Probleme entstehen, wenn die beiden Machtquellen zu weit auseinanderdriften. Ein Politiker, der in der Bevölkerung beliebt ist, erreicht seine Ziele leichter als einer, der seine Politik mit Drohungen durchsetzt. Genauso erreicht ein Lehrer, der seine Schüler begeistert, seine Ziele leichter als der Kollege, der „mit Zuckerbrot und Peitsche" arbeitet. Eine positive Beziehung zur Lehrperson ist eine entscheidende Bedingung für Lernerfolg.

In welchem Verhältnis stehen die beiden Bedeutungen von „Macht" zueinander? Die an zweiter Stelle Genannte ist klar die umfassendere: Mit Mitteln, die dazu dienen, künftige Güter zu erwerben, können wir auch andere Menschen beeinflussen und von uns abhängig machen. Im Hochgebirge folgt die Gruppe den Anordnungen des Bergführers: Aufgrund seiner Erfahrung, seiner Geschicklichkeit und Ausdauer wird er als Autorität anerkannt. Genauso fügt sich eine Schulklasse der Lehrkraft: Mit ihrem überlegenen Wissen und Können ist sie eine Autorität. Doch die Mittel, die einer Person Macht verleihen, können unterschiedlichster Art sein. Sie reichen vom Waffenarsenal bis zum Charme, von einer Goldmine bis zum Charisma, von einer glaubwürdigen Drohgebärde bis zur Liebenswürdigkeit. Die Machtmittel, die im pädagogischen Kontext am sichersten positiv wirken, sind Überzeugungskraft und Empathiefähigkeit.

Nur wer über Macht verfügt, hat auch die Mittel um glaubhaft zu drohen. Wer droht, muss die Drohung wahr machen, sobald die entsprechende Situation eintritt. Eine Drohung ist wie ein Versprechen. Wer sich mit leeren Drohungen begnügt, verliert seine Glaubwürdigkeit, verspielt seine Macht. Mit einer Machteinbusse muss aber auch rechnen, wer überhaupt mit Drohungen arbeitet (HÖSLE 1995). Denn bei einer Drohung entscheidet der Adressat, nicht der Sender darüber, ob ausgeführt werden muss, was angedroht wurde. Daran sollte eine Lehrperson denken, bevor sie einem Schüler oder einer Schülergruppe mit einer Strafe droht. Der Schüler oder die Gruppe zeigt das kritisierte Verhalten dann womöglich extra, um die Lehrkraft auf die Probe zu stellen. Führt sie die Drohung nicht aus, wird sie unglaubwürdig, führt sie sie aus, straft sie sich selbst, hat Mehraufwand, und die Schülerinnen und Schüler genießen die zusätzliche Aufmerksamkeit. Drohungen signalisieren Unsicherheit. Wer häufig droht, beschwört zudem leicht Machtkämpfe herauf.

Umgang mit Drohungen

2.2.2 Machtmissbrauch und Machtkämpfe

Was den verantwortlichen vom unverantwortlichen Umgang mit Macht unterscheidet, ist die Berücksichtigung von Recht und Gerechtigkeit. Blaise Pascal hat es so ausgedrückt:

> „Das Recht ohne Macht ist machtlos; die Macht ohne Recht ist tyrannisch. Dem Recht, das keine Macht hat, wird widersprochen, weil es immer Verbrecher gibt (…). Also muss man das Recht und die Macht verbinden und dafür sorgen, dass das, was Recht ist, mächtig, und das, was mächtig ist, gerecht sei" (PASCAL 1669/ 1966, Nr. 298).

Macht ermöglicht Privilegien, und diese bringen häufig Pflichten mit sich. Wer sie vernachlässigt, provoziert Unzufriedenheit. Je stärker die Opposition, desto instabiler die Macht. Der ägyptische Präsident Muhammad Mursi wurde im Juli 2013 abgesetzt, weil er zur Unzufriedenheit seiner Landsleute regiert und lediglich seine Machtstellung ausgebaut hatte. Verantwortliche Machtausübung bedeutet, seine Macht zugunsten der Abhängigen, jedenfalls nicht zu ihren Ungunsten einzusetzen. Das gilt ganz besonders im pädagogischen Kontext. Der Einsatz von Gewalt ist hier gänzlich ausgeschlossen. Es sei hier nochmals an Artikel 3 (1) der Kinderrechts-Konvention erinnert, der „das Wohl des Kindes" ins Zentrum rückt.

Machtmissbrauch

Im Umgang mit Macht entwickeln Kinder und Jugendliche erstaunlich viel Geschick. Intuitiv erkennen sie, wenn einer Lehrperson die Souveränität abgeht, die für ihr Amt erforderlich ist. Sie zollen ihr Achtung in dem Maße, wie sie über persönliche Reife, Empathiefähigkeit, Offenheit, Fairness, aber auch über Methoden- und Sachkompetenz verfügt.

> „Was oft übersehen wird: Schüler sind Experten. (…) Sie schauen dich an und können dich sofort einschätzen: an der Art, wie du dich bewegst, wie du in die Klasse gehst. An der Lautstärke deiner Stimme können sie erkennen, ob du dich einschüchtern lässt oder nicht, ob sie mit dir auskommen oder dich zum Feind haben werden" (Frank McCourt, nach BAUER 2008, S. 58).

Machtkämpfe Verstrickt sich der Erzieher in einen Machtkampf, sitzt er nicht immer am längeren Hebel (DREIKURS/SOLTZ 1990, Kap.16). Durchschaut der Erzieher den Machtkampf nicht als solchen oder erliegt er der Versuchung, sich gegen das Kind um jeden Preis durchsetzen zu wollen, so kann das Widerstand provozieren. Auch Streitereien zwischen Kindern arten leicht in Machtkämpfe aus. Als Erwachsener tut man gut daran, sich nicht unüberlegt einzumischen. Natürlich verdient, wenn überhaupt, das schwächste Kind Unterstützung. Doch jüngere Kinder sind meist genauso imstande, ältere zu ärgern wie umgekehrt. Provoziert tatsächlich der Jüngste den Konflikt, dann ist seine Unterstützung kontraproduktiv: Dient sich der Erzieher wiederholt dem vermeintlich Schwächsten unter den Streithähnen als Bündnispartner an, so fühlt dieser sich in seinem Tun bestärkt und wird den Konflikt immer wieder neu suchen.

Vorbeugung gegen Machtkämpfe Um Machtkämpfen vorzubeugen, muss man als Erzieher oder Lehrkraft auf zweierlei achten: Trivialerweise sollte man seiner Aufgabe *menschlich* gewachsen sein. Angemessener als Drohgebärden sind Einfühlungsfähigkeit, Fairness und Überzeugungskraft. Zudem sollte man – das ist weniger trivial, als es klingen mag – Kinder wie Menschen behandeln, nicht wie Instrumente. Letztere treffen keine Entscheidungen und nehmen nicht Stellung, Kinder dagegen sehr wohl. Ein Instrument findet an der Art, wie sein Benützer mit ihm umgeht, nicht Gefallen oder Missfallen, ein Kind jedoch sehr wohl. Kinder reagieren gewöhnlich recht spontan auf das Verhalten des Erwachsenen, indem sie entweder kooperieren oder Widerstand leisten, protestieren, bocken, sich zurückziehen. Natürlich können die Gründe für eine solche Reaktion vom Verhalten des Erziehers auch zum Teil unabhängig sein. Solange ein Zusammenhang aber nicht ausgeschlossen werden kann, macht der Erwachsene nichts falsch, wenn er diese Reaktion als averbale Meinungsäußerung würdigt.

Anders als Werkzeuge legen Kinder, und zwar jeglichen Alters, bis hinunter zu Zweijährigen, Wert darauf, *ernst genommen zu werden*. Sie sind dankbar, wenn man bei Entscheidungen, die sie betreffen, ihre Meinung einholt oder sie ab und zu vor eine Wahl stellt. Bei kleinen Kindern darf eine Wahlsituation auch ganz trivial sein: „Möchtest du deine Milch heute Abend in diesem Glas oder in einem anderen?" Oder: „Möchtest du jetzt gleich baden oder erst in ein paar Minuten?" (LICKONA 1989, S. 86; vgl. S. 130). Mit zunehmendem Alter darf man sie auch mit weniger trivialen Alternativen konfrontieren – freilich nur dort, wo die Folgen der Entscheidung klar sind und sich nicht negativ auf das Kind auswirken können. Kinder werden sich schwerlich auf einen aufreibenden Machtkampf gegen eine Person einlassen, von der sie sich als Gegenüber ernst genommen fühlen. Sie lernen früh, was es heißt zu kooperieren, und wenn sie beobachten, wie Erwachsene kooperieren, folgen sie gerne ihrem Vorbild und kooperieren ebenfalls. Andererseits reagieren viele Kinder rebellisch, wenn der Erwachsene ihnen gewöhnlich im Befehlston begegnet.

2.3 Unterricht in Ethik

Die Konzepte zum Ethikunterricht in der Schule sind äußerst heterogen. Die folgende Auflistung hält sich an die vier Methoden, die Alfred Treml (1994) nebeneinanderstellt, ergänzt sie aber durch die didaktischen Reflexionen Fritz Osers (2001), der sogar acht Methoden unterscheidet. Teilweise überlappen sich die Konzepte. Im Unterricht können sie sich auch durchdringen, wie der attraktive Vorschlag Ferdinand Fellmanns zeigt, der am Ende dieses Kapitels referiert wird. Die ersten drei Methoden der folgenden Liste orientieren sich an asymmetrischen Verhältnissen. Bei der ersten stehen die Schüler im Zentrum, bei der zweiten die Werte der Gesellschaft, und bei der dritten Methode orientieren sich Schüler wie Lehrer an externen Vorbildern. Die Methoden sechs bis acht sind stärker an symmetrischen Verhältnissen orientiert, die Methoden vier und fünf liegen in der Mitte. Bei der sechsten sind die Schüler persönlich weniger stark involviert als bei der siebten und achten. – Eine weitere Methode – die Gefühls-Bildung im Kindergarten und in der Unterstufe – fehlt bis heute im deutschen Sprachraum weitgehend.

Neun Methoden

Natürlich kann jemand die Ansicht vertreten, Ethik solle überhaupt nicht unterrichtet werden, Unterricht müsse wertfrei sein, alles andere wäre Indoktrination. Nachdem dazu unter 1.2 schon das Nötige gesagt worden ist, kann diese Ansicht, die auch keine große Lobby hat, hier übergangen werden.

1. *Lebenshilfe*: Im Unterricht bearbeitet man existenzielle und entwicklungsbedingte Probleme der Schüler. Diese und ihre Lebenswelt stehen im Vordergrund. „Lebensbewältigungspraxis" ist das Stichwort – es geht nicht um Wissensvermittlung, sondern um Ethik in der Anwendung. Die Motivation dürfte keine Probleme bieten und die Befriedigung bei Lehrern wie Schülern recht hoch sein.

Lebenshilfe

Die Lehrkraft begleitet die Schülerinnen und Schüler in ihrer Selbstfindung. Sie übernimmt dabei die Rolle eines Beichtvaters, Trösters und Therapeuten, was sie auch überfordern kann. Bezugswissenschaften sind Pädagogik und Psychologie. Der Unterricht geht von konkreten Situationen aus. Das bringt allerdings die Gefahr der Beliebigkeit mit sich, der rote Faden durch die Veranstaltung kann verloren gehen, die Einheitlichkeit leiden. Das erklärt auch den Verdacht, Ethik verkomme zum „Laberfach". Schließlich bleibt unklar, welche Art von Leistung hier benotet wird.

Oser nennt diesen Typ von Unterricht „Wertklärung": Die Lehrkraft hilft den Schülerinnen und Schülern, ihre Werthaltungen und Werteüberzeugungen zu klären. Solcher Klärungsbedarf besteht bei Jugendlichen praktisch immer, sei es aufgrund ihrer Persönlichkeitsentwicklung, auch wenn sie „regulär" verläuft, oder sei es aufgrund akuter Krisen. Oser unterscheidet eine „harte" und eine „weiche" Unterrichtsform. Die „harte" führt den Jugendlichen ein Idealkonzept von Entwicklung vor Augen und begleitet sie mit diesem Kompass durch ihre Krisen. Bei der „weichen" sollen die Jugendlichen in ihren Überzeugungen und Befindlichkeiten vor allem bestärkt werden. Da er sich nicht an Kriterien orientiert, läuft dieser Unterricht Gefahr, in einen Relativismus abzugleiten.

2. *Moralerziehung / Wertevermittlung*: An den meisten Schulen Deutschlands wurde der Ethikunterricht als Ersatz für den Religionsunterricht einge-

Wertevermittlung

führt, nachdem sich seit den siebziger Jahren eine wachsende Zahl von Schülern aus diesem abgemeldet hatte. Diese Ersatzfunktion übt der Ethikunterricht auch heute, fast vierzig Jahre später, noch aus. In kirchlichen Kreisen erhoffte man sich von ihm v. a. eine Art „Sittlichkeitserziehung", „moralische Unterweisung" oder „Moralerziehung". Ein anderer Ausdruck ist „Vermittlung von Werten", wobei man unter Werten in erster Linie moralische Werte, einschließlich Tugenden, versteht. Der Unterricht soll den Schülerinnen und Schülern „zu Glaubensüberzeugungen, Gesinnungseinstellungen, Grundhaltungen und persönlichen Wertrangordnungen" verhelfen, „die den normativen Orientierungsgütern der eigenen Gesellschaft entsprechen" – so steht es im führenden Lehrbuch (BREZINKA 1993, S. 60). Die christlichen Grundwerte (oder die Grundwerte der Menschenrechts-Erklärung), schreibt Brezinka, sollen sich durch den Unterricht in praktischer Sittlichkeit materialisieren, anders gesagt, die vermittelten Überzeugungen sollen handlungswirksam werden. Die Lehrkraft braucht „Mut zu Wertbindungen und zu einer wertgebundenen Erziehung", aber auch „Mut zu Sanktionen" (ebd. S. 70, S. 72). Diese Methode richtet sich an der *Theologie* als Bezugsdisziplin aus (unter Anknüpfung an christliche, v. a. katholische Grundwerte) oder auch an der *Philosophie* (mit Einschluss weiterer Sozialwissenschaften), wobei die Akzente in diesem Fall auf den Grundwerten der „Freiheitlich Demokratischen Grundordnung" und auf der UN-Erklärung der Menschenrechte liegen.

Der Unterricht erfüllt einen staatsbürgerlichen Auftrag und ist zielgerichtet. Doch die Nachteile sind unübersehbar: Das Konzept ist normativ, es „geht von obersten, vorpädagogischen Normen aus und stellt einen Deduktionszusammenhang bis hinein in den Unterricht her" (TREML 1994, S. 11). Deutlicher als bei anderen Unterrichtsformen schlüpft die Lehrkraft hier in die Rolle eines Vorbilds. Das kann sie überfordern. Kommt hinzu, dass man Überzeugungen nicht vermitteln kann. Es ist unklar, wie das Konzept dem sozialen Wandel und dem zunehmenden Werte-Pluralismus gerecht werden will. Der zugrunde gelegte Wertekatalog ist konservativ und erscheint willkürlich. Die Schüler werden nicht dazu angehalten, traditionelle Werte zu kritisieren und an der Schaffung neuer Werte mitzuwirken. Werte, die nicht im Mainstream liegen, drohen durch das Gitter zu fallen. Auch die Benotung ist ein Problem: Mit ihr verbindet sich leicht eine Gesinnungsprüfung. Bewertet man abweichende Überzeugungen tiefer, produziert man Scheinheiligkeit (ebd., S. 12). – Oser nennt zwei weitere verwandte Unterrichtsvarianten: 3. und 4.

Arbeit mit Vorbildern

3. *Arbeit mit Vorbildern* (nach PUKA 1990). Mit „Vorbildern" ist hier nicht das Modell im Sinn von Albert Banduras Modell-Lernen gemeint und auch nicht der Umstand, dass die Lehrkraft den Schülern *nolens volens* oft als Muster dient, das diese bewusst oder unbewusst nachahmen oder auch ablehnen. Vielmehr geht es um Begegnungen mit „außergewöhnlichen" Menschen, mit „Personen, die gegen Widerstände moralisch gekämpft haben (...), die sich um ihrer Überzeugung willen mit Autoritäten oder Institutionen angelegt (...), die finanzielle Nachteile auf sich genommen haben". Jugendliche „sollen die Gelegenheit haben, die Motive dieser Menschen zu erkunden, ihre Ängste zu verstehen und (...) zu erfahren, dass man kein un-

gewöhnlicher Mensch sein muss, um zu seinen moralischen Einsichten zu stehen" (OSER 2001, S. 82f.).

Diese Methode ist wissenschaftlich noch nicht erprobt, klingt aber vielversprechend: Persönliche Begegnungen bleiben den Schülerinnen und Schülern länger im Gedächtnis als Textanalysen. Das Zeitgefäß einer Doppellektion ist aber wohl zu kurz, um solchen Begegnungen eine anhaltende Wirkung zu verleihen. Die Arbeit mit Filmausschnitten dürfte sich als Ergänzung eignen. Das schließt zwar den unmittelbaren Dialog mit dem „Vorbild" aus, erlaubt aber, die Beispiele vertieft zu erörtern. Ein Nachteil ist die fehlende Abgrenzung zwischen „normalen" und „außergewöhnlichen" Menschen. Doch das Unterrichtskonzept ist ohnehin auf Praxis, nicht auf Theorie ausgerichtet.

4. *Die „Werteanalyse"* (auf HALL 1979 zurückgehend) weist in eine andere Richtung, nämlich die der Klärung gängiger Begriffe der Ethik, der Theologie, der Philosophie oder der Sozialwissenschaften: „Norm", „Regel", „naturalistischer Fehlschluss", „Demokratie" usw. Indem man solche Begriffe analysiert, erklärt man sie noch keineswegs für verbindlich. Durch Begriffsanalyse, Lektüre und Diskussion von Texten erarbeiten sich die Schüler ihr eigenes Ethik-Verständnis. Es geht also nicht um den Aufbau einer Gesinnung; zugleich vermeidet man Beliebigkeit. „Den Kindern werden nicht Lösungen angeboten, sondern die richtigen Fragen gestellt, damit sie ein Problem von allen Seiten betrachten und nicht zu voreiligen Lösungen gelangen" (OSER 2001, S. 72). Diese Unterrichtsform bewegt sich in der Mitte zwischen 1. und 2. Ihre Stärke besteht in der Einübung in aufklärende Reflexion und der Schärfung des analytischen Vermögens. Soziale Sensibilität und ethisches Handeln werden aber kaum gefördert.

Treml betont bei dieser Methode die Einübung in Kritik, wobei er Kant zitiert: „Unser Zeitalter ist das eigentliche Zeitalter der Kritik, der sich alles unterwerfen muss" (KANT, KrV A 5). Kant prangerte Institutionen, die sich der Kritik entziehen, einschließlich der Religion, an: Sie „können auf unverstellte Achtung nicht Anspruch machen" (ebd.). Um ihrer würdig zu sein, darf man weder tradierte Werte oder Überzeugungen noch die Grundwerte anderer Kulturen oder Überzeugungen, denen wir anlässlich des raschen sozialen Wandels begegnen, der Kritik entziehen.

Dieser Unterricht ist nicht schülerzentriert, kann aber jederzeit Anliegen von Schülern aufgreifen. Ihren Überzeugungen ist grundsätzlich mit Respekt zu begegnen, aber mögliche interne Widersprüche gilt es aufzudecken und die ethischen Implikationen einer Überzeugung sichtbar zu machen, vor allem, wenn sie problematisch sind. Insofern wird Ethik nicht nur thematisiert, sondern zugleich praktiziert – im Diskurs und „in der gleichberechtigten Verhandlung der Geltungsansprüche ethischer Normen und Werte" (TREML 1994, S. 14). Die Bezugswissenschaft dieser Methode ist die *Philosophie*.

5. *Praktische Philosophie*: Der Unterricht konzentriert sich hier noch stärker auf Lektüre und Diskussion klassischer Texte zur philosophischen Ethik, z. B. Platons Frühdialoge, Aristoteles' Nikomachische Ethik, Kants Schriften zur praktischen Vernunft oder Singers utilitaristische Ethik. Bezugswissenschaft ist auch hier die *Philosophie*. Die Texte können als Einführung in die verschiedenen Richtungen der Ethik gelesen werden. Sie lassen sich histo-

Werteanalyse

Praktische Philosophie

risch einordnen und zugleich auf die Gegenwart beziehen. Die Lektüre älterer philosophischer Texte erfordert allerdings Ausdauer. Ihre Exegese ist eine überwiegend kognitive Übung. Die Handlungsmotivation wird davon kaum direkt beeinflusst. Der Ansatz ist überwiegend theoretisch, ohne Anspruch auf praktische Umsetzung. Er eignet sich nur für Gymnasien – als Propädeutikum für ein Studium der Philosophie oder Geisteswissenschaften; für die Sekundarstufe ist er zu anspruchsvoll. Da wir nicht mehr auf „den Kanon einer materialen Bildungstheorie zurückgreifen können" (ebd., S. 9), trifft auch diesen Unterricht der Vorwurf einer gewissen Beliebigkeit.

Diskussion moralischer Dilemmata

6. *Dilemma-Diskussionen*: Die nächste Methode, von Treml nicht erwähnt, gilt der Förderung des moralischen Urteils bei Kindern und Jugendlichen durch die Diskussion ethischer Dilemma-Geschichten. Sie geht auf L. Kohlbergs Theorie der Entwicklung des moralischen Urteils zurück. Langezeit wurde sie von Oser und Althof in Fribourg praktiziert, an der Universität Konstanz führte sie Georg Lind in eigenständiger Weise weiter (LIND 1993).

Dilemma-Gespräche bieten Jugendlichen die Gelegenheit, argumentieren und Argumente kritisch prüfen zu lernen: Soll Sabrina ihre beste Freundin, die im Warenhaus ein teures Kleid geklaut hat, verraten, wie es der Kaufhausdetektiv von ihr verlangt? Soll Heinz, dessen Frau an Krebs leidet und nur durch ein Medikament gerettet werden kann, für das der Apotheker eine exorbitante Summe verlangt, in die Apotheke einbrechen und das Medikament stehlen, nachdem er alle anderen Optionen ausgeschöpft hat? Es kommt nicht so sehr darauf an, in welcher Richtung die Schüler die Lösung suchen, als auf die Art, wie sie ihre Lösungsvorschläge begründen. Lehrkräfte und Schüler führen die Gespräche in Gruppen oder in der Gesamtklasse. Die Kinder werden am besten gefördert, wenn die Lehrkraft Begründungsmuster ins Spiel bringt, die um eine Stufe höher liegen als diejenigen der Schülerinnen und Schüler. Wer mit dieser Methode arbeitet, muss die Moralentwicklung von Kindern und Jugendlichen also gut genug kennen.

Diese Beschreibung der Stufen 1–5 basiert auf Kohlbergs Stufen des moralischen Urteilens. Stufe 0 wurde adaptiert nach DAMON (1984) und SELMAN (1984).

Reale Diskurse

7. *„Realistischer Diskurs"*: Wie die Dilemma-Diskussion, wurde auch diese Methode in den siebziger Jahren von Lawrence Kohlberg (1986) entwickelt. Gründliche Kenntnis seiner Theorie ist nicht Voraussetzung. Kohlberg führte an mehreren Schulen New Yorks die Idee einer „Just Community" ein: In Vollversammlungen sollten Lehrkräfte und Schüler gemeinsam über Regeln diskutieren, die die ganze Schulgemeinschaft betreffen; in der Gruppe, die diese Versammlungen vorbereitete und leitete, waren Schüler ebenfalls in die Verantwortung mit eingebunden. Wie soll der Pausenplatz

„Just Community"-Schulen

verschönert werden? Wie kann man die Schulhauswände ansprechender gestalten? Welche Art von Schülerarbeiten sollen ausgehängt werden? Da die Beschlüsse nachher umgesetzt werden, sind diese Diskussionen, anders als solche über fiktive Dilemma-Geschichten, keine Trockenschwimmübungen. Schüler sind emotional stärker involviert. Deshalb fühlen sie sich auch unmittelbarer angesprochen. Die Perspektivenübernahme – Prüfung fremder Standpunkte und Betrachtung des eigenen mit fremden Augen – wird ganz direkt geübt.

Tabelle 1: Die moralischen Urteilsstufen gemäß Lawrence Kohlberg (nach Lickona 1989, S. 20f.)

Altersangaben: Der jeweilige Entwicklungsschritt kann bei einem Kind von normaler Intelligenz, das in einer fördernden moralischen Umwelt aufwächst, zu ungefähr der genannten Zeit erwartet werden.	
STUFE 0: EGOZENTRISCHES URTEILEN *(etwa 4 Jahre)*	Was richtig ist: Ich sollte meinen Willen bekommen. Grund zum Gutsein: Belohnungen erhalten; Strafe vermeiden
STUFE 1: BLINDER GEHORSAM *(etwa Vorschulalter)*	Was richtig ist: Ich sollte tun, wie mir gesagt wird. Grund zum Gutsein: Sich aus Schwierigkeiten heraushalten.
STUFE 2: FAIRNESS ALS DIREKTER AUSTAUSCH: „WAS IST DABEI FÜR MICH DRIN?" *(Grundschuljahre)*	Was richtig ist: Ich sollte an meinen eigenen Nutzen denken, aber zu denen fair sein, die fair zu mir sind. Grund zum Gutsein: Eigeninteresse: Was ist für mich drin?
STUFE 3: ZWISCHENMENSCHLICHE KONFORMITÄT *(Mittlere Kindheit bis Jugendalter)*	Was richtig ist: Ich sollte ein netter Mensch sein und den Erwartungen derjenigen entsprechen, die ich kenne und an denen mir liegt. Grund zum Gutsein: Ich möchte, dass die anderen gut von mir denken (soziale Anerkennung), damit ich auch eine gute Meinung von mir selbst haben kann (Selbstwertschätzung).
STUFE 4: VERANTWORTLICHKEIT GEGENÜBER DEM „SYSTEM" *(Mittleres oder spätes Jugendalter)*	Was richtig ist: Ich sollte meine Verpflichtungen gegenüber dem sozialen System oder Wertsystem, dem ich mich zugehörig fühle, erfüllen. Grund zum Gutsein: Ich möchte dazu beitragen, dass das System nicht auseinanderbricht, und ich möchte meine Selbstachtung als jemand erhalten, der Verpflichtungen nachkommt
STUFE 5: PRINZIPIENGELEITETES GEWISSEN *(frühes Erwachsenenalter)*	Was richtig ist: Ich sollte die größtmögliche Achtung vor den Rechten und der Würde jedes einzelnen Menschen zeigen, und ich sollte ein System unterstützen, das die Menschenrechte schützt. Grund zum Gutsein: Die Gewissenspflicht, gemäß dem Prinzip der Achtung gegenüber allen menschlichen Lebewesen zu handeln.

Solche Diskussionen beanspruchen aber Zeit, und die Anzahl möglicher Themen ist begrenzt: Lehrplan, Stundenplan, Beurteilungssysteme wird man den Schülerinnen und Schülern kaum zur Mitentscheidung vorlegen. Manche Just-Community-Schulen haben unter anderem Sanktionspraktiken beschlossen und die Schülerinnen und Schüler an ihrer Durchsetzung beteiligt.

Die Art, wie in solchen Schüler-Lehrer-Konferenzen diskutiert wird, ähnelt dem konsensorientierten Diskurs im Sinne von Habermas (vgl. 5.3). Die emotionale Ebene erfährt aber wesentlich mehr Aufmerksamkeit. Lehrkräfte walten als Supervisoren, beteiligen sich jedoch auch inhaltlich an der Diskussion. Diese Methode stärkt nicht zuletzt das Vertrauen in die Schüler, dass sie fähig und willens sind, eine für alle Betroffenen gute Lösung zu erreichen (OSER/ALTHOF 1992, S. 416f.).

In die gleiche Richtung wie Kohlberg ist Jahrzehnte früher John Dewey mit seiner „aktiven Schule" gegangen, deren Ziel es u. a. war, Schüler mehr Einfluss auf ihr Lernumfeld nehmen zu lassen. Deweys Rezepte hatten auch in Europa eine ansehnliche Gefolgschaft, zu der in vorderster Front Piaget gehörte (vgl. 1973, S. 428f., S. 477).

„Eigentlich-Fragen"   8. *Die „Eigentlich-Fragen"*: Ferdinand Fellmanns (2000) Vorschläge zur Gestaltung des Ethik-Unterrichts dürfen nicht unerwähnt bleiben. Sie sind originell und bestechend zugleich. Fellmann rät, den Unterricht auf zwei für die Entwicklungsphase der Schüler entscheidende Fragen zu konzentrieren: „In welcher Welt leben wir?" und „Wer bin ich?" Er nennt sie „Eigentlich-Fragen". Die erste zielt auf eine Diagnose der Gegenwart, die zweite auf eine Klärung der Interessen, Neigungen, Träume, Stärken und Schwächen der Schülerinnen und Schüler.

Was junge Menschen bewegt, so Fellmann, ist nicht mehr die aufklärerische Frage „Was soll ich tun", nicht mehr die „Emanzipation des Individuums", sondern die Bedrängnis „durch chaotische Verhältnisse an der Schule oder im Elternhaus, beispielsweise wenn die Eltern getrennt leben" (FELLMANN, 2000, S. 28). Das bindet die beiden „Eigentlich-Fragen" zusammen: Wer bin ich, wie bewältige ich ohne klares Rollenvorbild, ohne Vertrauensperson, an die ich mich wenden kann, meinen Alltag?

> „In der Schule (…) fragen die Schüler zunächst nicht nach Handlungen und Normen, sondern sie wollen wissen, wie es in der Welt, in der sie leben, zugeht. Das entspricht dem jugendlichen Bedürfnis nach einer gerechten und guten Welt, wie sie im Märchen geschildert wird" (ebd. S. 27). Der Lauf der Dinge verletzt dann aber oft das kindliche Gerechtigkeitsbedürfnis: Es gibt vieles, was nach moralischer Degeneration riecht – zynische Geschäftspraktiken, unverschämte Spitzengehälter, die schleichende Öffnung der Wohlstands-Schere; in der Kirche, aber nicht nur dort, Fälle sexuellen Missbrauchs. Die öffentliche Unmoral trägt Anzeichen eines „stillschweigend geduldeten kollektiven Wahnsinns" (ebd. S. 34).

Vergleicht man die Gegenwart mit der Zeit vor fünfzig Jahren, so fällt auf, dass heute ein schon fast beklemmender moralischer Rigorismus mit all diesem „Wahnsinn" in eigenartiger Weise kontrastiert: Weil dem Internet anvertraute Informationen leicht den Weg in die Klatschspalten finden und der Polizei die Fahndung erleichtern, üben viele Menschen eine Selbstzensur, die früheren Generationen fremd war. Das libertäre Liebesleben eines John F. Kennedy oder Willy Brandt wäre heute bei keinem Politiker Deutschlands oder der USA mehr denkbar. Der bloße Verdacht auf unlautere Machenschaften findet sofort bei Twitter Niederschlag und kann eine Person ihr Amt kosten. Die Trennwand zwischen *privat* und *öffentlich* schmilzt zunehmend dahin.

Wer die Zeitung aufschlägt, liest von Kriegen, Flüchtlingsströmen, Terroropfern, Korruption, Veruntreuung, Verrat. Doch „anders als die Unmoral der großen Verbrechen, die jeder als solche erkennt, ist die Korruption der Institutionen und Strukturen schwerer zu durchschauen, da wir alle selbst daran beteiligt sind" (ebd. S. 33). Die Spannungen und Risse in unserer Lebenswelt wirken auf die Menschen zurück. „Zur moralischen Wirklichkeit gehört eine Pathologie der öffentlichen und privaten Moral, die einen scharfen diagnostischen Blick erfordert" (ebd. S. 33).

Moral wird nur lehrbar, wenn der Lehrer „die ethische Theorie für die Schüler aus der Lebenswirklichkeit entwickelt" (ebd. S. 23). „Moralische Erziehung besteht darin, den Jugendlichen die Fähigkeit zu vermitteln, ihr eigenes Verhalten von außen zu betrachten" (ebd. S. 133). Erkennen sie sich im Menschenbild wieder, das der Unterricht sichtbar macht, so ist ihre Motivation gesichert. Dieses Bild ist aber kaum realistisch, wenn es nicht auch Aspekte mit einbezieht, die wegen ihrer Ambivalenz gern aus dem Unterricht verbannt werden: die *Faszination des Bösen*; das *Motiv des Erfolgsstrebens*; die *Dynamik der Lust*, einschließlich der libidinösen und der Konsumlust. Jede Gesellschaft, jede Generation muss sich mit diesen Seiten der Wirklichkeit auseinandersetzen. Dabei kann sie sich an früheren Auseinandersetzungen orientieren, die in der Geschichte der Ethik und in der Weltliteratur ihren Niederschlag gefunden haben.

Das Konzept Fellmanns bewegt sich auf hohem Niveau: Neben dem scharfen diagnostischen Blick auf die Gegenwart und einer profunden Kenntnis der Geistesgeschichte braucht es die passenden Texte aus der Philosophie und der Weltliteratur in Griffnähe. Eine Lehrkraft, die sich für diese Methode entscheidet, muss über den Blick des Ethnologen und das Fingerspitzengefühl des Psychotherapeuten verfügen. Wenn ihr zudem die Verführungskunst des Showmasters nicht ganz fremd ist, umso besser! Der Ansatz überzeugt, stellt an die Lehrkraft aber hohe Ansprüche.

9. Ein schwer erklärbares Desiderat an deutschsprachigen Schulen ist bis heute die *Gefühls-Bildung* (Noddings 1995; 2002). Dabei geht es nicht um „Wohlfühl"-Kurse, sondern darum, den Kindern die Augen für Gefühle – die eigenen wie fremde – zu öffnen. Wer Gefühle nicht lesen kann, sie gar nicht erst wahrnimmt oder sie falsch versteht, verhält sich später unsensibel – als Elefant im Porzellanladen. Eine Alphabetisierung der Kinder in der Sprache der Gefühle ist die beste Prävention gegen die Neigung zu Gewalt und diskriminierendem Verhalten. Ich fühle mich in meinen arbeitslosen Nachbarn anders ein, wenn ich mir vorstelle, was es für ihn heißt, seinen Job verloren zu haben, als wenn ich ihm nur dabei zusehe, wie er seine Blumen gießt. Die imaginative Einfühlung ist offensichtlich etwas, das man trainieren kann, auch in der Schule, und zwar am besten so früh wie möglich.

Bildung der Gefühle

> Ein Beispiel: „Ein kleiner Junge setzt sich im Kindergarten immer wieder die Maske eines Afrikaners auf und erschreckt dabei absichtlich ein Mädchen. Er tut dies immer wieder (…). Die Lehrperson hält den Schüler dazu an, seine Aufmerksamkeit auf das Mädchen zu richten und die Dinge aus dessen Perspektive zu betrachten (…). Das Mädchen bittet sie im Gegenzug, dem Jungen zu erzählen, weshalb es erschrocken ist und was es dabei gefühlt habe. Die anderen Schüler und Schülerinnen schauen zu und lernen dabei am Modell" (Plüss 2010, S. 108).

3. Elemente der Selbstbestimmung

Selbstbestimmung – ein wesentliches Ziel schulischer Bildung – setzt den Umgang mit Werten voraus. Ihre Vermittlung in der Schule ist jedoch, wie wir gesehen haben, ein heikles und in seinem Ergebnis schwer prognostizierbares Unterfangen. Denn Werte kann man niemandem vorschreiben – jeder muss sie für sich selbst entdecken und erarbeiten. Doch wie geschieht das? Und was sind überhaupt Werte? Um diese Fragen kreist das vorliegende Kapitel. Auf Werte nehmen wir Bezug, wenn wir gegenüber jemandem eine Entscheidung, die wir getroffen haben, oder einen Rat begründen wollen. Werte lassen sich nicht erklären ohne Seitenblick auf Gefühle – in ihnen gründen letztlich unsere Wertungen. Das Kapitel spannt einen weiten Bogen: von der Freiheit über die Lebensplanung bis zur Frage nach den Bedingungen von Glück. Dies und manches Weitere sind die Elementarteilchen der *Selbstbestimmung*.

3.1 Freiheit

Was tue ich als Nächstes? Und danach? Wieso tue ich überhaupt, was ich tue? Fragen wie diese stellen wir uns immer wieder – wir treffen Entscheidungen und entwerfen Pläne. Das wäre nicht möglich, hätten wir keine Freiheitsspielräume.

Handlungsfreiheit   Was versteht man unter *Handlungsfreiheit*? Ich bin in meinem Handeln frei, wenn ich tun kann, was ich tun *will*, d.h. wenn niemand und nichts mich hindert, das, was ich tun will, auch auszuführen – kein Verbot, kein Chef, auch nicht die Gefahr einer Rufschädigung.

Dass wir in unserem Handeln mehr oder weniger frei sind, wird von keinem ernst zu nehmenden Wissenschaftler bestritten. Es leugnet auch niemand, dass unsere Freiheit stets gewissen Einschränkungen unterliegt. Doch selbst wo die Spielräume eng sind, reduziert sich Freiheit praktisch nie auf Null. Dem Autolenker, der eine Auffahrkollision kommen sieht, bleibt noch die Möglichkeit zu bremsen und den Aufprall zu minimieren.

Hätten wir keine Freiheit, so könnten wir auch nicht handeln, denn Handlungen sind immer von einer Absicht, einem Wollen geleitet, anders als unwillkürliche Verhaltensweisen wie niesen oder stolpern. Ohne Freiheit hinge dieses Wollen in der Luft, falls wir es uns nicht längst abgewöhnt hätten. Die Fähigkeit zu wollen ist der beste Beleg unserer Handlungsfreiheit.

Hindernisse und Zwänge sind nicht das Einzige, was unsere Freiheit einengt. Begrenzt wird sie auch durch die Knappheit an Ressourcen und den Mangel an Fertigkeiten, Kenntnissen, Informationen: Die Freiheit, nach Wladiwostok zu reisen, habe ich nur, wenn ich über das nötige Geld verfüge, über den Mut, diese Reise anzutreten, die Fähigkeit, mich in einer fremden

Gesellschaft zu bewegen, deren Sprache ich nicht verstehe, und wenn ich mir die nötigen Informationen für meine Reise beschaffen kann.

Das Wort „Freiheit" steht auch für die *Willens-* oder *Entscheidungsfreiheit*. Dass wir einen *freien Willen* haben, wird von vielen Philosophen, Psychologen und Gehirnforschern bestritten: Sind nicht alle Ereignisse durch ihre Ursachen determiniert? Folgt nicht alles aus dem, was zeitlich vorhergeht, gemäß strikten Naturgesetzen? Gilt das nicht auch für die Gehirnprozesse, die ablaufen, wenn ich eine Entscheidung treffe? Wie verträgt sich das mit der Idee der Willens- oder Entscheidungsfreiheit?

Entscheidungsfreiheit

Dennoch zweifeln wir, wenn wir eine Entscheidung treffen, nicht ernsthaft daran, dass wir vor einer Wahl stehen. Ich bin in meinem Willen frei, wenn niemand und nichts mich dazu zwingt, mich so oder anders zu entscheiden, wenn niemand mich erpresst, überredet oder einer Gehirnwäsche unterzieht, wenn ich niemandem hörig, aber auch nicht von einem Affekt oder einer fixen Idee getrieben oder einer Sucht verfallen bin, die meinen Willen beherrscht (FRANKFURT 1981).

Meine Freiheit kann durch frühere Entscheidungen, die ich selbst getroffen habe, eingeschränkt sein. Manchmal gerate ich in eine Zwangslage, die ich mir selber zuschreiben muss: Ich kann nicht mehr reisen wie ein Junggeselle, schließlich habe ich eine Familie gegründet; ich muss bis tief in die Nacht aufs Examen lernen, weil ich meine Ausbildung abschließen will.

Dies alles ist wiederum erst die halbe Wahrheit. Ähnlich wie bei der Handlungsfreiheit, gilt nämlich auch bei der Willensfreiheit, dass ich selbst zum Wachstum meiner Freiheitsspielräume beitragen kann, und zwar indem ich mir besondere Fähigkeiten aneigne: Entscheidungsfreiheit ist eine der wichtigsten Fähigkeiten des Menschen (CROCKER 1995, S. 185). In meinem Entscheiden bin ich umso freier, je lebendiger meine Einbildungskraft ist, je mehr Fantasie ich habe und je besser ich die Alternativen kenne. Ich muss imstande sein, mir verschiedene Optionen vorzustellen und sie in ihren Konsequenzen durchzudenken.

Sind wir in unseren Entscheiden wirklich frei?

Stelle dir vor, du könntest als Nachtisch beim Kantinenmenü zwischen einem Stück Schwarzwäldertorte und einem Pfirsich wählen. Die Torte gehört zur leckeren Sorte, doch kann sie sich ungünstig auf dein Körpergewicht auswirken und dir deine Linie verderben. Der Pfirsich schmeckt etwas säuerlich, ist aber gesund. – Wie entscheidest du dich? Bist du wirklich frei in deiner Entscheidung? Wie kannst du das herausfinden? (NAGEL 1990, S. 41 ff.)

Zur Frage, wie Willensakte zustande kommen, gibt es in der philosophischen Tradition mehrere, einander zum Teil entgegengesetzte, Auffassungen: Nach der einen liegt die motivierende Kraft in unseren Trieben, Neigungen und Affekten. Einem Entschluss geht ein Ungleichgewicht zwischen unterschiedlichen Affekten (oder Motiven) voraus. Bestimmte Affekte dominieren andere, das führt zum Entschluss. Setzt sich eine ruhige Neigung,

Wille

etwa Kinderliebe, gegen einen heftigen Affekt, wie Ärger, durch, so ist es eben doch eine Neigung, was die Entscheidung herbeiführt, und nicht die Vernunft. So hat etwa David Hume (1978 [2], 155 f.) argumentiert. Einer anderen Auffassung zufolge, die auf Immanuel Kant zurückgeht, ist der Entschluss eine Leistung der Vernunft, eine Art Gegenkraft gegen unsere Neigungen und Affekte. Kant erklärte dies mit einem „Interesse" der Vernunft (KANT KrV, B 490, B 832) und mit ihrer Fähigkeit, unabhängig von der Naturkausalität neue Ereignisketten in Gang zu setzen. Einer weiteren, weniger spekulativen Auffassung zufolge ist der Wille die Fähigkeit, gegenüber einzelnen Triebmotiven auf Distanz zu gehen und andere gleichsam näher heran zu „zoomen". Die Vernunft mobilisiert, so gesehen, keine Gegenkräfte, sondern funktioniert wie ein Okular mit Scheinwerfer: Sie leuchtet die involvierten Motive (einschließlich Gefühle und Gedanken) aus und ordnet sie nach ihrer kürzer- und längerfristigen Wichtigkeit. Die Konfiguration der Motive, die so entsteht, erleben wir als Willensbildung.

Die verschiedenen Auffassungen über die Willens- und Entscheidungsfreiheit liegen weniger weit auseinander, als es auf den ersten Blick erscheint. Denn Affekte und Vernunft verhalten sich zueinander nicht wie Motor und Steuermann. Affekte beeinflussen unmittelbar die Vernunft (so entstehen Motive), und die Vernunft beeinflusst umgekehrt die Emotionen. Dankbarkeit z. B. ist eine Emotion mit reichem kognitivem Gehalt: Wir sind jemandem dankbar, der etwas zu unseren Gunsten tut oder getan hat – freiwillig und auf legale Weise. Anerkennung, Achtung, Bewunderung, auch Empörung und Schuldgefühle sind Emotionen mit vernunft-analogen Elementen.

Willensschwäche und Zwangsneurose

Dass jemand „im Affekt" handelt, bedeutet, dass er sich im Augenblick seines Tuns von seinen Gefühlen nicht klar genug distanziert. Er handelt als Sklave seiner Impulse, er verhält sich unbeherrscht, wie ein Getriebener; seine Triebe sind stärker als sein Wille. Man kann auch sagen, er leidet unter Willensschwäche (ARISTOTELES, NE, Kap. 7). Umgekehrt als der Getriebene verhält sich der Zwanghafte. Das Erscheinungsbild ist zwar ähnlich, doch der Zwanghafte folgt nicht einem übermächtigen Trieb, sondern einer fixen Idee, einer unrealistischen Vorstellung, der er seine Motive unterordnet (BIERI 2001, S. 108 f.). Es muss nicht eine Wahnvorstellung sein, es genügt eine Vorstellung, die nicht ins Ensemble der sonstigen Überzeugungen passt, oder eine Vorstellung, mit der er in seiner sozialen Umgebung ständig aneckt. Hartnäckigkeit beim Verfolgen eines Ziels ist allerdings nichts Negatives. Wer seine Emotionen mit seinen Überzeugungen in Einklang bringt und seine Projekte konsequent durchzieht, ist sicher kein Zwangsneurotiker.

3.2 Überlegen und Willensbildung

Überlegung und Entscheidung

Zu einer Entscheidung braucht es dreierlei: die Kenntnis der Situation und der Handlungsmöglichkeiten, einen Überblick über die Szenarien, mit denen zu rechnen ist, wenn man sich für die eine oder andere Handlung entscheidet, und eine Bewertung der jeweils wahrscheinlichen Konsequenzen. Wenn ich mir überlege, ob ich eher x oder y tun soll, wäge ich die Begleitumstände der möglichen Handlungen ab, ihr Resultat und ihre Folgen (einschließlich die unerwünschten Nebenfolgen). Ich prüfe die Szenarien, in die sie eingebettet sind. Dabei spielen wiederum diverse Aspekte eine Rolle, z.B. (a) Lust und Unlust; (b) der Nutzen zur Erreichung weiterer Ziele, die ich mir gesteckt habe; (c) die Konformität mit meinen Pflichten: Darf ich dieses tun, jenes unterlassen? (d) Kongruenz oder Inkongruenz mit den Erwartungen meiner Angehörigen, Freunde, Kollegen. Ich möchte mich entspannen und könnte schwimmen gehen; aber das Wasser ist mir zu kalt. Also gehe ich ins Kino. Doch nein, der Film dauert zu lange, meine Kinder kommen vorher nach Hause, ich kann sie nicht warten lassen. Ich entscheide mich für einen kurzen Spaziergang.

Ist die Entscheidung gefallen, suche ich nach geeigneten Mitteln, sie zu realisieren. Vielleicht brauche ich, um mir diese Mittel zu beschaffen, noch andere Dinge: Für den geplanten Umzug benötige ich ein Mietfahrzeug, und um dieses zu organisieren, eine Kreditkarte …

Genau betrachtet verstecken sich hinter dem Willen mehrere Prozesse, die meinen Handlungen Impuls und Richtung geben. Schematisch sieht der Ablauf etwa so aus: (1) Ich überlege; (2) dann treffe ich eine Entscheidung; (3) dann entsteht der Wille, die Entscheidung zu realisieren; also (4) *handle* ich … Die vier Momente treten gestaffelt in Aktion: „ohne Variation im Willen keine Variation im Tun, ohne Variation im Entscheiden keine Variation im Wollen, ohne Variation im Überlegen keine Variation im Entscheiden" (BIERI 2001, S. 175).

In Wirklichkeit bleiben unsere Erwägungen meist fragmentarisch und unsystematisch. Wir stellen unsere Überlegungen nicht mit einem Notizblock in der Hand an und kalkulieren die zur Wahl stehenden Optionen nicht bis ins Einzelne durch. Manches entscheiden wir auf der Basis von Gewohnheiten, oft wählen wir den Weg des geringsten Widerstandes. Manche Entscheidungen fällen wir spontan, „ad hoc" – geleitet von Gefühlen, sogenannten „Bauchgefühlen" (GIGERENZER 2007). Andere fällen wir erst nach reiflicher Überlegung.

Entscheidung und Ausführung lassen sich nicht immer trennen. Sobald ich bei der Durchführung auf Hindernisse stoße, rufe ich mir meinen Entschluss in Erinnerung – ich muss mich immer wieder neu dazu ermuntern weiterzumachen. Ein Student, der die bevorstehende Prüfung unbedingt bestehen will, lernt bis nach Mitternacht, selbst wenn er gegen den Schlaf ankämpfen muss. Ein erschöpfter Bergsteiger setzt alles daran, die Hütte zu erreichen. Er mag zwar versucht sein, sich an Ort und Stelle hinzulegen, doch das wäre fatal, also nimmt er alle seine Kräfte zusammen.

3.3 Gründe und Motive

Einer Handlung liegt immer ein Motiv zugrunde. Motive sind privat, Gründe öffentlich. Gründe lassen sich in „weil"-Sätzen formulieren; sie können Gegenstand einer intersubjektiven Auseinandersetzung sein. Unsere Handlungen zu begründen, lernen wir im Diskurs mit anderen Menschen (vgl. 5.2.1). Manchmal rechtfertige ich eine Handlung auch vor mir selbst, aber

Gründe

das ist dann so, als verhielte ich mich zu mir wie zu einer fremden Person. Wenn ich eine Handlung begründe, unterstelle ich, dass andere Personen, sofern sie meine Perspektive übernehmen, mein Motiv nachvollziehen und gutheißen können. Ob es mir gelingt, andere von meiner Optik zu überzeugen, hängt davon ab, ob ich ihnen gute Gründe vorlege und sie ihnen verständlich präsentiere. Natürlich spielen auch die Erfahrungen und die Kenntnisse meines Gesprächspartners eine Rolle. Ich muss immer auf Widerspruch gefasst sein. Vielleicht überzeugt mich mein Gegenüber von der Richtigkeit seiner Sichtweise, dann bin ich es, der die Meinung ändert. Ein Grund kann sich im Nachhinein als falsch, schwach oder unbrauchbar erweisen, z. B. wenn sich herausstellt, dass Tatsachen, die hätten bedacht werden müssen, unberücksichtigt geblieben oder die Wirkungen bestimmter Faktoren falsch eingeschätzt worden sind.

Motive   Motive sind zwar privat, doch können auch viele Personen dasselbe Motiv haben: Tausende gehen mit dem Motiv zur Wahlurne, einen Regierungswechsel herbeizuführen. Unter Knappheitsbedingungen – etwa beim Sturm auf die letzten Kirschen der Jahresernte – können sich die einen versorgen, während die anderen leer ausgehen, trotz Gleichheit des Motivs.

Wenn mehrere Personen sich über das Ziel einer gemeinsamen Aktion einigen, können sie zusammenarbeiten. Der Wille des Einen verschränkt sich dann mit dem der anderen (BIERI 2001, S. 148). Das schließt nicht aus, dass sie sich aus unterschiedlichen Motiven auf dasselbe Ziel geeinigt haben und dass jeder eine andere Aufgabe übernimmt: Alle pflanzen sie Bäume, aber einer gräbt die Löcher, ein anderer steckt die Setzlinge hinein und füllt die Löcher mit Erde, der dritte tritt die Erde fest und gießt sie. Ihr Ziel verfolgen sie gemeinsam.

3.4 Gefühle – Emotionen

Gefühle   Unser Handeln ist immer von Gefühlen begleitet. Positive Gefühle, wie Befriedigung oder Neugier, beflügeln uns, negative, wie Ärger, Enttäuschung, Frustration wirken wie eine Bremse. Sie können aber auch ein Ansporn sein, unsere Kräfte zu bündeln und einen neuen Versuch zu wagen, oder ein Ansporn, etwas Unangenehmem auszuweichen: Die Angst vor einem sich zusammenbrauenden Gewitter treibt mich nach Hause.

Mit einer Neueinschätzung der Lage verändern sich oft auch die Gefühle: Ich ärgere mich über meinen Kollegen, der eine Verabredung platzen ließ; dann erfahre ich, eine Zugverspätung hat ihm einen Strich durch die Rechnung gemacht hat; mein Ärger verwandelt sich in Bedauern.

Jedes Gefühl oder, mit einem Synonym, jede Emotion enthält eine Botschaft. Ein Gefühl ist wie ein primitives Urteil. Ekel drückt aus: *Das ist unappetitlich!* Neid gegenüber jemandem: *Besser, ich bekäme dies als der andere!* Stolz: *Das habe ich gut hingekriegt!* Sorge um die Freundin: *Hoffentlich stößt ihr nichts zu!* Bewunderung: *Was sie/er da fertigbringt, ist fantastisch!* Diese Proto-Urteile enthalten alle eine *Wertung*.

Empfindungen   Anders die Empfindungen: Ich friere, habe einen bitteren Geschmack auf der Zunge, leide unter Kopfschmerzen: Das alles spielt sich diesseits jeden

Urteils und jeder Wertung ab. Wie Empfindungen können auch Gefühle rasch wechseln, sie sind aber weniger flüchtig. Zwischen Empfindungen und Gefühlen sind die Übergänge fließend. Wer *friert* (Empfindung), *fühlt* sich unwohl (Gefühl). Empfindungen und Gefühle können beide angenehm oder unangenehm sein, Lust und Unlust bereiten, die Stimmung aufhellen oder verdüstern. Auch sprachlich lässt sich beides nicht immer konsequent auseinanderhalten. Das Wort „fühlen" bezieht sich manchmal auf Empfindungen (ein Schwamm *fühlt sich* feucht an) und das Wort *empfinden* manchmal auf Gefühle (ich *empfinde* Dankbarkeit).

An Szenen, die uns beeindrucken, nehmen wir gefühlsmäßig Anteil: Eine Skiabfahrt durch Pulverschnee; wolkenloser Himmel, in der Tiefe ein gleißendes Nebelmeer; ein Knall durchbricht die Stille, in der Nähe schießt eine Lawine zu Tal. Menschen laufen durcheinander und schreien in Panik, dann verstummen sie jäh; das anfängliche Hochgefühl weicht einer Mischung aus Furcht und Verzweiflung. – An der Erinnerung einer intensiv durchlittenen Szene haften Spuren der erlebten Gefühle; genauer, sie evoziert die Gefühle in abgeschwächter Form. Die Erinnerung führt eine Gefühls-Corona mit sich, die wir als (eher) angenehm oder (eher) unangenehm empfinden; dieser Grad an Attraktivität oder Repugnanz ist ihr *Wert*.

3.5 Werte

Optionen, die wir vor einer Entscheidung gegeneinander abwägen, sind mit *Wertungen* verknüpft. Die Rolle, die Werte in unserem Leben spielen, wird deutlich im Akt des Vorziehens. Am liebsten würde ich schwimmen gehen, am zweitliebsten tanzen, am wenigsten gern (wegen der Lawinengefahr) skifahren. Jede Person hat ihre Prioritäten.

Vorziehen und (Be-) Werten

Wir „erleben" Werte nicht, wir *schreiben* sie Dingen, Ereignissen oder Handlungen *zu*. Die Wertzuschreibung gründet immer, direkt oder indirekt, in Gefühlen: „Ein Wert ist für einen Menschen dasjenige, was in ihm Gefühle, Triebe oder Interessen weckt" (ROHRACHER 1947, S. 477). „Der Wertgehalt der Wirklichkeit erschließt sich uns in Akten der Freude und Trauer, der Verehrung, der Verachtung, der Liebe, des Hasses, der Furcht oder der Hoffnung" (SPAEMANN 1982, S. 38). Hätten wir keine Gefühle, bliebe uns die Welt der Werte verschlossen. Gerade die leidenschaftlichen Gefühle, wie Liebe oder Hass, öffnen uns die Augen für Werte. Wer verliebt ist, misst der geliebten Person einen hohen Wert bei. Wenn wir hassen, verkehrt sich das emotionale Vorzeichen ins Negative.

„Offenbar haben Gefühle eine ähnliche Bedeutung" für die Feststellung von Werten (und „für die moralische Rechtfertigung von Handlungsweisen") „wie Wahrnehmungen für die theoretische Erklärung von Tatsachen" (HABERMAS 1983, S. 60).

Es gibt fast nichts, zu dem wir nicht irgendwie wertend Stellung nehmen könnten: ein Kunstwerk, das Wetter, die Stimmung des Vorgesetzten, die Frisur der Nachbarin. Zur Aufgabe von Lehrkräften gehört, dass sie die Leistungen und Lernfortschritte ihrer Schülerinnen und Schüler (be-)werten. Menschliches Handeln zu bewerten ist heikel, weil negative Wertungen unseren Narzissmus verletzen. Deswegen üben wir mit Kritik oft Zurückhaltung. Zurückhaltung ist aber nicht dasselbe wie Verzicht. Schon indem wir überhaupt Gefühle haben, nehmen wir unwillkürlich Stellung zu den Situationen und Angelegenheiten, mit denen wir konfrontiert sind, und diese Stellungnahme enthält immer eine Wertung. Die Gefühle drücken gleichsam „Ablehnung oder Zustimmung" aus. Man kann sie „nicht nach Belieben erzeugen; sie treten auf oder treten nicht auf, unabhängig davon, ob man sie haben will oder nicht" (ROHRACHER 1947, S. 487). Gefühle sind „unwillkürliche Stellungnahmen der Persönlichkeit" (ebd., S. 465).

Was wir im Zusammenhang mit Werten erleben, „ist keine letzte, nicht weiter ableitbare Tatsache, sondern eine Wirkung anderer Erlebnisse." Alles, was ein Mensch haben möchte, hat für ihn Wert; ebenso „alles, was er genießen möchte; alles, was er verehrt, schätzt, achtet; schließlich alles, was ihn interessiert." Entsprechendes gilt für „Unwerte": zu ihnen zählen wir „alles, was den Trieben und Interessen widerspricht, ihre Befriedigung verhindert oder erschwert" (ebd., S. 477 f.).

Werte und Gefühle

Gefühle sind privat – niemand außer mir hat Zugang zu meinen Gefühlen. Und Gefühle sind wechselhaft, sie können von einer Sekunde zur anderen umschlagen. Werte sind dagegen vergleichsweise konstant. In dieser Hinsicht unterscheiden sie sich auch von Trieben, Begierden, Affekten und Empfindungen, die aus wechselnder Richtung und mit wechselnder Kraft auf uns einwirken.

Ähnlich wie ein *Sachverhalt*, ist ein *Wert* eine Invariante in einer Welt ständigen Wechsels, was nicht hindert, dass wir einem Objekt den Wert, den wir ihm beigelegt haben, wieder absprechen können, wenn wir entdecken, dass sich die Voraussetzungen für diese Wertung verändert haben.

Jedes Werturteil, und sei es noch so unbedeutend, jeder Akt der Wertschätzung setzt voraus, dass wir uns als frei denken, „als frei sprechend und nicht als ein Wesen, das von unbewussten Kräften durchdrungen ist", die ohne unseren Willen oder ohne Bewusstseinskontrolle aus uns herausdrängen (FERRY 2007, S. 266). Werturteile setzen aber auch Erfahrung voraus. Umgekehrt erweisen sich Erfahrungen oft als wertgeladen.

Wenn mir ein Dorfbild vertraut vorkommt, beruht dieser Eindruck teils auf Erfahrung – einem Akt des Wiedererkennens – teils auf einer (in diesem Fall positiven) Wertung. Eine Landschaft kann fremdartig und doch zugleich faszinierend auf mich wirken. Fremdartig, weil ihr Anblick mich an nichts Vertrautes erinnert; faszinierend, weil er mich verzaubert. Eine Mischung aus Beobachtung und Wertung bezeugen auch Wörter, die deskriptiv und wertend zugleich sind: *reizvoll, niedlich, lieblich, wohltuend, erholsam, unheimlich, anziehend* usw.

3.5.1 Ökonomische Werte

Werte und Preise

Wenn von Werten die Rede ist, denkt man häufig an ökonomische Werte. Bei vielen Entscheidungen spielen sie das Zünglein an der Waage. Wie jemand sein Geld ausgibt, verrät etwas darüber, wie er die Dinge im Vergleich zueinander (aber auch zu seinem Budget) bewertet. Dennoch lassen sich Werte nicht auf Preise reduzieren. Wegen des ständigen Vergleichens von

Werten und Preisen wird unser Werturteil aber oft durch ökonomische Preisvorstellungen verzerrt: Dinge, für die wir mehr bezahlt haben, schätzen wir dann höher als solche, die billiger zu erstehen waren.

Auf einem freien Markt pendeln sich Preise nach dem Verhältnis von Angebot und Nachfrage ein. Der „innere Wert" einer Sache ist davon aber unabhängig. Marktpreise spiegeln auch bloß die aktuelle Nachfrage wider, nicht die künftige. Dem Wert eines Waldes, dem Wert von „Natur" entspricht deswegen kein Marktpreis (IMMLER 1989, bes. S. 234 f.; VON WEIZSÄCKER 1990, S. 147 f.).

Ökonomische Werte repräsentieren nur ein schmales Segment aller Werte. Das Meiste, was wir wertschätzen, entzieht sich dem ökonomischen Kalkül: Unsere Hobbys betreiben wir nicht, jedenfalls nicht primär, aus ökonomischen Gründen. Kunstwerke haben zwar einen Geldwert, der mit der Marktlage schwankt, doch das tangiert den künstlerischen Wert nicht weiter. Vieles, was wir wertschätzen, hat keinen Preis: die Sicherheit in unserem Quartier, die Treue eines Freundes, ein Liebesbrief, das Lächeln der Mona Lisa.

Wie verhalten sich ökonomische zu ethischen Werten? Dazu gibt es zwei konträre Auffassungen: Wer der utilitaristischen Tradition nahesteht, rückt beide Arten von Werten eng aneinander. Die Vertreter „deontologischer" Ethiken widersprechen: Die Frage, „was soll ich tun?" (déon = das Gesollte), sagen sie, ist unabhängig von ökonomischen Erwägungen zu beantworten. Ökonomie hat eine instrumentelle Funktion. Wer seine wichtigsten Handlungsziele bloß an ökonomischen Werten ausrichtet, verkehrt Mittel und Zweck. Die Menschenrechte repräsentieren höhere Werte als der wirtschaftliche „Mehrwert", den ein Geschäft einbringt. Eine Erdölbohrung im Regenwald verspricht vielleicht schnelles Geld und treibt den Firmenwert an der Börse nach oben. Wenn dafür aber das Wasser verseucht, die indigene Bevölkerung vertrieben und sozialer Unfrieden geschürt wird, sind die wichtigsten Grundwerte verletzt.

3.5.2 Werte-Skeptizismus

Werte kann man nicht anfassen oder fotografieren. Anders als der Eiffelturm haben sie keine materielle Existenz. Die Evolution hat sich nicht an Werten orientiert; und Werte sind auch nicht Gegenstand der Naturwissenschaften. Sie sind immateriell, wie Zahlen, Dreiecke, Schlussregeln, mit denen sich die formalen Wissenschaften befassen, aber Werte sind nicht Gegenstand der Mathematik, der Geometrie oder der Logik. Strenge Beweise wie in diesen Wissenschaften gibt es im Wertediskurs nicht (vgl. 5.2.1). Einen Disput darüber, ob in einem Alpental neue Skipisten hergerichtet oder die Wildschutzgebiete ausgedehnt werden sollen, kann man nicht so leicht entscheiden wie die Frage, ob 2 die Quadratwurzel aus 4 ist oder ob die Post schon im Briefkasten liegt.

Werte-Disput

Es gibt zwei Arten von Werte-Skeptizismus: a) Werte sind subjektiv und entsprechend relativ. b) Werte sind nebulös, ein Feld endloser Streitereien; Wissenschaftler sollen ihre Wertungen daher nie in ihre wissenschaftlichen Analysen einfließen lassen (WEBER, 1980, S. 149).

Werte:
Intersubjektive
Dimension

Zu a) Sind Werte wirklich subjektiv? Nicht ausschließlich, denn sie haben auch eine intersubjektive Seite. Weder Gefühle noch Werte verschließen sich dem kommunikativen Austausch. Manche Werte haben ihren Ursprung in derselben kollektiven, regelgeleiteten Praxis wie sprachliche Zeichen und Bedeutungen. Der Umgang mit Zeichen und Bedeutungen unterliegt Regeln. *Wahr/falsch, korrekt/unkorrekt, verständlich/unverständlich* usw. sind Werte, über die in einer Gesellschaft gewöhnlich ein breiter Konsens besteht. Ähnliches gilt für den Umgang mit praktischen Regeln. Wenn in einem Haus Feuer ausbricht, muss man es löschen. Wer einen Schwelbrand im Keim erstickt, tut also *das Richtige*. Diese Wertaussage ist weder subjektiv noch willkürlich.

Zu einer kulturellen Gemeinschaft gehören Werte, die ihre Mitglieder teilen. Daran hat vor Jahrzehnten der Psychologe Kurt Lewin erinnert. Er untersuchte, wie sich bei Straffälligen oder Alkoholikern die „freiwillige Anerkennung eines neuen Werte-Systems erreichen" lässt, dem die betreffende Person zunächst feindselig gegenübergestanden hat, und fand heraus: durch „Schaffung einer Wir-Gruppe und die Anerkennung eines neuen Werte-Systems". Indem man einwilligt, zu einer Gruppe zu gehören, bejaht man zugleich ihr Wertesystem (Lewin 1951, S. 106, S. 108).

Zu den kollektiv geteilten Werten gehören auch bestimmte *Haltungen*, wie Mut, Freundlichkeit, Schlagfertigkeit, Humor usw. einerseits und die *Menschenrechte* andererseits. Niemand würde auf der Einhaltung der Grundrechte bestehen, mäße er ihnen nicht einen hohen Wert bei.

Dass wir Werte kollektiv teilen, zeigt sich auch im Gebrauch von Wörtern wie *sehenswert, besuchens-, erlebens-* oder *lesenswert*. Damit drücken wir die Empfehlung aus, etwas Bestimmtes zu sehen, zu erleben oder zu besuchen, und wir unterstellen, dass derjenige, der die Empfehlung befolgt, zu einer ähnlichen Wertung gelangt wie wir selbst. Bei den Ausdrücken *wünschenswert, schützenswert, erwähnenswert, nennens-* oder *empfehlenswert* ist die Bedeutung um eine Nuance verschieden. Hier meinen wir etwas in Richtung: Es ist *wichtig*, dass ... „Wichtig" ist ein Wertprädikat, das genauso gut der Begründung von Zielsetzungen wie von Mitteln dienen kann. Mit diesem Wort meinen wir gewöhnlich: wichtig nicht nur für dich oder mich, sondern auch für jeden, der sich in einer vergleichbaren Situation befindet: „Es ist wichtig, dass du jetzt das Examen bestehst." Oder sogar für die Gesellschaft insgesamt. „Es ist wichtig, dass Schüler etwas lernen, Ärzte gut ausgebildet werden und Verkehrspolizisten Unfälle verhindern helfen." Jede Partei vertritt in ihrem Programm Anliegen, die sie für wichtig hält. Wenn wir solche Anliegen begründen, verweisen wir auf weitere hochrangige Werte oder Güter: Gesundheit, Bildung, Frieden, Freiheit, Gerechtigkeit, Leidensverminderung, Autonomie usw.

Normative Sätze
folgen nicht aus
deskriptiven

Zu b) Im 18. Jahrhundert ist es David Hume aufgefallen, dass viele Autoren bedenkenlos Wertsätze und normative Sätze aus Beobachtungssätzen ableiteten (Hume 1978, S. 211 f.), was ein logischer Fehlschluss ist. Das scheint Werte für die Wissenschaft ungreifbar zu machen. Weshalb war dieser Fehlschluss aber nicht schon lange vorher entdeckt worden? Wahrscheinlich, weil im Alltag Beschreibungen und Wertungen nahe beieinanderliegen. Wir behandeln Werte gewöhnlich so, als wären sie von der materiellen Wirklichkeit nicht gänzlich abgehoben. Eine völlig wertfreie materielle Welt wäre sinnleer. Zwischen Leben und Tod gäbe es keinen Wertunterschied. Kann man ein solches Weltbild auf Dauer konsequent durchhalten? Auch Naturwissenschaftler zeigen in gewissen Momenten ein Flair für Spiritualität. Erst recht aber sind die Gegenstände der Humanwissenschaften, historische Ereignisse zum Beispiel, nicht verständlich ohne die ihnen anhaftende Werthaftigkeit: Das politische Kunststück Gandhis, Indien durch gewaltlose Aktionen von der englischen Kolonialmacht zu befreien, lässt sich deskriptiv, kühl und sachlich betrachten. Wer aber erstmals von dieser Leistung hört, wird fast unweigerlich die Regung bestimmter Gefühle bei sich beobachten – Staunen, Neugier, Freude, Hochachtung –, und er wird empathisch mit dem historischen Gandhi mitfiebern.

Ein Wissenschaftler, der behauptet, Werte seien kein möglicher Gegenstand der Wissenschaft (WEBER 1988, S. 152), gerät in logische Schwierigkeiten. Denn er unterstellt, *gute* oder *echte* Wissenschaft sei wertfrei. „Gut" und „echt" sind aber selbst Wert-Prädikate. Seine Behauptung lässt sich also wissenschaftlich nicht rechtfertigen und kann nur als persönliches *Statement* gelten. Der Verzicht auf eine wissenschaftliche Beschäftigung mit Werten bleibt wissenschaftlich also unbegründet. Wertfreiheits-Postulat der Wissenschaft

Werte können sehr wohl Gegenstand wissenschaftlicher Forschung sein. Die Ereignisse in den arabischen Ländern seit Beginn des „Arabischen Frühlings" sind nicht zuletzt eine Auseinandersetzung um Werte – islamische Werte, westliche Werte, Pluralismus als Wert usw. Die Frage, wie es kommt, dass wir uns über Werte verständigen und bestimmte Werte-Überzeugungen auch kollektiv teilen können, ist wissenschaftlicher Forschung durchaus zugänglich. Im praktischen Leben befinden wir uns oft in Zwickmühlen, in die zwei oder mehrere einander widerstreitende Werte involviert sind – Gleichheit-Freiheit, Freiheit-Sicherheit, Sicherheit-Effizienz. Auch sind diese Begriffe nicht alle sehr klar: Zum Gerechtigkeitsbegriff gibt es die verschiedensten Auslegungen, und viele schließen sich gegenseitig aus (KELSEN 2000). Dennoch entziehen sich auch Werte dem Konsens nicht gänzlich. Über den Wert der Menschenrechte beispielsweise besteht ein erstaunlich hohes Maß an Einigkeit. Eine besondere Kategorie von Werten sind die sogenannten *Rechtsgüter* – kollektiv geteilte Werte, wie sozialer Friede, Transparenz, Integration usw. Bei Rechtsstreitigkeiten haben sie neben den Menschenrechten ein eigenes Gewicht. Einen interessanten Versuch, Werte bedeutungstheoretisch, und damit wertfrei, zu analysieren, hat in den dreißiger Jahren Moritz Schlick (1984) unternommen.

Auch über die Frage nach Verträglichkeit und Unverträglichkeit verschiedener Werte sind konsensorientierte Diskurse möglich – über die Frage zum Beispiel, ob eine Wirtschaft, die auf Gewinnmaximierung ausgerichtet ist, gerecht und eine gerechte Wirtschaft auf Gewinnmaximierung ausgerichtet sein kann. Selbst über die Abstufung von Werten ist man sich in vielen Fällen erstaunlich einig: Ein gezielter Amoklauf mit Dutzenden Toten ist schlimmer als der Mord an einer Einzelperson; dieser ist schlimmer als Betrügerei in großem Stil; diese wiederum schlimmer als Mundraub; und dieser schlimmer als ein gelungener Aprilscherz, der dich oder mich in die falsche Richtung laufen lässt. – Wie sieht wohl die Rangliste aus zwischen den Verhältnisse zwischen Werten folgenden Negativereignissen: der Kernschmelze in einem Atomkraftwerk, dem Einsturz einer turmhohen Staumauer, der Explosion eines Gaskraftwerks? Und wie sieht im Tierschutz die Werteordnung aus zwischen Pandabären, Kakerlaken, Fledermäusen und Schimpansen? Es ist nicht einzusehen, weshalb man auf den Versuch verzichten sollte, zu möglichst vernünftigen Antworten auch auf solche Fragen zu kommen.

Gibt es auch objektive Werte? Um diese Frage zu beantworten, muss man sie erst einmal in eine klare Form bringen. Mit der These, Werte seien nichts Objektives, könnte gemeint sein, sie sind immateriell, nicht beobachtbar, sie stellen keine physischen Objekte dar. Trotzdem sind sie etwas, worüber wir uns, wie über Zahlen, verständigen und in vielen Fällen auch einigen können. Die Frage lautet dann, ob es Werte geben könne, bei denen vernünftigerweise alle Menschen übereinstimmen. Diese Frage lässt sich bejahen. Thomas Nagel nennt zwei Beispiele (NAGEL 1991, S. 55, S. 59; 1992, S. 271ff.): Niemand leidet gerne Schmerzen; wer Schmerzen hat, ist interessiert daran, sie möglichst schnell wieder loszuwerden. Das Werturteil, dass es *besser* ist, wenn Schmerzen abklingen als wenn sie andauern bzw. dass alles, was Schmerzen lindert, gut ist, scheint also für alle Menschen, ja sogar alle schmerzempfindlichen Lebewesen zu gelten. Ähnliches kann man, auf Menschen beschränkt, auch von einem Zustand extremer Entbehrung sagen: Niemand wird ihn ernstlich einem Leben unter Bedingungen eines gesicherten Existenzminimums vorziehen. Ein Leben ohne physische Entbehrungen rangiert auf der Werteskala also höher als eines mit Entbehrungen, ein schmerzfreier Zustand höher als einer mit Schmerzen. Die Geltung dieser Sätze ist offensichtlich von jeder subjektiven Perspektive unabhängig und insofern objektiv.

3.5.3 Den Umgang mit Werten lernen

Werte sind uns nicht von Anfang an zugänglich: „Man muss *lernen*, gute Musik zu hören und sie zu verstehen, um die Freude daran erfahren zu können; man muss *lernen*, aufmerksam einen Text zu lesen, andere Menschen zu verstehen, ja sogar verschiedene Weine voneinander zu unterscheiden" (SPAEMANN 1982, S. 38). Irrtümer in Wertfragen können fatale Folgen haben. Spaemann erinnert an die Geschichte von Esau im Alten Testament, der seinem Bruder Jakob das Erstgeburtsrecht gegen ein Linsengericht abtritt. Für die Höherrangigkeit des Erstgeburtsrechts ist er noch nicht sensibilisiert – er ist „wertblind". Ein anderes Beispiel: König David schickt Urija an die gefährlichste Stelle einer Schlacht; dort soll er umkommen, weil der König Urijas Frau begehrt. Leidenschaft macht ihn blind für das Verhältnis der Werte, bis ihn die Strafrede des Propheten Natan aufrüttelt (ebd. S. 43).

Die eigenen Interessen zu vertreten, ist leichter, als erst einmal vernünftige Interessen zu entwickeln. Daraus folgt: Junge Menschen braucht man nicht zu lehren, wie sie ihre Interessen vertreten sollen; statt dessen sollte man sie dazu anregen, eigene Interessen zu entwickeln. Denn „Bildung, Herausbildung objektiver Interessen, Wahrnehmung des Wertgehaltes der Wirklichkeit, [ist] ein wesentliches Element des gelungenen Lebens" (ebd., S. 38f.).

3.6 Kann man sein Leben planen?

Tag für Tag treffen wir Entscheidungen – kleinere und größere, mit kürzer- und mit längerfristigen Wirkungen. Indem wir unsere Handlungen planen und die Planung in einen größeren Zusammenhang stellen, erhalten unsere Entscheidungen ein Profil. Nicht immer passen sie in den Zusammenhang, dann korrigieren wir sie, oder unsere Planung verliert an Kohärenz. Wie wir unsere Freunde aussuchen, wie wir unsere Beziehung zu ihnen pflegen, hängt direkt oder indirekt damit zusammen, wie wir unser Leben gestalten. Ein Teil unserer Tagesplanung steht im Kontext der Monats- oder Jahresplanung, und diese gliedert sich in einen umfassenderen Lebensentwurf.

Handlungen planen

Planen wir auch unser Leben als Ganzes? Orientieren wir uns an so etwas wie Lebenszielen? Sicher plant niemand sein Leben so, wie ein Architekt ein Haus plant, mit Skizzen und Berechnungen. Statt von Lebensplanung sollte man vielleicht davon sprechen, dass wir unsere Handlungen so miteinander koordinieren, dass das, was wir heute tun, zu dem passt, was wir gestern und vorgestern getan haben. Es geht darum, über die verschiedenen Stationen unseres Lebens hinweg unsere persönliche Identität und mit ihr unser Selbstwertgefühl zu bewahren (FRANKFURT 2007).

Frage nach Lebenszielen

Suchen wir im Leben auch so etwas wie ein höchstes Ziel, einen letzten Sinn? Der Philosoph Eduard Spranger hat diese Frage entschieden bejaht: „Ein echtes Menschenleben ist ein beständiges Suchen nach dem höchsten Wert oder dem letzten Sinn, unter dem das Leben gesehen werden soll" (SPRANGER 1945, S. 30f.). Mit der Frage nach dem letzten Sinn verbindet sich die Frage nach dem Glück. Ursula Wolf bemerkte nicht ohne Befremden, dass die Frage nach dem glücklichen Leben jedoch „in weiten Teilen der Geschichte der abendländischen Philosophie keine Rolle spielt. Befremden müsste weiterhin, wie viele Menschen trotz der Offenheit der Frage nach dem Glück ganz zufrieden leben" (WOLF 1999, S. 11).

Frage nach dem Glück

Aber was ist daran befremdlich? Reicht es nicht, dass ich, wenn ich mit meiner Lebenssituation unzufrieden bin, nach Verbesserungen suche? Muss ich denn – um in einem Vergleich zu sprechen – wissen, welches der höchste Berg der Welt ist, um herauszufinden, welcher von zwei Bergen der höhere ist? Und gesetzt den Fall, ich habe die Frage nach dem letzten Sinn und höchsten Glück für mich geklärt, steigen dann meine Chancen auf ein glückliches Leben? Kann ich, wenn ich die Richtung kenne, das Glück herbeilocken? Steigt nicht umgekehrt die Verzweiflung, wenn ich mir über den Abstand klar werde, der mich vom erträumten Glück trennt?

> Eine weitere Schwierigkeit: Der Handelnde kann – in den Worten von Hannah Arendt – „so gut wie niemals die Ziele, die ihm ursprünglich vorschwebten, in Reinheit verwirklichen (…). Das ursprüngliche Produkt des Handelns ist nicht die Realisierung vorgefasster Ziele und Zwecke", das Produkt sind vielmehr die „gar nicht intendierten Geschichten, (…) die sich für den Handelnden selbst erst einmal wie Nebenprodukte seines Tuns darstellen mögen" (ARENDT 1981, S. 174).

Die Frage nach den Bedingungen eines glücklichen Lebens zu diskutieren, ist ein Privileg, das nur wenigen Menschen vergönnt ist. Dazu braucht es Fantasie und ein hohes Abstraktionsvermögen. Und vor allem Lebenserfahrung. Das Kleinkind kann sich nur vorstellen, was der nächste Augenblick bringt, der Schüler, der versetzt werden will, überblickt die Frist bis zum Ende des Schuljahrs, der Schulabgänger plant, wenn es hoch kommt, fürs kommende Jahrzehnt (LEWIN 1951, S. 155). Die Konkretion unserer Vorstellungen ist bestimmt durch unsere bisherige Biographie. Der Planungshorizont ist immer beschränkt. Er weitet sich paradoxerweise in dem Maße, als sich die verbleibende Lebensspanne verkürzt. Es ist wohl kein Zufall, dass Aristoteles, als er sich der Frage nach dem glücklichen Leben zuwandte, nicht mehr ganz jung war und ihre Diskussion auch nur Menschen mit Lebenserfahrung zutraute, also keinen Kindern, keinen Jugendlichen, obwohl er seine Aufzeichnungen als Ratgeber für junge Männer verstanden wissen wollte.

Glück und Lebensplanung

Die Frage nach dem guten Leben ist etwas Anderes als eine gewissenhafte Lebensplanung. Man kann aber beides verbinden: Stimme deine kleinen Entscheidungen mit den großen ab und mache dir rechtzeitig Gedanken über die großen.

Ein alter Professor sollte vor einer Gruppe von Managern über Zeitplanung sprechen. Ruhig blickte er zu den Teilnehmern, die gespannt aussahen und alles aufschreiben wollten. „Wir führen ein kleines Experiment durch", sagte er, stellte einen Glaskrug aufs Pult und legte vorsichtig etwa ein Dutzend Steine, etwas größer als Tennisbälle, in den Krug. Als kein weiterer mehr darin Platz fand, blickte er auf und fragte in die Runde: „Ist der Krug voll?" Alle antworteten: „Ja".

„Wirklich?", fragte er nach und holte unter dem Pult ein mit Kies gefülltes Gefäß hervor. Dann goss er den Kies langsam zwischen die Steine, die er dabei leicht umrührte. Der Kies verteilte sich überall. Wieder blickte er auf: „Ist der Krug nun voll?"

Ein Zuhörer schien den Sinn der Darbietung zu erahnen und antwortete: „Ich glaube nicht!" – „Gut!" sprach der Professor und kippte Sand aus einem Eimer in den Krug. Dieser sickerte in die Räume zwischen den Steinen und dem Kies. Diesmal antworteten die Zuhörer auf seine Frage: „Der Krug ist noch immer nicht voll!" – „Gut", kommentierte der Alte und füllte den Krug nun noch mit Wasser. Dann fragte er: „Was können wir aus diesem Experiment lernen?"

Ein Manager antwortete: „Selbst wenn wir denken, unser Zeitplan sei voll, können wir immer noch Termine einschieben." – „Darum geht es nicht", sprach der Alte, „sondern darum, dass die Steine, wenn man sie nicht als erste in den Krug legt, nachher nicht mehr hineinpassen. Was sind in eurem Leben die Steine? Eure Gesundheit? Familie? Freunde? Die Realisierung eurer Träume? Muße? Etwas ganz anderes? – Legt sie als erstes in euren Krug!" Freundlich verabschiedete er sich und verließ den Saal.
(Verfasser unbekannt)

Was ist das nun aber, ein gutes, sinnerfülltes Leben? Und was kann ich dafür tun, dass mir mein Leben gelingt? Im Folgenden ein paar Überlegungen zu diesen Fragen.

3.6.1 Was ist Glück?

> „Jeder Mensch will glücklich sein. Aber um glücklich zu sein, müsste man zuerst wissen, was Glück ist. Das Glück des natürlichen Menschen ist so einfach wie sein Leben. Es besteht darin, nicht zu leiden: Gesundheit, Freiheit, der Lebensunterhalt machen es aus. Das Glück des moralischen Menschen ist etwas anderes" (ROUSSEAU, Emil, S. 172).

Was ist Glück?

Aristoteles hat in seiner Nikomachischen Ethik die Frage, was Glück ist, gleich an den Anfang gesetzt. Wir sollten uns dieser Frage stellen, meinte er, denn wir können auf unser Glück Einfluss nehmen, indem wir einen guten Charakter ausbilden (das „wir" beschränkte er allerdings auf die freien athenischen Bürger – Frauen und Sklaven schloss er aus). Je besser wir uns mit unseren Mitmenschen verstehen, desto angenehmer wird uns der Umgang mit ihnen sein. Wer sich den Ruf einhandelt, ein Grobian zu sein, macht sich nicht beliebt und schadet seinem Wohlbefinden. Fremdes Leiden kann zwar die Lust eines Sadisten steigern, aber nicht sein Glück. Ist Glück also die Belohnung für Wohlverhalten? Nein, aber Wohlverhalten ist wahrscheinlich eine notwendige Bedingung für Glück.

Ist Glück etwas Subjektives? Ja und nein. Ja, denn jeder ist, wie das Sprichwort sagt, seines Glückes Schmied. Das heißt, jeder lebt nach seinem eigenen Lebensentwurf. Nein, denn niemand ist allein verantwortlich dafür, wie sich sein Leben entwickelt. Niemand lebt für sich allein, niemand kann ohne Rücksicht auf andere seinen Lebensplan verwirklichen. Der Realisierung unserer Träume können sich unerwartete Hindernisse in den Weg stellen. Dann muss man seine Pläne ändern. Das ist leichter gesagt als getan, wie jeder Sportler weiß, der sich nach einem Unfall auf den Behindertensport umstellen musste. Um uneingeschränkt glücklich zu sein, lehrte Aristoteles, muss man auch *Glück haben*: Glück hat, wer in einer Gesellschaft lebt, die Frieden und einen gewissen Wohlstand bietet; man hat Glück, wenn man von schweren Katastrophen verschont bleibt und nicht vorzeitig eines gewaltsamen Todes stirbt. All das liegt nicht in unserer Hand.

Kann man sein Schicksal beeinflussen? Seine Karriere kann man planen, bis zu einem gewissen Grad wenigstens. Das Leben als Ganzes läuft aber vielfach anders als geplant. Daraus folgt nicht, dass wir uns über unsere Zukunft keine Gedanken machen sollen. Das Schicksal ist am gnädigsten mit denjenigen, die ihm im richtigen Moment nachhelfen. „Luck is where opportunity meets preparation", sagt eine englische Sentenz („Glück ist da, wo die günstige Gelegenheit auf gute Vorbereitung trifft"; SCHMID 2007, S. 14).

Glück und Schicksal

Natürlich beeinflussen wir durch unsere Entscheidungen unser Schicksal: Mit jedem Entschluss verabschieden wir uns von bestimmten Optionen. Dadurch verringert sich unsere Freiheit. Doch indem wir Entscheidungen treffen, stoßen wir auch neue Türen auf, erschließen uns neue Horizonte, neue Handlungsfelder und schaffen damit die Grundlage für neue Projekte und neue Hoffnungen. Man kann allerdings das Schicksal auch herausfordern und das Risiko eingehen, in Schwierigkeiten zu geraten. Die Folgen von Unvorsichtigkeit sind manchmal irreversibel – bei einem Hochrisikosport, im Umgang mit einer ansteckenden Krankheit, bei Experimenten mit Drogen, bei der Gewöhnung an Tätigkeiten, die süchtig machen. Früher getroffene Entscheidungen können den späteren Handlungsspielraum einengen und uns in eine Situation der Unfreiheit bringen, aus der wir nicht mehr herausfinden (ARISTOTELES, NE 1113b 32–1114a 6).

Die Frage nach Glück – individuelle Antworten

„Ich fühlte mich wie ein Vogel auf einer Tanne – glücklich und völlig losgelöst". So beschrieb Jürg Marmet den Augenblick, als er im Mai 1956 als dritter Mensch den Gipfel des Mount Everest (8848m) erreichte.[1] Der russische Astronaut Sergei Krikaljow beantwortete die Frage, wo er am glücklichsten sei, im All, auf der Erde oder auf dem Flug ins All: „Auf der Erde, unmittelbar nach einem Flug. Nichts ist schöner."[2]. Eine Musikerin wiederum bezeichnete als die glücklichsten Momente diejenigen, in denen sie „ohne Ego" auf der Bühne steht und selbstvergessen singt – ohne den geringsten Gedanken an sich selbst: „Wer sich konzentriert, muss alles andere ausschließen können. (…) Auf der Bühne fließt uns Energie zu – durch das Spielen und vom Publikum."[3]

1) Der Bund, 14.3.2013, S. 30.
2) NZZ Folio 9/2008, Sept. 2008: „Traumreisen. 11 Wege zum Glück", S. 40.
3) Sophie Hunger, Interview in: „Der Bund", 30.9.09, S. 28.

3.6.2 Gesellschaftliche Vorbedingungen für Glück

Bedingungen für Wohlergehen

Wohlbefinden und *Wohlergehen* der Bürgerinnen und Bürger hängen bis zu einem gewissen Grad von den materiellen Bedingungen des Landes oder der Stadt ab, worin sie leben (SEN 2000, 2000a; NUSSBAUM 1999). Wohl die meisten Menschen ziehen ein Leben in einer friedlichen Gesellschaft einem Leben in kriegerischen Wirren vor; ein Leben unter wirtschaftlich und politisch stabilen Verhältnissen einem Leben, das von tiefen politischen und wirtschaftlichen Krisen geprägt ist; ein Leben unter Bedingungen, die auch den Nachkommen günstige Aussichten bieten, einem Leben mit der Aussicht auf eine Katastrophe.

So gut wie alle Gesellschaften stehen heute vor einschneidenden Fragen, die um die unmittelbare Zukunft kreisen und die Lebensqualität betreffen: Wie lässt sich das Auseinanderdriften zwischen Reich und Arm stoppen, die Arbeitslosigkeit vermindern, die Gewaltkriminalität senken? Wie vermeidet der Staat weitere Defizite? – Ähnliche Fragen stellen sich auch im globalen Rahmen: Wie verringern wir die Wohlstandskluft? Was kann man tun, um den Lebensstandard in den Ursprungsregionen der Migration anzuheben? Wie beugen wir Religionskriegen und Kriegen um immer knapper werdende Ressourcen – Wasser, Agrarflächen, fossile Energien – vor? Wie gelangen wir zu einer Wirtschaft ohne ständigen Wachstumszwang?

Lassen sich darüber, was ideale gesellschaftliche Bedingungen sind, überhaupt sinnvolle Aussagen machen? Wie verbindlich sind solche Aussagen? Welche Geltung haben sie und für wen? Die Lebensweise der Menschen in Deutschland unterscheidet sich ja doch erheblich von derjenigen der Inuit im Nordmeer oder der Indios im Amazonasbecken. Daraus könnte man schließen, auf die Frage nach den Bedingungen menschlichen Wohlbefindens und Glücks gebe es keine allgemeingültige Antwort. Nicht einmal innerhalb ein und derselben kulturellen Gemeinschaft sind sich die Menschen einig, wie man diese Frage beantworten soll. Dennoch ist Glück ein Thema, über das sich Vertreter unterschiedlicher Auffassungen mit Gewinn verständigen können. Wohl nicht zufällig haben sich die Denker der griechischen Antike dieser Frage gerade zu einer Zeit zugewandt, als sich die Berichte über die Bräuche und Gewohnheiten anderer Völker häuften und die Entdeckung in der Luft lag, dass fremde Bräuche nicht einfach abstrus und verächtlich waren.

Ist Lebensqualität eine objektive Größe?

Kollektiv geteilte Werte mögen von Gesellschaft zu Gesellschaft, vielleicht von Gruppe zu Gruppe differieren. Die unterschiedlichen Wertsetzungen überdecken in der Regel aber nie ganz die tieferen Gemeinsamkeiten: Überall kooperieren Menschen, um zu überleben. In allen Gesellschaften spielen Knappheit und Konkurrenz eine Rolle; die Ressourcen sind überall mehr oder weniger ungleich verteilt; überall haben einige mehr, andere weniger Macht. Kinder erzieht man überall, und in allen Zivilisationen legen die Menschen auf Geselligkeit und Feste Wert. Überall kommunizieren sie miteinander und tauschen sich untereinander aus. Ehre wird überall der Unehre und Lob überall der Kritik vorgezogen. Wieso also sollen die Bedingungen der Lebensplanung zwischen den Kulturen inkommensurabel sein?

Das lateinische Wort „Conditio Humana" steht für ein Ensemble von Bedingungen, denen alle Gesellschaften unterworfen sind. Zu ihnen gehören auch Umstände und Tatsachen, die hier der Knappheit halber in die Form von Faustregeln gebracht werden.

Faustregeln zum Glück …

(i)   Die Suche nach Glück hat etwas zu tun mit der Suche nach Sinn, nach einem größeren Zusammenhang.

(ii) Ein wesentliches Element von Glück ist Freiheit, auch geistige Freiheit.

(iii) Glück lässt sich nicht auf Lust reduzieren.

(iv) Glück gibt es nur in der realen Welt. Wir erleben Glück im Kontext konkreter Aufgaben.

(v)   Wünsche, die uns zu weit von der Realität wegführen, sind nicht glücksförderlich.

(vi) Für viele Menschen ist Glück mit Status-Überlegungen verbunden, speziell mit der Gewissheit (oder Hoffnung), besser oder jedenfalls nicht schlechter gestellt zu sein als andere und ihre Sache besser oder jedenfalls nicht schlechter zu machen als andere. Der permanente Vergleich mit seinesgleichen verursacht aber auch viel Unglück.

3.7 Glücksbedingungen: Ein paar Faustregeln

3.7.1 Sinn

Sinnsuche · Menschen suchen eher nach Sinn als nach Glück. Diese These vertritt Wilhelm Schmid. Er meint, hinter der Suche nach Glück stecke in Wahrheit oft eine *Suche nach Sinn* und diese Suche sei eine Reaktion auf verbreitete Sinnlosigkeitserfahrungen. Doch was ist es genau, was nach Sinn suchende Menschen vermissen? Die Antwort ist verblüffend einfach: *„Sinn, das ist Zusammenhang,* Sinnlosigkeit demzufolge *Zusammenhanglosigkeit".* Das Gefühl der Sinnlosigkeit befällt Menschen, wenn sie „ihr Tun nicht aufeinander abstimmen und somit zusammenhanglos agieren". Eine Idee finden wir sinnlos, wenn sie „keine oder falsche Zusammenhänge herstellt" (SCHMID 2007, S. 45ff.). Uns geht der Sinn von etwas auf, das wir in einen größeren Kontext stellen können; Sinn verbinden wir mit der Erfahrung, dass Dinge, Menschen, Begebenheiten, die wir bis dahin isoliert für sich betrachtet haben, doch aufeinander bezogen sind.

> „Glück heißt: Einklang, Freundschaft mit sich selbst. Und das setzt voraus: Ich muss kontinuierlich wollen können. Ich muss heute etwas beginnen können im Wissen, dass ich es, wenn nichts Unvorhergesehenes dazwischenkommt, morgen fortsetze. Und es muss mir heute noch plausibel sein, was ich gestern gut gefunden habe. Wo unsere Zustände und Handlungen nur die Funktion zufälliger äußerer Reize und innerer Stimmungen sind, wo sie nicht gründen in der Einsicht in eine objektive Rangordnung, da fehlt uns die Basis, auf der wir zur Einheit, zur Übereinstimmung mit uns selbst gelangen können" (SPAEMANN 1982, S. 40).

Glück haben und Sinn erleben · Glück und Sinn liegen also nahe beieinander. Doch *Glück haben* und *Sinn erleben* sind nicht dasselbe. Zufällig erlebtes Glück (Zufallsglück), das wir nicht in einen Zusammenhang mit anderen wesentlichen Dingen bringen können, trägt nicht viel zur Sinnerfahrung bei. Die Entdeckung von etwas Neuem, Bedeutungsvollem kann eine Quelle von Glück sein. Eine tiefere Sinnerfahrung verbinden wir damit aber nur, wenn wir diese Entdeckung in einen größeren Zusammenhang stellen können. Weshalb macht das Lösen von Rätseln (Kreuzworträtseln, Puzzlespielen, Sudokus) oder die Lektüre von Krimis so viel Spaß? Weil man dabei Zug um Zug neue Zusammenhänge entdeckt. Zu verfolgen, wie sich aus einzelnen Puzzlesteinen allmählich ein zusammenhängendes Bild ergibt, vermittelt infinitesimale Sinnerfahrungen. Tieferes Glück ist damit aber kaum verbunden, weil wir an diesen kleinen Zusammenhängen selbst nicht teilhaben.

Wir wissen heute viel mehr als jede Generation vor uns über die Entstehungsgeschichte der menschlichen Kulturen, die Entwicklung des Lebens auf unserem Planeten, die Weiten und Tiefen des Kosmos, die Wirkungen unserer Zivilisation auf die natürliche Umwelt. In sich beschleunigendem Tempo erkennen wir immer weitere und größere Zusammenhänge. Damit wächst aber auch das Wissen über den Umfang unseres Unwissens. Alle Dinge, denen wir Bedeutung zumessen, drängen sich auf ein paar Staubkörner an der Peripherie einer von Milliarden Galaxien zusammen. Nietzsche hat daraus nihilistische Konsequenzen gezogen:

„In irgend einem abgelegenen Winkel des in zahllosen Sonnensystemen flimmernd ausgegossenen Weltalls gab es einmal ein Gestirn, auf dem kluge Tiere das Erkennen erfanden (…) Es gab Ewigkeiten, in denen er [der menschliche Intellekt] nicht war; wenn es wieder mit ihm vorbei ist, wird sich nichts begeben haben" (NIETZSCHE 1964, S. 605).

„Horizonterweiterungen" erleben wir als sinngeladen, weil sie neue Zusammenhänge sichtbar werden lassen. Deswegen ist für Lernprozesse die Entdeckung von Zusammenhängen hilfreich. Bildung im starken Wortsinn ist eine wichtige Sinn-Erfahrung. Dasselbe gilt von Forschung, die neue Ergebnisse bringt. Auch bei der religiösen Sinnsuche geht es um tiefere Zusammenhänge, selbst wenn wir sie oft eher erahnen als verstehen. „Horizonterweiterung"

Die Frage nach einem Sinn im Leben stellt sich unabhängig davon, ob ich mich für die Hochs und Tiefs in meiner Biographie selbst verantwortlich fühle oder ob ich sie dem „Schicksal" oder einer transzendenten Macht zuschreibe. Die Auffassung, dass wir für den Sinn unseres Tuns selbst verantwortlich sind, entbehrt nicht einer gewissen Attraktivität, denn sie setzt kein metaphysisches Sinn-Konzept voraus. Sie hat allerdings den Nachteil, dass dann auch das Scheitern auf uns zurückfällt. Das könnte eines der Probleme sein, die den Menschen zur Religion geführt haben. Blaise Pascal, Philosoph und Mathematiker, hat es mit logischer Klarheit in die Form einer Wette gekleidet – die Wette für oder gegen die Annahme, es gebe Gott, als höhere Macht, der wir uns anvertrauen können (PASCAL 1966, Fragment 233): Wenn du darauf wettest, dass es diese Macht gibt, und wenn du mit deiner Wette falsch liegst, so gewinnst du zwar nichts, aber du verlierst auch nichts. Liegst du hingegen richtig, so gewinnst du *alles*. Wettest du *gegen* die Existenz der höheren Macht und liegst du mit deiner Hypothese richtig, so wirst du davon nicht weiter profitieren; liegst du jedoch falsch, so verlierst du *alles*.

3.7.2 Freiheit

Sinnzusammenhänge kann man untersuchen, erforschen, bestaunen. Das heißt aber noch nicht, dass man selber in sie eingebunden ist. Je besser wir die Zusammenhänge durchschauen, in die wir involviert sind, umso leichter fällt uns die Orientierung, umso gezielter handeln wir, umso freier bewegen wir uns. Es ist dies, was der Philosoph Johann Gottlieb Fichte für das Ziel des menschlichen Daseins hielt – das Sich-Erheben „in die Sphäre der Freiheit". Erst in der Freiheit werden wir besonnen und empfänglich für das „Sollen" – hier vollendet sich „das innere Wesen" des Menschen und der „Sinn seines Daseins" (FICHTE 1834, S. 86, S. 23). Weniger idealistisch klingt das Freiheitsmotiv bei Albert Camus: Es ist die Bestimmung des Menschen, sich gegen die „Absurdität" seines Daseins aufzulehnen, zu „revoltieren", auch wenn er damit nicht viel mehr erreicht als Sisyphus, dessen nach oben gewuchteter Felsen immer wieder den Hang hinunterrollt. Nur wer Widerstand leistet, wird glücklich: „Il faut imaginer Sisyphe heureux" (CAMUS 1942, S. 168). Freiheitsspielräume

Geistige Freiheit schließt die Fähigkeit ein, über den eigenen Standpunkt hinauszudenken. Dazu gehört als wesentliches Element, dass man einen Schritt zurücktritt und den eigenen Standpunkt einordnet in die Welt, die wir mit den anderen teilen und in der jeder seinen eigenen Standpunkt hat.

Die Koordination der eigenen Perspektive mit derjenigen anderer Personen bringt zugleich ihre *Relativierung* und eine *Horizonterweiterung* mit sich. Hegel hat diesen Prozess als „Aufhebung" bezeichnet und mit einer „Umkehrung des Bewusstseins" in Beziehung gebracht (HEGEL 1981, S. 79): Wir objektivieren den eigenen Standpunkt, blicken auf ihn zurück. Piaget sprach von einer „Dezentrierung" und brachte sie ebenfalls mit einer Bewusstseinsumkehr in Verbindung (PIAGET/INHELDER 1977, S. 239, S. 242).

Der Naturwissenschaftler, der seine Forschung in einen umfassenderen Zusammenhang einbringt, tut genau das: Er „dezentriert" seine Leistung. Der Astronom, der die Stelle unseres Planeten in seiner kosmischen Umgebung bestimmt, leistet einen Beitrag zur „Dezentrierung" unserer kosmischen Sicht. Junge Menschen, die ihren künftigen Ort in der Gesellschaft suchen, machen eine analoge Erfahrung der „Dezentrierung" ihrer sozialen Position, der Relativierung ihrer Rolle in der Gesellschaft.

3.7.3 Glück lässt sich nicht auf Lust reduzieren

Glück und Lust Luststeigerung und Unlustvermeidung sind Motive, die Mensch und Tier gemeinsam haben. Glück, so scheint es, ist lustvoll, denn wir *genießen* Momente besonderen Glücks. Folgt daraus, dass der Genuss lustvoller Momente Glück bedeutet? Die Epikureer im antiken Griechenland und Süditalien haben Lust im Sinn von Wohlbefinden zum zentralen Anliegen menschlichen Bemühens erklärt. Ihr Standpunkt wird als Hedonismus bezeichnet (von griech. hedoné, Lust). Epikur riet aber nicht zur Maximierung von Lust, sondern zur Minimierung von Unlust und Leiden. Er empfahl daher seinen Anhängern, die Naturgesetze und die Natur des Menschen zu studieren. Das erspare ihnen Schmerzen, Enttäuschungen, Ärger. Fast 2000 Jahre nach Epikur entstand in Großbritannien der Utilitarismus, dessen Begründer – Jeremy Bentham – ebenfalls eine enge Beziehung zwischen Lust und Glück behauptete: Gut ist – so lehrte er –, was das Glück steigert, und damit meinte er, was die Summe an Lust vermehrt und die an Leiden oder Unlust vermindert (vgl. 6.1).

Sind Lustgewinn und Unlustvermeidung tatsächlich die Brennpunkte unseres Glücksstrebens? Schon Platon lässt Sokrates gegen diese Annahme den ironischen Einwand formulieren, wenn Lust das Höchste wäre, dann müssten wir ja denjenigen beneiden, der ständig einen Juckreiz verspüre und sich lustvoll kratzen könne. Gegen die Gleichsetzung von Glück und Lustgewinn sprechen aber noch stärkere Gründe: Angenommen, ein Gehirnforscher böte dir den Aufenthalt in einer „Glücksmaschine" an, einer Röhre, in der Elektroden mit deinem Gehirn so verbunden würden, dass du durch ihre Aktivierung in einen lustvollen Dauerrausch verfielest, und dieser dauerte an, solange du dich in der Maschine befändest. Würdest du dich auf das Angebot einlassen? Würdest du jemanden, der sich von dieser Maschine verwöhnen ließe, um seine Lustorgie beneiden? Vielleicht zögerst du. Zu Recht: Die Person in der Maschine wirkt wie ein Suchtkranker, oder schlimmer noch, wie jemand, der das wirkliche Leben versäumt. – Wenn du so überlegst, wirst du wahrscheinlich der These zustimmen, dass das, was du dir im tiefsten Grunde wünschest, nicht der pure Lustgewinn ist, sondern ein Leben in der Wirklichkeit, auch auf das Risiko hin, dass die Lustmomente nicht überwiegen und du mit vielen deiner Pläne scheiterst.

3.7.4 Glück gibt es nur in der realen Welt

Lust und Spaß gehören ebenso wesentlich zum realen Leben wie Unlust und Leiden. Die Erfahrung, nach einer Durststrecke das Ziel erreicht, ein schwieriges Projekt erfolgreich zu Ende geführt zu haben, bereitet uns innere Befriedigung. Das bestätigen Athleten mit Blick auf sportliche Wettkämpfe genauso wie Künstler mit Blick auf die Schaffung eines Kunstwerks oder Techniker, deren tastende und immer wieder misslingende Experimente schließlich in eine nützliche technische Innovation münden. Manch eine Beschäftigung bereitet uns einfach deshalb Spaß, weil wir dabei etwas lernen, neue Fähigkeiten erwerben, Fortschritte beobachten. Aus dieser Erfahrung wächst die Überzeugung, „es lohnt sich weiterzumachen". Glück empfinden wir also, wenn das, wofür wir uns angestrengt und gekämpft haben, in Erfüllung geht. Das ist etwas ganz Anderes als die Maximierung von Lustmomenten. Glück hat viel mehr zu tun mit gelungener Selbstverwirklichung (CORTINA 2005, S. 107). Das bestätigen auch die als „Flow" bezeichneten Erlebnisse: „Flow" steht für die Erfahrung eines Gleichgewichts zwischen den an uns gestellten Anforderungen und unserer Fähigkeit, diese Anforderungen zu meistern, wobei die eigenen Potentiale im gleichen Rhythmus wachsen wie die Anforderungen: Die Bewältigung unserer Aufgaben und die Realisierung unserer Potentiale entsprechen sich genau.

Reales Glück

3.7.5 Wünsche, die uns zu weit von der Realität wegführen, sind nicht glücksförderlich

Eine naheliegende These lautet: Glück – das ist Erfüllung unserer Wünsche. Es lohnt sich ein kurzer kritischer Blick auf diese These (dazu auch 6.1). Zunächst ist sicher zuzugeben, dass wir uns freuen, wenn uns ein sehnlicher Wunsch in Erfüllung geht, und uns frustriert fühlen, wenn sich unsere Wünsche nicht realisieren. Die Menschen unterscheiden sich stark in dem, was sie sich wünschen, und damit könnte man erklären, weshalb sie auf so unterschiedliche Weise nach Glück streben. Doch in welchem Zusammenhang stehen Glück und Wunscherfüllung?

Glück und Wunscherfüllung

Wenn ein Wunsch in Erfüllung geht, so die Annahme, dann stellt sich ein Glücksgefühl gleichsam als angenehmes Nebengeräusch mit ein. Dass Glück in der Erfüllung von Wünschen besteht, wird uns durch die Werbung zwar immer vorgegaukelt, auch wenn es dieser nicht darum geht, uns glücklicher zu machen, sondern die Wirtschaft anzukurbeln. Wenn Glück in der Erfüllung von Wünschen bestünde, könnte es wunschloses Glück nicht geben, und Glück könnte nicht selbst Gegenstand eines normalen Wunsches sein (HOSSENFELDER 2000, S. 165). Wie sähe es mit der Realisierung problematischer Wünsche aus – neurotischer etwa oder solcher, die in aggressiven Impulsen gründen? Und wie mit Wünschen, die ich in einem Augenblick verspüre und im nächsten verwerfe? Sollten auch ambivalente Wünsche in Erfüllung gehen? Ich träume von einer großen Villa in Acapulco. Wenn ich mir aber vorstelle, ich besäße sie und müsste nun ein Vermögen in ihren Schutz und meine Sicherheit investieren, dann erscheint mir die Erfüllung meines Wunschtraums dem Glück geradezu entgegengesetzt.

Die Schwierigkeiten dieses Ansatzes sind offensichtlich (SEN 2000a, S. 31). Wenn zwischen Glück und Wunscherfüllung überhaupt ein Zusammenhang besteht, ist er viel schwächer. Dieser Meinung waren die antiken Stoiker. Eine ihrer Grundeinsichten lautete: Unglücklich ist derjenige, dessen Wünsche nie in Erfüllung gehen. Die wiederholte Vereitelung von Wünschen empfinden wir als frustrierend und Frustration (das Gefühl der Vergeblichkeit) drosselt unsere Lebensgeister. Wäre es da nicht besser, wir würden erst gar keine unerfüllbaren Wünsche in uns aufkommen lassen? Am besten beugen wir ihrer Entstehung vor, indem wir unsere Wünsche an die Gesetze der Natur anpassen und uns in den Lauf der „Natur" fügen. Nicht Wunschlosigkeit war die Devise der Stoiker, nicht Askese – das wäre auch nicht das, was wir uns unter dem Glück eines erfüllten Leben vorstellen –, sondern möglichst *realistische* Wünsche.

3.7.6 Status, Reichtum, Ehre

Glück und Einkommen

Je mehr Geld jemand hat, desto mehr Wünsche kann er sich erfüllen. Über Geld zu verfügen, ist meistens nützlich, ein gewisser Reichtum deswegen angenehm. Glück setzt also eine materielle Grundlage voraus, unter ständiger physischer Entbehrung ist echtes Glück unmöglich. Bei Menschen, die einen Ausweg aus der Armut finden, steigt deshalb das Glücksempfinden relativ deutlich. Mit einem Jahreseinkommen von etwa 15.000 $ lassen sich alle Grundbedürfnisse befriedigen; in reichen Ländern, mit niedrigerer Kaufkraft des Dollars, braucht es etwas mehr. Aber jenseits dieses Schwellenwerts wächst das Glücksempfinden laut dem *World Values Survey* (www.worldvaluessurvey.com) auch bei weiteren Einkommensverbesserungen nicht mehr nennenswert. Befragungen in den USA und in Japan belegen, dass seit Ende des Zweiten Weltkriegs das durchschnittliche Glücksempfinden der Bevölkerung etwa konstant geblieben ist, obwohl sich das Einkommen vervielfacht hat (BINSWANGER 2006, S. 28f.).

„Glücksstudien relativieren die herkömmliche Überzeugung, dass Status und Besitz selig machen (...). Erleben erzeugt mehr Zufriedenheit als Haben. Enge soziale Kontakte und eine Balance im Leben sind wichtiger als ein etwas besser bezahlter Job, der keine Freude macht" (HEUSER/KUNZE 2013).

Der amerikanische Philosoph John Rawls hat angenommen, dass die Menschen lieber unter Bedingungen eines höheren als eines tieferen materiellen Lebensstandards leben. Mit diesem Argument rechtfertigte er in gewissem Umfang die materielle Ungleichverteilung in Gesellschaften mit höherem Lebensstandard (RAWLS 1971, S. 98f.). Dabei schätzte er die menschlichen Präferenzen aber falsch ein, wie folgende Untersuchung zeigt:

Glück und sozialer Status

„Studenten der Harvard Universität [wurden] befragt, in welcher Welt sie lieber leben möchten. In einer Welt, in der sie selbst 50.000 $ verdienen und alle anderen 25.000 $ oder in einer Welt, in der sie selbst 100.000 $ verdienen und alle anderen 250.000 $. (...) Eine Mehrheit zog die erste Welt vor, in der man zwar absolut weniger verdient, aber im Vergleich zu den anderen reicher ist" (BINS-WANGER 2006, S. 56f.).

Parallele im Bildungswesen: Lernen schwache Schüler mehr in homogenen Klassen auf niedrigem Niveau oder in inhomogenen auf höherem Niveau?

Schüler in der Realschule oder im Gymnasium lernen mehr als solche in der Hauptschule, das Unterrichtsniveau ist höher. Schüler jedoch, die im Gymnasium oder in der Realschule ständig zur untersten Gruppe gehören, werden durch den negativen Vergleich demotiviert; manchmal leiden sie unter dem Umgang mit den Klassenkollegen, weil sie sich diskriminiert oder nicht genügend ernst genommen fühlen. Die Motivation zu lernen leidet unter diesen Umständen stärker als bei Schülern, die die Hauptschule besuchen und dort zu den besseren Schülern gehören. Diese werden zwar weniger gefordert und lernen auch weniger, fühlen sich aber wohler und bleiben motivierter (ALLMENDINGER 2012, S. 74, S. 143f.).

So wie auf einem bestimmten Wohlstandsniveau mehr Freiheit wichtiger ist als mehr materieller Wohlstand (SEN 2000, S. 41f.), legen Menschen auch auf den Zuwachs an Status mehr Wert als auf den weiteren Zuwachs an Wohlstand. Man orientiert sich gewöhnlich an Personen, die materiell besser gestellt sind als man selbst, am stärksten aber an solchen, deren Lebensstandard nicht soviel höher ist, dass er für uns unerreichbar erscheint. Der Aufstieg in diese Gruppe erhöht die Zufriedenheit – allerdings nur solange, bis er zur Gewohnheit wird (BINSWANGER 2006).

Welche Rolle spielt Ehre für das persönliche Glück? Eine gute Reputation ist sicher eine wesentliche Voraussetzung. Das mag erklären, weshalb viele Menschen, die ihre Ehre verspielt haben und keine Möglichkeit sehen, sie wiederzugewinnen, ihre Lebenslust verlieren. Manche legen allerdings mehr Wert darauf, bekannt oder berühmt zu sein, als einen unbescholtenen Ruf zu haben. Hauptsache, man kennt sie und redet von ihnen. Das schmeichelt der Eitelkeit. In der Antike legte ein Mann namens Herostratos Flammen an den Artemistempel in Ephesos, nur weil er mit dieser Tat berühmt werden wollte. Sein zweifelhafter Ruf hat sich in der Tat bis heute erhalten. *(Glück und Reputation)*

Und das Motiv der *Unsterblichkeit*? Ganz unwesentlich kann es nicht sein, denn es durchzieht seit Jahrtausenden Sagen und Geschichten aus allen möglichen Kulturkreisen. Eines seiner ältesten Zeugnisse ist das Gilgamesch-Epos. Aber was ist Unsterblichkeit: Eine „Auferstehung" in einer anderen Welt, im jüdisch-christlichen Sinn? Eine Rückkehr zu dieser Erde, wie es die Reinkarnationslehre vom Hinduismus bis zur Anthroposophie annimmt? Ein Wiedergeborenwerden als Mensch? Oder als Tier, als Regenwurm etwa? Das Eingehen ins Nirwana, begleitet von einer Auslöschung des Bewusstseins? Ein Prozess des Immer-Älter-Werdens, unter Aufhebung der biologischen Gesetze? Ein Stillstand der Zeit, durch den das Altern gestoppt, aber auch sonst jede Veränderung angehalten wird? Oder meint Unsterblichkeit etwas ganz Anderes: Dass man in die Geschichtsbücher eingeht? Dass eine Straße unseren Namen trägt? Dass wenigstens irgendein *(Unsterblichkeit)* kleines Werk von uns, ein Spruch, eine Geste der Nachwelt in Erinnerung bleibt, so wie Martin Luther Kings Rede „I have a dream" oder Rouget de Lisle's Komposition der Marseillaise? Dass uns spätere Generationen in guter Erinnerung oder überhaupt in Erinnerung behalten? Oder bloß die eigenen Freunde und Angehörigen? Vielleicht einfach nur das Bewusstsein: Ich werde gelebt haben als die Person, die einzig und allein ich sein konnte, und ich werde eine Spur hinterlassen, denn die Welt wäre, wenn auch nur geringfügig, eine andere gewesen ohne mich? Oder gehört mehr dazu? Eine zeitgemäße Form des Wunsches nach Unsterblichkeit ist offenbar der Wunsch, andere an Ruhm und Bekanntheit zu überragen. Jedenfalls würden viele Menschen, statt in den Himmel, lieber ins Fernsehen kommen (nach Reinhard Fendrich).

Reflexionsübungen: *Fragen zu unserem Selbstverständnis:*

Motto: „Nur wer sich versteht, kann andere verstehen.
Nur wer sich selbst beherrscht, kann seinen Job beherrschen"
(nach BORDT 2013).

Passt das, was ich mache, wirklich zu mir? Passt meine Arbeit zu mir? Passen meine Freunde zu mir?

Gehe ich in einer bestimmten Rolle auf oder behalte ich Distanz zu ihr?

Wie gehe ich vor, wenn ich eine wichtige Entscheidung treffe?

Sage ich, was ich denke? Und tue ich, was ich sage?

Wie bereite ich mich auf ein Gespräch mit meinem „Widersacher" (oder einer Person, mit der ich auf persönlicher Ebene Schwierigkeiten habe) vor?

Wie reagiere ich auf kritische Äußerungen über meine Person?

An welchen Helden habe ich mich als Kind orientiert? An welchen orientiere ich mich jetzt? (nach FUCHS 2009)

Was wäre für mich das größte Glück? Den Jackpot zu knacken? Die große Liebe zu finden? Einen treuen Freund zu haben? Berühmt zu sein? Bei guter Gesundheit ein hohes Alter zu erreichen? ...

Was wäre für mich der Worst Case? Ein Unfall, der mich an den Rollstuhl bindet? Der Verlust eines Kindes? Opfer einer Entführung oder eines brutalen Raubüberfalls zu werden? Als Versager dazustehen? Meine eigenen Überzeugungen zu verraten?

Wie fühle ich mich beim Gedanken, dass mehr als ein Fünftel aller Menschen mit dem Schrecken eines Krieges oder unter der Armutsgrenze leben muss?

Wie verhalte ich mich zur Tatsache, dass unser Lebensstil für unseren Planeten und die meisten Lebewesen, die ihn bewohnen, zu einer Bedrohung geworden ist?

4. Ethik: Dimensionen der Rücksichtnahme

Ethik hat zwei Seiten. Selbstbestimmung ist die eine. Im Folgenden geht es um die andere – die Rücksichtnahme auf andere Personen und auf die Bedingungen des Zusammenlebens insgesamt. Drei Ethik-Traditionen kommen zur Darstellung: eine Ethik der *Haltungen* bzw. *Tugenden* (gerade sie ist in der Erziehung besonders wichtig), eine der *Emotionen* und eine der *Normen bzw. Regeln.* Von einer Ethik der Normen aus ist der Weg zu einer Ethik der Grund- oder Menschenrechte nicht mehr weit.

Die drei Ethik-Traditionen sind historisch nacheinander aufgetreten. In den meisten Ethik-Lehrbüchern bleiben ihre Grundideen unverbunden, als handelte es sich um unvereinbare Theorien. Erst wenn man sie miteinander kombiniert, wird die Rolle der Ethik im zwischenmenschlichen Umgang vollumfänglich sichtbar. Da sich die drei Traditionen historisch aber kaum vermischt haben, werden sie im Folgenden hintereinander dargestellt und erst am Ende zu einer Synthese zusammengefasst.

Drei Ethik-Traditionen

4.1 Ethik der Haltungen: Aristoteles und die Folgen

Während die moderne Ethik Normen und Rechte in den Vordergrund rückt, kreist die antike und mittelalterliche Ethik vor allem um *Haltungen.* An Normen hält man sich nicht zuletzt, weil man andernfalls Sanktionen zu befürchten hat. In einer Ethik der Haltungen spielen Sanktionen dagegen keine vordergründige Rolle. Jemand beweist Mut oder Zivilcourage nicht, weil er muss, sondern weil er sich die entsprechende Haltung angewöhnt hat. Haltungen sind keine Imperative und keine Regeln, sondern Dispositionen des Verhaltens (= Verhaltensgewohnheiten) und der Gefühlsäußerungen. Diese Haltungen sind zuweilen Gegenstand der sozialen Interaktion: Sie können ein positives oder negatives *Feedback* auslösen. *Höflichkeit* und *Rücksichtnahme* erfahren höhere Wertschätzung als die gegenteiligen Haltungen. Diese Feedbacks haben, vor allem wenn sie sich wiederholen, einen Einfluss auf unser Verhalten. Wir fahren besser, wenn wir uns nicht allzu unbeliebt machen. Aus diesem Grund gewöhnen wir uns negative Haltungen ab oder eignen sie uns lieber gar nicht erst an.

Haltungen sind Gegenstand von Werturteilen

Die Ethiken des Aristoteles (384–322 v. Chr.) drehen sich, deutlicher noch als die Philosophien von Sokrates und Platon, um die Frage nach dem Aufbau der „richtigen" Haltungen. Aristoteles zufolge lässt sich unser Charakter am Bündel unserer Haltungen ablesen. Haltungen sind Charaktereigenschaften. Aristoteles unterteilte sie in zwei Typen – solche, die in der Gesellschaft wertgeschätzt werden, die *aretai*, (von griech. *aristós/aristé*, der/die Beste) und solche, die eine negative Bewertung erfahren – die *kakíai*, „Schlechtigkeiten". Das griechische Wort *areté* wird bald mit „Charakterexzellenz", bald mit „Tugend" übersetzt, *kakía* entsprechend mit „Untugend", „Laster".

Tugendbegriff bei Aristoteles

Tugendbegriff heute   Aus Gründen, auf die noch einzugehen ist, findet der Tugendbegriff gegenwärtig praktisch nur in ironischem Kontext Gebrauch. Und doch spielen Haltungen im sozialen Leben auch heute eine wesentliche Rolle. Wer den Versuch unternähme, Tugendkataloge zusammenzustellen, würde von Gesellschaft zu Gesellschaft deutliche Unterschiede konstatieren. Das Ensemble an Tugenden, das Aristoteles für die Gesellschaft Athens zu seiner Zeit analysiert und erläutert hat, unterscheidet sich stark vom Ensemble der Haltungen, die in heutigen Gesellschaften favorisiert werden. Einige der aristotelischen Tugenden, wie Mut, Besonnenheit, Gerechtigkeit, Freigiebigkeit und Humor, haben allerdings auch in den meisten Gesellschaften der Gegenwart einen guten Ruf.

Katholische   In der katholischen Soziallehre ist noch ein Großteil des aristotelischen
Soziallehre   Tugendkatalogs präsent: Weisheit, Mut, Mäßigung, Gerechtigkeit und Großzügigkeit beispielsweise; sie werden durch spezifisch christliche Tugenden ergänzt: Liebe, Hoffnung, Demut, Geduld, Keuschheit (BRANTSCHEN 2005; kritischer DREWERMANN 2001). Eine sehr viel geringere Rolle spielen in dieser Tradition diejenigen Haltungen, durch die sich moderne westliche Gesellschaften von ihren antiken und mittelalterlichen Vorläufern unterscheiden: Toleranz, Verschwiegenheit, Zivilcourage, Verbindlichkeit, Effizienz, Anpassungsfähigkeit sind Beispiele spezifisch moderner Tugenden.

Fünf Merkmale einer   Was aber sind nun Tugenden? Diese Frage beantwortete Aristoteles sehr
Tugend   genau: Sie sind erstens *Haltungen* (*héxeis*), durch Einübung erworbene Gewohnheiten oder *Verhaltensdispositionen*, beispielsweise sparsam zu sein oder hilfsbereit. Sie sind also, zweitens, *nicht angeboren*: Unser Charakter ist uns nicht in die Wiege gelegt. Er baut sich während der Kindheit und Jugendzeit auf – mit Unterstützung durch die Erzieher. Drittens regulieren Dispositionen auch unseren *Umgang mit Empfindungen und Gefühlen*. Wenn wir handeln, sind wir *aktiv*, wenn wir uns unseren Empfindungen oder Gefühlen überlassen (Aristoteles sprach von Leidenschaften, *páthe*), hingegen *passiv*. Lust und Unlust, angenehme und unangenehme Empfindungen, begleiten unsere Aktivitäten. Die Art, wie jemand sich zu Lust und Unlust verhält, ist also ebenfalls eine Frage des Charakters. In diesem spiegelt sich die Gesamtheit unserer Verhaltensdispositionen.

Eine Tugend ist viertens eine Haltung, die *soziale Wertschätzung* erfährt. Als *fünftes* nennt Aristoteles eine auf den ersten Blick überraschende Eigenart: Eine Tugend ist von zwei negativen Haltungen flankiert, deren eine einen Mangel und die andere ein Zuviel der entscheidenden Qualität repräsentiert. Mut beispielsweise liegt zwischen der Feigheit (Mangel an Mut) und der Tollkühnheit, dem Draufgängertum (übertriebener Mut, ohne Vorsicht).

Aristoteles betont: Wir werden mutig und großzügig, indem wir immer wieder mutig und großzügig handeln. Die Eigenschaften des Charakters „entstehen aus den entsprechenden Tätigkeiten. Darum muss man die Tätigkeiten in bestimmter Weise formen" (ARISTOTELES, NE, 1103a 21–23). Entsprechend bildet sich „der Gerechte durch das gerechte Handeln (…) und der Besonnene durch das besonnene" (ebd. 1105a 9–11). Gewöhnung ist das A und O.

Welche Rolle spielen dabei Belehrung, Wissen und Einsicht? Theoretisches Wissen ist für den Erwerb wertgeschätzter Haltungen zweitrangig (ebd. 1105b 3). Wichtiger sind Vorbilder, gute Beispiele. Ohne Belehrung findet man allerdings nicht zur Tugend (ebd. 1103b 12). Belehrung muss vor allem das ethische Hintergrundwissen beisteuern. Wir würden heute wohl eher von der Reflexion auf ethische Erfahrungen sprechen. Bei Aristoteles richtet sich diese Reflexion hauptsächlich auf die „rechte Einsicht" (orthós lógos) in den Grenzverlauf zwischen der mittleren und den beiden extremen Haltungen. Was eine Tugend ist, fasst Aristoteles mit den folgenden Worten zusammen:

> „Die Tugend (...) betrifft die Leidenschaften und Handlungen, bei welchen das Übermaß ein Fehler ist und der Mangel tadelnswert, die Mitte aber das Richtige trifft und gelobt wird" (ebd.1106b 24–28). „Tugenden [beziehen sich] auf Handlungen und Leidenschaften und auf jede Leidenschaft und jede Handlung [folgen] Lust und Schmerz"; deshalb „bezieht sich auch (...) die Tugend auf Lust und Schmerz" (ebd.1104b 13–15). Und: Die „ethische Tugend [ist] eine Mitte (...) zwischen zwei Schlechtigkeiten (...), derjenigen des Übermaßes und derjenigen des Mangels". Tugend ist „die Kunst (...), in den Leidenschaften und Handlungen auf die Mitte zu zielen" (ebd.1109a 20–23). Die „Mitte" wird „durch Vernunft bestimmt (...) und danach, wie sie der Verständige bestimmen würde" (ebd.1106b 36–1107a 2).

Aristoteles widmete mehrere Teile seiner „Nikomachischen Ethik" der Darlegung einzelner Tugenden. Dabei unterschied er zwischen intellektuellen Tugenden, worunter er Weisheit, Klugheit, Überlegung, Verständigkeit, Takt usw. verstand (NE, 6.Buch), und sogenannten ethischen Tugenden – den Charaktertugenden (3. und 4. Buch). Dass sie von zwei unvorteilhaften Haltungen (Lastern) flankiert werden, gilt nur für Letztere. Aristoteles stellte den einzelnen Tugenden konsequent die entsprechenden Laster gegenüber. Bei mehreren Haltungen bemerkte er (der in griechischer Sprache philosophierte), es gebe für sie keine geeignete Bezeichnung (ebd. 1125b 26–28; 1126b 19).

Intellektuelle und Charakter-Tugenden

Wie verhält sich eine Tugendethik zu einer Regel- und Normenethik? Eine Handlung, die auf der Grundlage einer positiven Haltung erfolgt, ist nicht dasselbe wie eine Handlung, die aus dem Motiv entspringt, eine bestimmte Norm zu erfüllen. Wer sich in seinem Tun von edlen Haltungen leiten lässt, wirkt überzeugender, als wer bloß versucht, gegen keine moralische Regel zu verstoßen. Eine hilfsbereite Person tut mehr als eine, die lediglich darauf achtet, andere nicht zu schädigen. Sie verhält sich „supererogatorisch". Das heißt, ihr Einsatz geht über das moralisch Geforderte hinaus.

Tugendethik versus Normenethik

Jemand, der sich aufgrund eines starken Charakters vorbildlich verhält, verdient eher Bewunderung als jemand, der bloß tut, was er unbedingt muss oder was die Etikette von ihm verlangt. Die erworbene Haltung erleichtert spontanes Handeln, man braucht das Für und Wider seiner Entscheidung nicht jedes Mal von neuem abzuwägen. In einer Gesellschaft mit hoher Regelungsdichte ist der Einzelne relativ unfrei. Eine Norm ist ein äußeres Verhaltensregulativ, die Haltung ein inneres. Ein Vergleich zwischen normgerechtem und tugendhaftem Verhalten ist allerdings nur in einer Gesellschaft sinnvoll, in der beiderlei Ethik-Konzepte nebeneinander bestehen.

Tugendbegriff in der Krise

Die Tugend-Ethik hatte während des 20. Jahrhunderts eine abnehmende Konjunktur. Wir leben in einer Zeit „after virtue" – wie der Titel eines Buches von Alasdair MacIntyre (1995) lautet. MacIntyre nennt dafür eine Reihe von Gründen. Erstens ist in modernen westlichen Gesellschaften der Individualismus stark ausgeprägt. Zum Begriff einer Tugend gehört der Bezug zu einem Kollektiv, dessen Mitglieder sich in der Wertschätzung bestimmter Haltungen einig sind. In einer Gesellschaft hart gesotten Individualisten fehlt, wie MacIntyre meint, ein entsprechender Konsens. Damit hängt ein zweiter Grund zusammen: Moderne Gesellschaften sind *pluralistisch*. Unterschiedlichen Werte-Systemen entsprechen unterschiedliche Tugend-Kataloge.

Es gibt weitere Gründe für den Verlust eines Tugendkonzepts – Gründe, die MacIntyre nicht erwähnt. Der erste beschränkt sich auf den deutschen Sprachraum: Der Nationalsozialismus hat den Tugendbegriff pervertiert. Nach dem Zweiten Weltkrieg wurden neben (klein-)bürgerlichen auch militärische Haltungen als „Sekundärtugenden" bezeichnet, was im deutschen Sprachraum den Tugendbegriff noch weiter beschädigte.

> Carl Amery nennt als Beispiele Pünktlichkeit und Rechtschaffenheit: „Ich kann pünktlich zum Dienst im Pfarramt oder im Gestapokeller erscheinen; (…) ich kann mir die Hände nach einem rechtschaffenen Arbeitstag im Kornfeld oder im KZ-Krematorium waschen" (Amery 1963, S. 23).

Marketing und Selbstanpreisung

Ein weiterer Grund ist allgemeinerer Natur: Der gute Ruf positiver Charaktereigenschaften lässt sich durch Marketing leicht pervertieren. Man betreibt es heute nicht nur für Waren und Dienstleistungen, sondern auch für die eigene Person. Das gibt Talenten Auftrieb, die zur Optimierung von *Public Relations* hilfreich sind: Selbstanpreisung, Prahlerei und Bluff sind marktkonform.

Wer sich mit dem Satz einführt, „Ich bin bescheiden!", den hält man eher für unbescheiden. Wird eine positive Charaktereigenschaft zum Vorzeigeobjekt, verkehrt sich ihr Wert ins Gegenteil. Genau das geschah mit den Tugenden, als im 19.Jahrhundert die Marktgesellschaft erstarkte. In manchen Situationen erwarten die anderen geradezu, dass man sich ins beste Licht stellt und seine Qualitäten anpreist. So gedeihen Selbstbezogenheit und Eitelkeit. Mit einer Haltung anzugeben, ist das eine. Sie auch dann zu zeigen, wenn man mit ihr nicht brillieren kann, ist etwas Anderes. *Man kann allerdings nur mit Charaktereigenschaften prahlen, die unabhängig von dieser Absicht einen guten Ruf haben.*

In manchen Gesellschaften, die erst vor kurzem oder noch gar nicht von der Modernisierung erfasst worden sind, gelten Haltungen, die wegen ihres Werts für das Überleben der ganzen Gruppe wertvoll sind, wie Treue oder Gehorsam gegenüber Älteren, weiterhin als wegweisend. Selbst als Bürger einer modernen – industriellen und nachindustriellen – Gesellschaft orientieren wir uns immer noch an Haltungen, die sich breiter Wertschätzung erfreuen, trotz der Antiquiertheit des Tugendbegriffs. Das Wort „Habitus" für Haltungen, die an bestimmte Berufsrollen geknüpft sind, deckt nicht dieselbe Bedeutung ab.

Wertgeschätzte Haltungen heute

Offensichtlich verhindern Individualismus, Pluralismus, zunehmende kulturelle Diversität und die Orientierung an der kapitalistischen Marktwirtschaft nicht, dass Menschen Haltungen – eigene wie fremde – beurteilen und sich darüber wertend äußern. Trotz Individulaismus und Wertepluralismus besteht über viele Haltungen sogar weitgehende Einigkeit: Humor findet mehr Zustimmung als Humorlosigkeit, Zuverlässigkeit mehr als Unzuverlässigkeit. Dass in stärker individualisierten Gesellschaften andere Eigenschaften bevorzugt werden als in kollektivistisch ausgerichteten – Toleranz beispielsweise, Unabhängigkeit, Selbständigkeit, Flexibilität – ist nicht weiter erstaunlich.

In den letzten Jahren hat das Interesse an Tugenden immerhin wieder zugenommen, und zwar in verschiedenen Disziplinen: in der Pädagogik (CHIAPPARINI 2012; EYKMANN/SEICHTER 2007), der Theologie (BAHR 2010; BOFF 2009), der Philosophie (HÖFFE 2005; PIEPER 2004; RIPPE/SCHABER 1998; SEEL 2011), der Psychologie (GALLI 2005; RATTNER/DANZER 2011) und sogar in der Kunstgeschichte (MITRAN 2007).

Neues Interesse an Tugenden

Die Aristotelische Einsicht, dass positive Haltungen in der Regel von zwei negativen flankiert werden, wäre es allerdings wert, ausdrücklicher gewürdigt zu werden. Die Frage etwa, ob es zur Toleranz nur den Gegenpol der mangelnden Toleranz gibt oder auch noch einen zweiten, entgegengesetzten Pol, ist von hoher Aktualität: Im Sozial- und Erziehungswesen lässt sich ein Trend zur Indifferenz beobachten – motiviert durch den Wunsch, nicht intolerant zu erscheinen. Bei inakzeptablem Verhalten, wie der Verletzung von Menschenrechten, Gewalt, Demütigung usw., wegzusehen – nach dem Motto: „Das geht mich nichts an" – hat aber mit Toleranz nichts zu tun. Die Kritik Bernhard BUEBS (2008) an dieser Tendenz lässt sich durch die aristotelische Lehre untermauern.

4.2 Ethik der Emotionen I: Was wir von Spinoza lernen können

Emotionen und Gefühle spielen im Umgang mit Menschen eine kaum zu unterschätzende Rolle. Alles Verhalten wird von Gefühlen begleitet. Diese beeinflussen die Motivation. Gefühle sind entweder positiv oder negativ gefärbt, wobei sich positive und negative Gefühle einander paarweise zuordnen lassen: Freude-Ärger, Stolz-Scham, Dankbarkeit-Groll, Überraschung-Enttäuschung … Positive Gefühle spornen unsere Motivation an, negative dämpfen sie (vgl. 3.4).

Gefühle im zwischenmenschlichen Umgang

Im 17.Jahrhundert hat Baruch de Spinoza (1632–1677) die „Logik" aufgedeckt und interpretiert, die den Gefühlen bzw. Emotionen zugrunde liegt. In seiner „Ethik nach geometrischer Methode dargestellt" erklärte er die „Affekte" (so bezeichnete er die Emotionen) wie folgt:

> „Unter Affekt verstehe ich die Affektionen des Körpers, durch die die Wirkungskraft des Körpers vermehrt oder vermindert, gefördert oder gehemmt wird, und zugleich die Ideen dieser Affektionen" (SPINOZA 1989, S. 110).

Körper und Seele, schreibt Spinoza, bilden eine Einheit, sie sind zwei Seiten desselben Ganzen. Und die „Affekte unseres Körpers" (ebd. S. 124) sind dasselbe wie die „Vorstellungen der Seele", nur unter verschiedenen Perspektiven betrachtet. Seelische Vorgänge haben deswegen eine Entspre-

Logik der Gefühle, nach Spinoza

chung in körperlichen Prozessen. „Die Seele strebt (…) in ihrem Sein auf unbestimmte Dauer zu beharren, und ist sich dieses ihres Strebens bewusst" (ebd. S. 119). Auch der Körper hat dieses Bestreben. Es gilt der eigenen Stärkung, Steigerung, Vervollkommnung. Spinoza identifiziert es mit dem *Trieb*. Das Pendant auf der geistigen Seite ist die *Begierde*: „Begierde ist Trieb mit dem Bewusstsein des Triebes." Sie liegt aller Aktivität zugrunde, aber auch allen Wertungen: Wir streben nicht nach etwas, weil wir es für gut halten, sondern wir halten es für gut, weil wir es erstreben (ebd. S. 120).

> „Was die Wirkungskraft unseres Körpers vermehrt oder vermindert, fördert oder hemmt, dessen Idee vermehrt oder vermindert, fördert oder hemmt die Denkkraft unserer Seele" (ebd. S. 120f.).

Die Basis aller Affekte ist somit das Bewusstsein, dass etwas unseren Strebungen förderlich bzw. hinderlich ist. Wir „begehren", was diese Strebungen fördert, und „verabscheuen", was sie bremst und vermindert, wobei die Seele „begehrt", was ihre Kraft vermehrt, und „verabscheut", was sie vermindert (ebd. S. 124f.). Dass die Seele etwas begehrt, bedeutet, es wird für „Freude" und „Trauer" gut gehalten. – Doch nun zu Spinozas „Logik" der Gefühle (= „Affekte"): Das erste Begriffspaar, das sich erschließen lässt, ist das von *Freude* und *Trauer*. Das Bewusstsein (= die „Idee") des Förderlichen ist *Freude*, das des Hinderlichen Frustration, Besorgnis, Sorge – eben „*Trauer*":

> „[D]ass die Seele (…) bald zu größerer, bald dagegen zu geringerer Vollkommenheit übergehen kann", erklärt, was „die Affekte der Freude und der Trauer" sind. „Unter Freude verstehe ich (…) die Leidenschaft [= die Emotion], durch die die Seele zu größerer Vollkommenheit übergeht; unter Trauer dagegen die Leidenschaft, durch die sie zu geringerer Vollkommenheit übergeht" (ebd. S. 121).

Weitere Gefühlspaare Auf dieser Grundlage führt Spinoza weitere Gefühlspaare ein: Freude bzw. Trauer, die nicht den ganzen Menschen ergreift, sondern nur Teile, nennt Spinoza *Lust* und *Schmerz*. Ergreift sie den Menschen als ganzen, so nimmt sie den Charakter von Stimmungen an: *Heiterkeit* und *Trübsinn*. Diese sind tiefer und dauerhafter als Emotionen.

> Ein nächstes Paar von Gefühlen, Liebe und Hass, bezieht sich auf die Ursache von Freude und Trauer: „Liebe ist nichts anderes als Freude, begleitet von der Idee einer äußeren Ursache; und Hass nichts anderes als Trauer, begleitet von der Idee einer äußeren Ursache" (ebd. S. 123). Was hier in neutraler Sprache als „Ursache" bezeichnet wird, sind natürlich meist Personen. Nun ist leicht zu sehen, „dass einer, der liebt, notwendig strebt, das Ding, das er liebt, gegenwärtig zu haben und zu erhalten, und dass umgekehrt einer, der hasst, das Ding, das er hasst, zu entfernen und zu zerstören strebt" (ebd. S.123).

Von Liebe und Hass schreitet Spinoza weiter zu Sympathie und Antipathie. Wir fühlen Sympathie zu allem, was dem, was wir lieben, ähnlich ist, und Antipathie zu allem, was dem, was wir hassen, gleicht (ebd. S. 125). Sympathie und Antipathie sind schwächere Gefühle als Liebe und Hass, sie beziehen sich dafür auf eine größere Zahl von Personen oder Dingen.

Nach dieser Methode, die er als geometrisch bezeichnet, erschließt Spinoza eine Vielzahl weiterer Gefühlspaare. Dazu zwei letzte Beispiele:

„Hoffnung ist eine unbeständige Freude, die aus der Idee eines zukünftigen oder vergangenen Dinges entspringt, über dessen Ausgang wir in gewisser Hinsicht zweifelhaft sind." – „Furcht ist eine unbeständige Trauer, die aus der Idee eines zukünftigen oder vergangenen Dinges entspringt, über dessen Ausgang wir in gewisser Hinsicht zweifelhaft sind" (ebd. S. 172).

Spinoza berücksichtigt in diesen Definitionen auch Ereignisse, die vergangen sind, weil wir *hoffen* können, ein erfreuliches Ereignis in der Vergangenheit, über das wir in Ungewissheit sind, sei wirklich eingetreten: Wir hoffen nach einem Zugunglück, dass keiner unserer Freunde im Zug saß. Analog bei der Furcht – wir fürchten, jemand, von dem wir ohne Nachricht sind, könnte gestorben sein.

„Mitleid ist Trauer, begleitet von der Idee eines Übels, das einen anderen betroffen hat, der uns unserer Vorstellung nach ähnlich ist" (ebd. S. 173). Zum Mitleid muss es ein Pendant geben, doch Spinoza, der auf Lateinisch schrieb, bemerkte: „Einen Namen, mit dem die Freude zu benennen wäre, die aus dem Wohlergehen eines anderen entsteht, weiß ich dagegen nicht" (ebd. S. 130). Im Deutschen steht uns das Verb „gönnen" zur Verfügung: „Ich mag es dir oder ihm/ihr gönnen!"

Aus Spinozas Analysen lassen sich diverse Folgerungen ziehen:
1. Gefühle bzw. Emotionen enthalten einen kognitiven Kern. In dieser Hinsicht unterscheiden sie sich von Empfindungen.
2. Unsere Werturteile gründen letztlich in Gefühlen bzw. „Affekten" (vgl. 3.5).
3. Die Logik, die die Wortwahl für Gefühle regiert, ist weniger streng als die der Gefühlsregungen, die – zumindest in der Grundstruktur – eine symmetrische Anordnung verrät.

4.3 Ethik der Emotionen II: Der Beitrag von Adam Smith

Welche Rolle spielen Gefühle in der Ethik? Ein Autor, der diese Frage schon im 18. Jahrhundert in einer bis heute nicht mehr erreichten Tiefe und Breite diskutiert hat, ist Adam Smith (1723–1790). Bekannt geworden ist Smith vor allem durch sein Buch über den *„Wohlstand der Nationen"* (Orig. 1776), worin er die Mechanismen des Marktes analysierte. Der Markt, schrieb er, wirke wie eine „unsichtbare Hand", die dafür sorge, dass sich die eigeninteressierten Handlungen der Marktakteure zum Wohle aller auswirkten. Man hat Smith daher die Ansicht unterstellt, der Mensch sei ein rationaler Egoist. Doch hat Smith ausdrücklich das Gegenteil gelehrt. Das zeigt sich schon im ersten Satz seines 1759 erschienenen Buches über die *ethischen Gefühle*:

„Man mag den Menschen für noch so egoistisch halten, es liegen doch offenbar gewisse Prinzipien in seiner Natur, die ihn dazu bestimmen, an dem Schicksal anderer Anteil zu nehmen, und die ihm selbst die Glückseligkeit dieser anderen zum Bedürfnis machen, obgleich er keinen anderen Vorteil daraus zieht, als das Vergnügen, Zeuge davon zu sein" (SMITH 2004, S. 1).

Der Mensch: Kein reiner Egoist

Smith deckt eine Reihe von Regeln darüber auf, wie unsere Gefühle die Kommunikation begleiten, und erläutert sie an konkreten Beispielen. Dazu ein paar Bemerkungen:

Die wechselseitige Anteilnahme an den Emotionen des anderen ist, auch wenn sie uns häufig kaum auffällt, für die menschliche Kommunikation grundlegend, und es liegt nahe zu vermuten, dass sich die Lautsprache nur auf der Basis einer Kommunikation über den Gefühlsausdruck entwickeln konnte.

Wir zeigen Gefühle Für die Art und Weise, wie wir mit anderen kooperieren, ist es nicht unerheblich, welche Emotionen wir bei ihnen auslösen und welche eigenen Gefühle wir wann zeigen. Eine Person, deren Lebensgewohnheiten bei anderen Ekel erregen, wird gemieden. Jemanden, der sich in den harmlosesten Situationen fürchtet, würde man nicht unbedingt auf eine Tour ins Hochgebirge mitnehmen …

Emotionen begleiten und gestalten zwischenmenschliche Beziehungen in vielfältiger Weise. Manche Gefühle beziehen sich direkt auf andere Personen (*Sympathie/Antipathie, Bewunderung/Verachtung, Liebe/Hass, Dankbarkeit/Übelnehmen, Interesse/Desinteresse* usw.) oder spiegeln eine Reaktion auf sie – *Freude, Ärger, Bewunderung, Enttäuschung, Dankbarkeit* usw. Wir rufen in anderen Emotionen wach, wir reagieren auf ihr Emotionsverhalten selbst mit Emotionen, die dann ihrerseits unser eigenes Verhalten beeinflussen.

Wir beobachten Emotionen Als Außenstehende erschließen wir die Emotionen anderer, zumindest teilweise, durch Verhaltensbeobachtung. Freude z. B. zeigt sich in den Gesichtszügen, im Tonfall und im Rhythmus der Körperbewegungen. Bis zu einem gewissen Grad kann man seine wahren Gefühle auch verbergen.

Den wahrnehmbaren Gefühlsausdruck kann man mit Antonio Damasio (2005, S. 37ff.) als *Emotion* bezeichnen, im Unterschied zu dem, was nur der betreffenden Person unmittelbar zugänglich ist – dem *Gefühl*. Emotion und Gefühl unterscheiden sich also nach der Außen- und Innenperspektive.

Wir fühlen uns in Emotionen ein Ein zweiter Weg, die Emotionen einer anderen Personen zu erschließen, ist die *Einfühlung*, die *Empathie*. Sie liegt der Gestaltung unserer zwischenmenschlichen Kontakte zugrunde. Smith verwendet das Wort „*symphathy*": Ich sympathisiere mit den Emotionen anderer, in die ich mich einfühlen kann und die ich billige. Was heißt es, sich in jemanden einzufühlen? Ich versetze mich geistig in seine Haut und versuche, seine Befindlichkeit nachzuvollziehen. Dabei stellen sich bestimmte Gefühle ein: Ich beobachte z. B., wie jemand von einem Auto angefahren und zu Boden gerissen wird. Diese Beobachtung löst in mir starke Gefühle aus – Mit-Gefühl oder Mit-Leiden. Das ist ein psychischer (seelischer) Akt ohne begleitende Empfindung: Die Schmerzen des Verunfallten spüre ich nicht.

Wenn ich mich in jemandes Haut versetze, entstehen in mir nicht unbedingt dieselben Gefühle wie bei dieser Person. Ich kann beobachten, dass du dich ärgerst, aber in diesen Ärger kann ich mich nicht einfühlen, es sei denn, ich kenne seine Ursache und finde deine emotionale Reaktion berechtigt. Beobachte ich jemanden, der sich unanständig benimmt, so verspüre ich, auch wenn diese Person sich nicht zu schämen scheint, trotzdem Scham – ja, ihre Schamlosigkeit verstärkt meine stellvertretende Scham.

Adam Smith hat eine Reihe ungeschriebener Regeln freigelegt, die unsere emotionale Kommunikation bestimmen:

Gefühlskontrolle und Sensibilität

- Durch Empathie (bzw. „Sympathie") nehmen wir am Gefühlsleben anderer teil, die wir beobachten oder deren Lage wir uns vorstellen. Da wir uns aber nicht in der Haut des anderen befinden, sind unsere Gefühle nur ein schwacher Nachklang der seinen.
- Der Nachvollzug eines Gefühls fällt umso schwerer, je stärker es sich im Emotionsausdruck widerspiegelt. Deshalb sollten wir anderen Personen starke Gefühle nur in abgeschwächter Form zeigen.
  → Smith rät daher zur *Gefühlsbeherrschung oder Selbstkontrolle*.

- Wir schätzen es, wenn sich andere für unsere Gefühle interessieren, sich nach unserem Befinden erkundigen. Echte Anteilnahme erleichtert den Umgang mit anderen Personen.
- Weil die Gefühle des anderen in unserem Mitgefühl nur schwach nachklingen, dürfen wir ihm unser Mitgefühl ruhig verstärkt sichtbar machen; er wird es uns danken.
  → Smith rät daher, dass wir uns für die Gefühle anderer Personen *sensibel* zeigen sollen – freilich ohne in Voyeurismus zu verfallen.

Zwei Personen harmonieren auf der emotionalen Ebene, wenn sie wechselseitig ihre Emotionen nachvollziehen können und billigen. Harmonie auf der emotionalen Ebene, betont Smith, ist für eine Freundschaft wichtiger als auf der Ebene der Weltanschauung, der Kunst oder Politik. Harmonieren zwei Personen in ihren Emotionen nicht, so ist eine Freundschaft oder Ehe unmöglich.

Emotionale Harmonie/Disharmonie

Weitere Beobachtungen, die Adam Smith mitteilt:

- Wir können unsere Gefühle, aber auch unsere Sensibilität gegenüber anderen Personen regulieren.
- Man kann sich nur in die Gefühle der anderen einfühlen, nicht in ihre Empfindungen.
- Die Freude wächst, wenn wir sie mit anderen teilen, und der Kummer verringert sich.
- Einfühlung in negative Emotionen, wie Wut und Hass, ist nur möglich, wenn wir die auslösenden Umstände kennen und die Gefühlsreaktion berechtigt finden. Sonst fühlen wir eher mit dem Opfer mit.
- Wir freuen uns eher über die kleinen Freuden anderer Personen als über die großen, denn bei diesen verdirbt Neid die Mitfreude.
- Wir fühlen uns leichter in fremden Kummer ein, wenn er groß ist, denn kleine Ärgernisse belustigen uns eher, als dass sie unser Mitleid erregen.
- Wer seine kleinen Ärgernisse dennoch mit anderen teilen möchte, nimmt am besten ihre Spottlust vorweg und berichtet mit Humor oder Selbstironie über die Ursache seines Ärgers.

Angemessen oder „schicklich" (Smith spricht von *„propriety"*) verhält sich, wer das rechte Maß an *Gefühlskontrolle* und *Sensibilität* gefunden hat. Der Maßstab für Angemessenheit ist die Billigung durch die anderen. Selbst wenn ich mich mit einem Freund emotional gut verstehe, könnte ein Beobachter zum Schluss kommen, ich sei zu wenig offen für die Gefühle des anderen oder zu wenig gefühlskontrolliert. Wann und wie deutlich wir unsere Befindlichkeit offenlegen, ist eine Frage der Konvention, hängt aber auch von den Umständen ab. Einer uns nicht vertrauten Person offenbaren wir unsere Gefühle weniger leicht als einer vertrauten. Doch manchmal ist es umgekehrt: Bestimmte Dinge vertrauen wir eher einem Fremden an, den wir nie wieder sehen werden, als Bekannten, von denen wir befürchten, dass sie ausplaudern, was wir ihnen offenbart haben (SIMMEL 1992, S. 767).

Ein bestimmtes Maß an *Selbstkontrolle* – eine Haltung in der Mitte zwischen *Unbeherrschtheit* und *Verklemmtheit* – und ein bestimmtes Maß an *Sensibilität* – zwischen *Voyeurismus* und *emotionaler Indifferenz* (*Gefühlskälte*) – wird von den Mitmenschen geschätzt, je geradezu erwartet. In der Terminologie von Aristoteles: Selbstkontrolle und Sensibilität sind *Tugenden* (*aretái*).

Aristoteles und Smith

An Tugenden kann sich, wie Aristoteles gelehrt hat, nur orientieren, wer sie klar von den Untugenden unterscheidet. Die „rechte Mitte" zwischen den Extremen zu finden, setzt die „richtige Einsicht" (*orthós lógos*) voraus. Auch Adam Smith unterscheidet beim Umgang mit Gefühlen zwischen einem Zuviel und einem Zuwenig. Die „richtige Einsicht", so Smith, entsteht durch eine reflexive, selbstkritische Haltung: Ich nehme im Geiste einen externen Standpunkt ein und beobachte mich selbst wie ein „unparteilicher Betrachter" (SMITH 2004, S. 328), der mir mitteilt, wann ich meine Emotionen abmildern sollte, um bei anderen eine empathische Reaktion auszulösen, und wann ich mich allzu sensibel oder zuwenig sensibel für ihre Befindlichkeit zeige.

Der „unparteiliche Betrachter"

Selbstkontrolle und *Sensibilität* kann man zu den Haltungen zählen, die vermutlich in allen Gesellschaften Wertschätzung finden. Sie gehören zur *Conditio Humana* und sind, so gesehen, *universalistische Tugenden* (TUGENDHAT 1993, S. 301). Kulturelle Unterschiede gibt es im Hinblick darauf, wieviel Selbstkontrolle und wieviel Sensibilität wir voneinander erwarten. In kriegerischen Stämmen gelten starke Emotionen bei Männern als deplaciert, in den modernen westlichen Gesellschaften wird dagegen erwartet, dass auch Männer Gefühle zeigen.

4.4 Ethik der Normen, Gebote und Verbote: Neuzeitlicher Ansatz

Wenn von Moral die Rede ist, denkt man gewöhnlich an Normen: „Du sollst nicht töten, nicht stehlen" usw. Die meisten moralischen Normen sind negativ, also Verbote. Dies gilt schon für den Dekalog: Von den zehn Geboten im Alten Testament (2. Mose 20; 5. Mose 5) enthalten die Mehrheit tatsächlich eine Negation; eines ist Verbot und Gebot zugleich und nur eines ist

ausschließlich positiv: „Du sollst deinen Vater und deine Mutter ehren …" –
Wie erklärt sich diese Konzentration auf Verbote?

Verbote sind meist klarer als Gebote: Beim Tötungs- und Lügenverbot Asymmetrie
weiß man besser, was man tun muss, als beim Gebot, seine Eltern zu ehren: zwischen Verboten
Wie soll ich mich da genau verhalten? Das Gebot, Armen und Notleidenden und Geboten
zu helfen, ist eines der wenigen positiv formulierten Gebote der modernen
Ethik und wirft ähnliche Fragen auf: Wie soll ich helfen, wem genau, weshalb gerade ich, und wann darf ich sagen, jetzt ist genug?

Negative Normen „leiten uns nicht an, das Gute zu fördern, sondern die
Verursachung von Bösem [bzw. Schlechtem] zu vermeiden" (GERT 1983,
S. 107). In erster Linie geht es darum, die allgemeingültigen *Grundrechte* –
die Rechte auf Leben, persönliche Integrität, Eigentum, eine geschützte Pri-
vatsphäre usw. – nicht zu verletzen. Den allgemeinen Verboten entsprechen
eins zu eins bestimmte Grundrechte (vgl. 5.7). Bei den positiven Normen
gibt es keine solche Entsprechung. Grundrechte spielen allerdings erst in
der modernen Ethik eine Rolle. Dass Verbote schon in manchen vormodernen Ethiken überwiegen, lässt sich so deuten, dass der Schutz bestimmter
menschlicher Grundansprüche schon in früher Zeit ein wichtiges Motiv moralischer Regeln war.

Bei Immanuel Kant findet sich noch ein weiteres positives Gebot: Man
soll seine „Anlagen zu größerer Vollkommenheit" weiterbilden (KANT,
GzMS, BA 55, 69). Es bleibt aber unbestimmt, welche Talente man entwickeln soll. Selbst der beste Musiker bringt es nur auf wenigen Instrumenten
zur Meisterschaft; seine Zeit ist begrenzt. Man muss sich entscheiden, wieviel Zeit man womit verbringt.

4.5 Ethik der Gegenseitigkeit. Autonomie und Achtung: Kantische Ethik

Die Ethik Kants, unmittelbar nach der Französischen Revolution entstanden,
ist das Urgebirge, auf dem die meisten späteren Ethiken aufbauen – bis in die
Gegenwart. Auf Kant (1724–1804) bezogen sich im 19.Jahrhundert, teils eu-
phorisch und teils kritisch, Autoren wie Fichte, Hegel, Schopenhauer und,
sehr kritisch, Nietzsche. Im frühen 20. Jahrhundert initiierte der Neukantia-
nismus eine neue Rezeptionswelle, eine dritte folgte im letzten Drittel des
20. Jahrhunderts und erfasste Philosophen unterschiedlichster Denkrichtun-
gen. Kant wirkt auch in die deutsche Jurisprudenz hinein und ist in den Diskursen über die Menschenrechte nicht mehr wegzudenken. In den angelsächsischen Ländern sind unter anderem die Werke der Philosophen Bernard
Gert, Onora O'Neill und vor allem John Rawls stark von Kant beeinflusst.

Thema der Kantischen Ethik sind nicht Tugenden, sondern Normen. Es
geht um Pflichten, allerdings nicht um der Pflichten willen (obwohl Kant oft
genug diesen Anschein erweckt), sondern um des *Schutzes der mensch-*
lichen Freiheit willen.

Der Freiheit gilt nach Kant das einzige „angeborene Recht" oder Men- Kant: Freiheit als
schenrecht (KANT, MS, B 45). Und „Recht" definiert er als das „*Vermögen*, Menschenrecht

andere zu verpflichten" (B 44). Das Zusammenleben zwingt uns dazu, unsere Freiheit soweit einzuschränken, dass die anderen von ihrer Freiheit im gleichen Ausmaß Gebrauch machen können. Das juristische Recht, schreibt Kant, regelt die Bedingungen, unter denen die Menschen ihre Ansprüche „nach einem allgemeinen Gesetz der Freiheit" koordinieren (B 33). Eine Handlung ist rechtens, wenn sie niemandes Freiheit verletzt. Was die Ausübung von Freiheit verhindert, ist „Unrecht" (B 35).

Pflichten zum Schutz von Rechten

Kant ist für die Moderne noch in anderer Hinsicht wegweisend: Er machte als erster darauf aufmerksam, dass eine (im engeren Sinn) moralische Norm universale Geltung hat. Und er entwickelte Ideen, die gerade heute, in der Ära der Globalisierung, wenn wir nach Rahmenbedingungen für einen friedlichen Austausch zwischen den Gesellschaften und allgemein verbindliche Richtlinien gegen Umweltzerstörung fragen, von größter Bedeutung sind (KANT, ZEF).

Kants Schriften bieten allerdings keine leichte Lektüre. Die Sprache ist umständlich: Als einer der Ersten, die in deutscher Sprache philosophierten, musste Kant die deutsche Sprache erst für die Philosophie gefügig machen und eine adäquate Terminologie schaffen. Seine analytische Klarheit geht allerdings einher mit Pedanterie und einem (auch moralischen) Rigorismus, den viele Leser als Zumutung empfinden.

Der gute Wille

Der erste Satz der *Grundlegung zur Metaphysik der Sitten* lautet: „Es ist überall nichts in der Welt, ja überhaupt auch außer derselben zu denken möglich, was ohne Einschränkung für gut könnte gehalten werden, als allein ein *guter Wille*" (KANT, GzMS, BA 1).

Ist wirklich der gute Wille, die gute Absicht, das Wichtigste, worauf es in der Ethik ankommt? Spielt das Ergebnis einer gut gemeinten Handlung oder Maßnahme keine Rolle? Als ob dies nicht schon befremdlich genug wäre, schreibt Kant weiter hinten im Text, das Kriterium für den guten Willen sei das Handeln *aus Pflicht* und *gegen die Neigung*. Aktionen, die der Verfolgung persönlicher Interessen, der Förderung des eigenen Wohlbefindens oder künftigen Glücks gelten, spricht er jede moralische Qualität ab. Moralische Qualität haben solche Aktionen auch dann nicht, wenn sie keiner moralischen Pflicht zuwiderlaufen, und selbst dann, wenn wir anderen damit nebenbei etwas Gutes tun. Moralisch gut sind für Kant nur Handlungen, die aus dem Motiv erfolgen, der *moralischen Pflicht* zu genügen. Ob das Ergebnis positiv ist oder nicht, bleibt zweitrangig. Wenn es dem guten Willen „an Vermögen fehlte, seine Absicht durchzusetzen" – schreibt er –,würde er dennoch „wie ein Juwel (…) glänzen, als etwas, das seinen vollen Wert in sich selbst hat" (KANT, GzMS, BA 3). – Noch eigenartiger: Kant schreibt sogar, es gebe keine Belege dafür, dass jemals eine Person in der beschriebenen Weise gehandelt habe:

„In der Tat ist es schlechterdings unmöglich, durch Erfahrung einen einzigen Fall mit völliger Gewissheit auszumachen, da die Maxime einer sonst pflichtmäßigen Handlung lediglich auf moralischen Gründen und auf der Vorstellung der Pflicht beruhet habe" (KANT, GzMS, BA 26).

Kants Rigorismus

Anders als Smith, der über weite Strecken die Rolle beschreibt, die Gefühle im zwischenmenschlichen Umgang spielen, will Kant nicht unser Verhalten *beschreiben*, sondern uns ein zuverläßiges Kriterium in die Hand geben, damit wir erkennen, wo die Grenze zwischen Moral und Unmoral verläuft. Dieses Kriterium ist wie ein Kompass: Die Nadel zeigt zum Nordpol, wobei es nicht darauf ankommt, ob je ein Mensch den Nordpol erreicht hat. Es gehe nicht darum, schreibt Kant, „ob dies oder jenes geschehe, sondern [ob] die Vernunft für sich selbst (…) gebiete, was geschehen soll". – Daher das scheinbare Paradox, dass „Handlungen, von denen die Welt vielleicht bisher noch gar kein Beispiel gegeben hat, (…) dennoch durch Vernunft unnachlasslich geboten seien …" (KANT, GzMS, BA 28).

Max Weber hat Kant einen „Gesinnungsethiker" genannt und ihn dem „Verantwortungsethiker" gegenübergestellt, der seine Entscheidungen von den Handlungsfolgen abhängig macht:

Gesinnungs- versus Verantwortungsethik

Ethisches Handeln „kann ‚gesinnungsethisch' oder ‚verantwortungsethisch' orientiert sein. Nicht daß Gesinnungsethik mit Verantwortungslosigkeit und Verantwortungsethik mit Gesinnungslosigkeit identisch wäre. (…) Aber es ist ein abgrundtiefer Gegensatz, ob man unter der gesinnungsethischen Maxime handelt – religiös geredet: ‚Der Christ tut recht und stellt den Erfolg anheim' – *oder* unter der verantwortungsethischen: daß man für die (voraussehbaren) *Folgen* seines Handelns aufzukommen hat" (WEBER 1992, S. 70f.).

Weber überzeichnet diese Unterscheidung allerdings. Zwar trifft zu, dass, wer sich von Gesinnungen leiten lässt, häufig unverantwortlich handelt und im günstigsten Fall als „Gutmensch" belächelt wird. Fanatiker sind Gesinnungsmenschen. Doch die einer Handlung zugrunde liegende Absicht ist normalerweise auf das Ergebnis gerichtet – außer bei Handlungen, die Selbstzweck sind, wie schwimmen, tanzen, spazieren gehen usw. Der Unterschied zwischen Gesinnungs- und Verantwortungsethik kann also nur darin liegen, wie präzise und detailliert jemand, der einen Vorsatz fasst, die Folgen und möglichen Nebenfolgen seines Tuns mitbedenkt und wie weit er negative Folgen für Drittpersonen mitberücksichtigt. Eine Ethik, die Handlungen bloß nach ihrem Resultat beurteilt, ohne die Absicht mitzuberücksichtigen, ist ebenfalls einseitig (vgl. 6.2).

Kant hat mit seinem Insistieren auf der Idee der Pflicht – man möchte fast sagen: seiner Pflicht-Versessenheit – schon zu Lebzeiten Kritik geerntet, etwa von Friedrich Schiller, der argumentierte, die Person, die aus Neigung das moralisch Richtige tue, verhalte sich edler als ein Moralist, der seine Neigungen niederringe, um strikt nach dem „moralischen Gesetz" zu handeln (SCHILLER, AuW). Kant hat Schiller in einem Brief bescheinigt, mit seiner Korrektur dem Geiste seiner Theorie treu geblieben zu sein (SCHILLER, Werke 6, S. 23). Offenbar ist die Kantische Ethik viel offener, als der Rigorismus ihres Wortlauts erahnen lässt. Kants strenge Gesichtszüge brauchen uns also nicht länger zu irritieren.

Dieser Rigorismus hängt mit Kants Zwei-Welten-Lehre zusammen, von der man als heutiger Leser abstrahieren kann: Kant beschreibt den Menschen als Bürger sowohl der materiellen („phänomenalen") als auch einer geistigen („noumenalen") Welt. Zu jener gehören nebst der unbelebten Natur auch Tiere, Pflanzen und alle lebenden Organismen, zu dieser ausschließlich geistige Wesen: Gott, allenfalls Engel und der Mensch als Ver-

Kants Zwei-Welten-Lehre

nunftwesen. Die beiden Welten stehen weitgehend unverbunden nebeneinander – anders als bei Spinoza, der Natur und Gott für zwei Seiten derselben Medaille gehalten hat.

Im Folgenden wenden wir uns dem Herzstück der Kantischen Ethik zu, dem Zusammenhang von *Autonomie* und *Achtung*, der auch und gerade für die Pädagogik grundlegend ist. Kant entwickelt ihn in der *Grundlegung zur Metaphysik der Sitten*, wo er auch den „Kategorischen Imperativ" erklärt.

Hypothetische und kategorische Imperative

Von Kants Terminologie sollte man sich nicht abschrecken lassen. „Kategorisch" heißt so viel wie *unbedingt*. Kant will sagen, es gebe so etwas wie eine unbedingte Pflicht, und moralisch handle nur derjenige, der diese Pflicht erfülle. Ein Imperativ ist ein Befehl, eine Norm: *Du musst das und das tun.* Wenn wir ein bestimmtes Ziel erreichen wollen, müssen wir als Mittel dieses oder jenes tun. „Beeil' dich, wenn du den Zug noch erreichen willst!" Dieser Imperativ gilt nur für die angesprochene Person und nur, wenn sie den Zug erreichen will. Dieses „Beeil' dich" ist ein *hypothetischer Imperativ* – hypothetisch, weil er nur unter der Bedingung gilt, dass diese Person einen bestimmten Zweck verwirklichen will. Zu den hypothetischen Imperativen gehören Ratschläge, Klugheitsgebote, technische Regeln. Mit Moral im engeren Sinn haben sie nichts zu tun.

Was meint Kant, wenn er sagt, eine moralische Pflicht habe unbedingten („kategorischen") Charakter und gelte unabhängig davon, ob sich die Menschen jemals daran gehalten hätten? Man kann das so erklären: Wenn Menschen friedlich zusammenleben wollen, gibt es zum Gebot, sich moralisch zu verhalten, keine Alternative. Kant sagt: Menschen sind Vernunftwesen, Glieder oder Bürger einer geistigen, „noumenalen" Welt. In einer alltäglicheren Sprache: Menschen sind fähig, ihren Willen von der Vernunft leiten zu lassen, und das heißt, ihre Lebensweise nach ethischen Regeln zu gestalten. Diese Regeln gelten für sie so unbedingt wie die der Mathematik oder Logik. Und doch besteht zwischen Mathematik und Moral ein Unterschied: Wenn ich falsch addiere, geht die Rechnung nicht auf; wenn ich moralisch falsch handle, indem ich z. B. jemanden bestehle, dann geht für mich die Rechnung vielleicht sogar sehr gut auf. – Wenn ich gegen die Gesetze der Logik oder Mathematik verstoße, ist mein Scheitern vorprogrammiert. Wenn ich mich hingegen über die Gebote der Moral hinwegsetze, können die Konsequenzen für mich trotzdem günstig sein.

Dennoch hat Kant starke Gründe zu sagen, der Kategorische Imperativ gelte unbedingt – im Sinn von: Es gibt dazu keine vernünftige Alternative, wenigstens dann nicht, wenn die Menschen einigermaßen gewaltfrei zusammenleben wollen. Das geht nämlich nur, wenn sie aufeinander Rücksicht nehmen, sich also (mindestens bis zu einem gewissen Grade) *gegenseitig achten*. Auch wenn wir über etwas selbständig, autonom entscheiden, müssen wir dabei auf andere Rücksicht nehmen. Autonom im Vollsinn des Wortes sind wir nur, wenn wir unseren Mitmenschen *Achtung* entgegenbringen, das heißt, ihnen ebenfalls Autonomie zusprechen.

Drei Formeln des Kategorischen Imperativs

In der *Grundlegung* gliedert Kant den Kategorischen Imperativ in mehrere Formulierungen. In zweien kommt der Begriff der „Maxime" vor; das ist eine Handlungsregel, die man sich zu Eigen macht, z. B. die Regel, jeden Tag um 6.30 Uhr aufzustehen.

Die verschiedenen Formeln des Kategorischen Imperativs lauten:

(1) „Handle nur nach derjenigen Maxime, durch die du zugleich wollen kannst, dass sie ein allgemeines Gesetz werde" (KANT, GzMS, BA 52).

(2) „Handle so, dass du die Menschheit, sowohl in deiner Person, als in der Person eines jeden andern, jederzeit zugleich als Zweck, niemals bloß als Mittel brauchest" (BA 66f.).

(3) Handle so, „dass der Wille durch seine Maxime sich selbst zugleich als allgemein gesetzgebend betrachten könne" (BA 76), bzw. handle nach dem „Prinzip eines jeden menschlichen Willens als eines durch alle seine Maximen allgemein gesetzgebenden Willens" (BA 72).

Kant nennt noch weitere Formulierungen, die allerdings keine wesentlichen Zusatzgedanken enthalten. Die drei zitierten Formeln stehen in einem engen Zusammenhang:

Die erste läuft auf den Appell hinaus, unsere Handlungsvorsätze und Handlungsregeln (= Maximen) danach auszuwählen, ob sie sich eignen, allgemein (d. h. von allen Menschen) befolgt zu werden. Wäre ich einverstanden, wenn andere Menschen (im Grenzfall alle) nach dem gleichen Vorsatz, derselben Regel, derselben Maxime wie ich handelten? Manchmal wäre es für mich vorteilhaft, ein Versprechen zu brechen. Ich will aber nicht, dass andere Personen ihre Versprechen mir gegenüber ebenfalls brechen; und erst recht nicht, dass alle Menschen sie ständig brechen. Da ich das nicht wollen kann, darf ich auch meine eigenen Versprechen nicht brechen.

Erste Formel

Diese Argumentation erinnert an die Goldene Regel: „Was du nicht willst, dass man dir tu', das füge auch keinem anderen zu!" (vgl. 5.7 und 7.5). Kants Argument geht aber weiter als die Goldene Regel. Viele Verhaltensweisen sind für den Einzelnen nur vorteilhaft, solange die Zahl derjenigen, die sie praktizieren, gering bleibt. Steigt ihre Zahl, so werden die Folgen früher oder später für alle negativ. Der Kategorische Imperativ richtet sich auch gegen diese Verhaltensweisen – und gegen jede Art von „Trittbrettfahrerei".

Ein zeitgemäßes Beispiel: Da sich wohl niemand einen ungebremsten Klimawandel herbeiwünscht, sollte sich auch niemand herausnehmen, mehr Treibhausgase auszustoßen, als dies im Durchschnitt jedem Einzelnen zugestanden werden kann, und zwar unter der Bedingung, dass eine Erderwärmung verhindert werden soll. Je höher also die Treibhausgas-Emissionen, die ein bestimmter Lebensstil mit sich bringt, desto stärker müssen sie zurückgefahren werden. Wenn alle Menschen im Durchschnitt soviel Gase ausstießen wie z. B. ein Deutscher, ein Schweizer oder ein Amerikaner, würde sich der Klimawandel weiterhin beschleunigen.

Gegen diese Überlegung ließe sich folgender Einwand vorbringen: Wir Deutschen, Schweizer, Amerikaner, brauchen unsere Emissionen nicht so stark zu reduzieren, falls die Chinesen, Inder und Lateinamerikaner die ihren umso stärker vermindern und die Afrikaner auf ihrem Tiefstand verharren. Zur Stützung dieses Einwandes könnte man behaupten, wir, bzw. unsere direkten Vorfahren, seien die Pioniere der technologischen Entwicklung (gewesen). Zur Verteidigung dieser Position könnte man einen Grundsatz postulieren, demzufolge die Gesellschaften, die als Pioniere einer bestimmten Art von Entwicklung (z. B. der technologischen) gewirkt haben, auch am meisten berechtigt sein sollen, von dieser Entwicklung zu profitieren. Mit diesem Grundsatz wären diejenigen, denen er geringere Emissionsrechte zugesteht, aber wohl kaum einverstanden.

Zweite Formel Die zweite Formel des Kategorischen Imperativs lässt sich direkt auf diese Situation beziehen: Man kann sie in dem kurzen Satz zusammenfassen: *„Instrumentalisiere niemanden!"* Jemanden instrumentalisieren bedeutet, ihn als Instrument zur Erfüllung eigener Ziele zu missbrauchen. Zum Zusammenleben gehört zwar, dass wir uns gegenseitig helfen und unterstützen. Wenn man sich von jemandem helfen lässt, heißt das noch nicht, dass man ihn instrumentalisiert. Ich instrumentalisiere eine Person, wenn ich ihr eine Behandlungsweise aufdränge, mit der sie aus guten Gründen nicht einverstanden ist. Erklärst du dich einverstanden damit, mir einen bestimmten Dienst zu erweisen, so darfst du dich nicht beklagen, du werdest instrumentalisiert – es sei denn, ich nötige dir Leistungen auf, die das, was wir abgesprochen haben, deutlich übersteigen, oder die Entschädigung entspreche nicht der Verabredung. Entscheidend ist, dass du zuvor zwanglos und unter Kenntnis der Bedingungen zugestimmt hast, obwohl du hättest *nein* sagen können. Jede Einwilligung beruht auf einer Entscheidung, auf einem freien Entschluss (vgl. 3.1). Moralisches Handeln, betont Kant immer wieder, setzt Freiheit voraus, und zwar nicht nur Handlungsfreiheit, sondern auch Willens- bzw. Entscheidungsfreiheit (*liberum arbitrium*).

Um das Klima-Beispiel wieder aufzugreifen: Angenommen, die Bürger von Schwellen- und Entwicklungsländern weisen den Vorschlag zurück, sie sollten ihre Treibhausgasemissionen auf einem erheblich niedrigeren Niveau einfrieren als wir Deutschen, Schweizer, Amerikaner. Wenn wir gleichwohl, und ohne gute Gründe, auf einem Prinzip beharren, das zu dieser Rechtsungleichheit führt, läuft dies auf einen Oktroy, eine Instrumentalisierung hinaus.

Im Zusammenhang mit dem Instrumentalisierungsverbot stellt sich aber die Frage, wie wir vorgehen sollen, wenn jemand aus unlauteren oder rein egoistischen Motiven seine Zustimmung zu einer sinnvollen Maßnahme verweigert. Nehmen wir an, ein Bekannter, dem du Geld geliehen hast, weigere sich, es dir zurückzuzahlen, und begründe seine Weigerung mit der Erklärung, er benötige das Geld dringender als du. Nehmen wir weiter an, du beharrtest auf der Rückzahlung, und dein Bekannter gebe dir zu verstehen, er fühle sich durch dein Insistieren instrumentalisiert. In diesem Fall kannst du ihm entgegenhalten, seine Weigerung beruhe auf einer nicht universalisierbaren Maxime und sei daher haltlos. Zustimmung und Nichtzustimmung zu einer Maßnahme oder Handlungsweise sind nur verbindlich, wenn sie auf vernünftigen Motiven (Maximen oder Verhaltensregeln) gründen, also auf Motiven, die verallgemeinerbar sind, wie es die erste Formel vorsieht.

Im Klima-Beispiel könnte man die Weigerung der Chinesen, Inder, Lateinamerikaner, den Vorschlag ungleicher Emissionsrechte zu akzeptieren, mit folgendem Argument kontern: Der Vorschlag der Deutschen, Amerikaner usw. sei der einzig vernünftige, und deshalb werde niemand instrumentalisiert, wenn man diesen Vorschlag befolge. Diese Argumentation ist aber unhaltbar. Sie stellt auf ein zufälliges Faktum ab, nicht auf ein Verdienst, und lässt die Entwicklungsbedürfnisse der Unterprivilegierten außer Acht. In Wirklichkeit ist das Beharren der Europäer und Amerikaner auf ihren Emissions-Privliegien *nicht verallgemeinerbar*. Verallgemeinerbar sind hingegen die Motive, aus denen die Asiaten, Afrikaner und Lateinamerikaner dieses Beharren auf Sonderrechten als unfair zurückweisen.

Kant kommentiert den Zusammenhang zwischen den ersten beiden Formeln wie folgt: In der ersten liege der Akzent auf der „Form" des moralischen Handelns, in der zweiten auf der „Materie" (dem Inhalt; KANT, GzMS, BA 79). Als „Form" bezeichnet er die Eigenschaft der Maxime, verallgemeinerbar zu sein. Mit „Materie" meint er den Zweck des Handelns. Diesen Zweck bringt er mit dem Menschen als Wesen, das sich frei entscheiden kann, in Verbindung. Die Fähigkeit, wichtige Entscheidungen daraufhin zu prüfen, ob sie verallgemeinerbar (universalisierbar) sind, bezeichnet er als *Autonomie* (wörtlich: als Fähigkeit, *sich selbst das Gesetz zu geben*; vgl. die erste Formel).

Die dritte Formel schließlich vereinigt „die anderen (…) in sich" (KANT, GzMS, BA 79). Sie enthält „eine vollständige Bestimmung", „nämlich: dass alle Maximen aus eigener Gesetzgebung zu einem möglichen Reiche der Zwecke (…) zusammenstimmen sollen" (KANT, GzMS, BA 80). Sie spielt also darauf an, dass alle (vernünftigen) Menschen in der Lage sind, den Kategorischen Imperativ (gemäß Formel 1 und 2) anzuwenden, und gibt uns die Anweisung, sie entsprechend zu behandeln – nämlich als *autonome* Personen, die fähig sind, sich ihr Handlungsgesetz (griech. „*nomos*") selbst zu geben („*autós*"), indem sie sich am Kriterium der Universalisierbarkeit orientieren. Kurz, die Menschen sollen sich *gegenseitig als autonome Personen anerkennen*.

Dritte Formel

Daraus folgt, wir instrumentalisieren eine autonome Person, wenn wir ihre Entscheidungen ignorieren. Und es folgt auch, dass eine Entscheidung keine moralische Qualität hat, wenn sie sich nicht auf universalisierbare Maximen stützt. Nach der dritten Formel müssen *alle Menschen*, zumindest alle, die von einer Entscheidung betroffen sind, eben dieser Entscheidung zustimmen können (TUGENDHAT 1993, S. 87). Die dritte Formel gründet also in der Idee, dass wir uns alle gegenseitig einen „gesetzgebenden Willen" zuschreiben – nämlich die Fähigkeit, frei darüber zu entscheiden, wie wir handeln wollen. Diese Entscheidung muss sich allerdings an einem moralischen Kriterium ausrichten, der Universalisierbarkeit unserer Handlungsregeln.

Im „kategorischen Imperativ" findet der Test, ob eine „Maxime" (ein Vorsatz oder eine Regel) *universalisierbar* sei, also in zwei aufeinanderfolgenden Schritten statt: erstens bei der Frage: „Wie will ich, *dass wir alle handeln?*", und zweitens bei der Frage: „*wie wollen wir alle*, dass wir alle handeln?" Die zweite Universalisierung ist nicht weniger wichtig als die erste, sie verweist auf das demokratische Potential in der Kantischen Theorie.

Man kann das wieder am Beispiel Klimawandel veranschaulichen: Den doppelten Universalisierungstest besteht nur eine Regelung zur Reduktion der Treibhausgase, mit der sich alle Betroffenen einverstanden erklären können. Kürzer: Den Universalisierungstest besteht nur eine Regelung, die eine beliebige neutrale Person als wohlbegründet und fair akzeptieren kann – nicht auf der Grundlage eigeninteressierter Motive, sondern auf der Basis von Kriterien oder Maximen, die *allgemein akzeptierbar* sind. Da diese beliebige neutrale Person eine philosophische Fiktion sein könnte, sollte man vielleicht alle Betroffenen (in der Praxis alle Entscheidungsträger und ihre Mandanten) über die Regelung abstimmen lassen. Es muss aber sichergestellt sein, dass niemand bei der Abstimmung nur den eigenen Vorteil im Sinn hat; das verbietet die erste und die dritte Formel des Kategorischen Imperativs. Dem entspricht John Rawls' These, die Abstimmung müsse unter einem „Schleier des Nichtwissens" erfolgen, der alles verdeckt, was mit unserer aktuellen Situation in der Gesellschaft, sozialen Stellung usw., zusammenhängt (vgl. 5.2.1).

Freiheit – Autonomie – Achtung — Kant hat mit seiner *Grundlegung* den Anspruch erhoben, nur die Voraussetzungen bewusst zu machen, auf denen die „gemeine sittliche Vernunfterkenntnis" (KANT, GzMS, BA 1) aufbaut, und dabei drei Merkmale betont, denen moralisches Verhalten genügen muss:

(a) wir entscheiden uns frei zu diesem Verhalten (*Willens- bzw. Entscheidungsfreiheit*),

(b) die Entscheidung beruht auf dem Kriterium der Universalisierbarkeit, das wir selbständig handhaben können (Idee der *Autonomie*) und

(c) wir behandeln andere Personen ebenfalls als autonom (Idee der gegenseitigen *Achtung oder Anerkennung*).

Freiheit — Die menschliche *Entscheidungsfreiheit* ist mit der Hypothek belastet, nicht ins deterministische Weltbild der Naturwissenschaften zu passen. Sie wird deswegen auch immer wieder, z.B. von Seiten der Gehirnforschung, für eine Fiktion gehalten (vgl. 3.1). Die Frage, ob Freiheit mit Determinismus vereinbar sei, hat Kant jahrelang umgetrieben. In seinen theoretischen Schriften (KrV) hatte er ja ein deterministisches Weltbild vertreten. Er konnte sie bis zuletzt nicht beantworten. Das beeinträchtigt seine Ethik aber nicht wirklich, abgesehen davon, dass jede Ethik mit diesem Dilemma konfrontiert ist. Die Hintertüre, durch die Kant sich aus dem Dilemma herauswand, sieht so aus, dass er dem Menschen *Entscheidungsfreiheit* zuschrieb, weil er *fähig* ist, sich am Kategorischen Imperativ zu orientieren. Kant argumentierte: Wir sind frei, *weil wir denken, dass wir frei sind* (GzMS, BA 100, 119). Das sieht zunächst wie ein Taschenspielertrick aus. Kant meint aber: Wir sind frei, wenn wir uns gegenseitig für frei halten, und das tun wir tatsächlich: Wir beurteilen die meisten Handlungen unserer Mitmenschen auf der Basis der Unterstellung, *dass sie sich auch anders hätten entscheiden können* (STRAWSON 1962). Wir nehmen einer Person eine Handlung solange übel und sind solange entrüstet, als wir Grund haben anzunehmen, sie hätte sie auch unterlassen, d. h. ihre Unterlassung *wollen* können. Wären wir fremdgesteuerte Roboter, so wäre es sinnlos, anderen bestimmte Verhaltensweisen zu verübeln – so sinnlos, wie wenn man auf einen Haifisch der einen schnorchelnden Touristen angreift, mit Empörung reagierte.

Autonomie — Das Wort *Autonomie* stammt aus dem Griechischen und bedeutet die Fähigkeit, sich selber (= autós) das Gesetz (= nomos) des Handelns zu geben und die Maximen oder Verhaltensregeln diesem Gesetz zu unterwerfen. Andere Personen *achten* kann man nur auf der Grundlage von Autonomie. In den Worten Erich Fromms: Ich kann jemandem nur dann Respekt entgegenbringen, „wenn *ich selbst* meine Unabhängigkeit erreicht habe, wenn ich ohne fremde Hilfe stehen und gehen kann, also ohne einen anderen beherrschen und ausnutzen zu wollen" (FROMM 1960, 46).

Achtung (Respekt, Anerkennung) liegt als Haltung allem ethischen Verhalten zugrunde. Sie ist *die ethische Grundhaltung*. Kant zufolge bezieht sie sich auf das „moralische Gesetz", den Kategorischen Imperativ. In Wirklichkeit gilt unsere Achtung in erster Linie Personen. Wir achten die andern aber deswegen, weil sie fähig sind, moralisch zu handeln. Kant hielt die Achtung für ein Gefühl, aber für kein gewöhnliches, sondern ein intellektuelles Gefühl (KANT, GzMS, BA 16f., Anmerkung), das allem moralischen Handeln zugrunde liegt, wogegen er Handlungen, deren Motive sich aus irgendeinem anderen Gefühl, einer Neigung, einem Affekt aufbauen, für *nicht moralisch* hielt. Kant hatte allerdings nicht beachtet, dass *alle Gefühle*, nicht bloß die Achtung, einen intellektuellen Kern und damit ein rationales Moment enthalten. Das ist eine der Pointen der Gefühls-Analysen von Spinoza und Smith.

Gefühle lassen sich also nicht einfach als irrational oder unvernünftig abtun. Schillers Einwand, das Verhalten eines Menschen sei ethisch gerade dann vorbildlich, wenn er das Richtige nicht aus purem Pflichtgefühl, sondern aus Neigung tue, widerspricht der Kantischen Lehre nur dem Buchstaben, nicht aber dem Geiste nach.

Unsere Achtung gilt zwar in erster Linie den Menschen (vgl. PIAGET 1973) und nicht, wie Kant dachte, dem Sittengesetz. Doch das Besondere an der Achtung liegt darin, dass sie sich auf moralisch handelnde Personen bezieht.

Das schließt aus, dass wir Handlungen, die unmoralischen Vorsätzen entspringen, mit Respekt quittieren. Aus der Gehirnforschung weiß man heute, dass die Verletzung oder Verkümmerung bestimmter Teile im präfrontalen Kortex die Einfühlungsfähigkeit und den Umgang mit Gefühlen derart lädiert, dass die Fähigkeit zu moralischem Handeln nicht mehr gegeben ist (DAMASIO 2005, S. 165–169, 180, 183). Diesen Menschen unterstellen wir die Fähigkeit zur moralischen Entscheidungsfreiheit wahrscheinlich zu Unrecht. Sie haben genauso Anspruch auf den Schutz der Menschenrechte wie alle übrigen Personen. Aber moralische Autonomie im Kantischen Sinn dürfen wir ihnen nicht zuschreiben: Damit entfällt eine wesentliche Komponente der Achtung – was sich auch daran zeigt, dass die meisten Menschen es richtig finden, gefährliche, nicht therapierbare Wiederholungstäter einzusperren – womöglich lebenslänglich – ihre Freiheit also drastisch einzuschränken.

In der pädagogischen Praxis ist es zwingend, zwischen einer Person und ihren Handlungen zu unterscheiden. Wir können eine Person gern haben und mit ihr mitfühlen, weil sie, wie wir, ein Wesen aus Fleisch und Blut ist, ohne ihre Handlungen gutzuheißen. Achtung im Vollsinn des Wortes verdienen Personen, die moralisch korrekt handeln, zumindest „im großen Ganzen". So jedenfalls lässt sich Kants These interpretieren, die Achtung gelte in erster Linie dem moralischen Gesetz.

Achtung

Achtung des Sittengesetzes oder der Person?

Achtung des Kindes, des Schülers

Kann der Lehrer einen Schüler achten, der ständig andere provoziert, zur Gewalt neigt und Probleme bereitet? Man könnte versucht sein, diese Frage, gestützt auf Kant, zu verneinen. – Dazu ist aber zweierlei zu sagen:

- Die Fähigkeit zur gegenseitigen Achtung, die Kant beim Erwachsenen voraussetzte, müssen Kinder und Jugendliche erst erwerben (vgl. 2.2). Unter nicht allzu ungünstigen Bedingungen gelingt ihnen das auch (vgl. 7.2 bis 7.4). Der Erwachsene kann sie dabei unterstützen, indem er ihnen Vertrauen entgegenbringt – Vertrauen in ihre Person und in ihr geistiges Entwicklungspotential. Der Pädagoge Fritz Oser bezeichnet diese Art der *Achtung* gegenüber einem Kind als „pädagogische Zumutung" im positiven Sinn: Wir antizipieren darin die künftigen Fähigkeiten des Kindes, vertrauen auf seine Entwicklung.
- Diese Haltung empfiehlt sich auch gegenüber „schwierigen" Kindern. Diese revoltieren und rebellieren oft einfach deshalb, weil sie nicht genügend geachtet wurden. Ihr Verhalten reflektiert ihre sozialen Erfahrungen. Das heißt nicht, dass bei diesen Kindern die Anlage zur gegenseitigen Achtung, wie Kant sie beschrieben hat, fehlte, sondern dass sie sich aufgrund ungünstiger Bedingungen nicht richtig hat entwickeln können.

4.6 Eine Synthese

Adam Smith und Immanuel Kant

Wer sich an Kants Analyse des Zusammenspiels von Autonomie und Achtung orientiert, sollte die Rolle der Neigungen, Emotionen, Affekte nicht ausblenden. Die Kantischen Kriterien für moralisches Verhalten lassen sich genauso auf den Umgang mit Emotionen (Affektregulierung und Einfühlung in andere Personen) beziehen wie auf Handlungen (TUGENDHAT 1993, S. 302 f.). Kants Ethik ist also in einem viel umfassenderen Bereich gültig, als seine Texte, buchstäblich ausgelegt, erahnen lassen. Gefühle und Emotionen sind nicht grundsätzlich vernunftwidrig. Kants durch Schiller geläuterte Position führt uns zur Ethik Adam Smiths zurück. Von Smith, wie bereits von Spinoza, haben wir gelernt, dass Gefühle bzw. Affekte einen rationalen Kern enthalten. Gefühle wie Achtung, Dankbarkeit, Bewunderung, aber auch Schuldgefühle, Übelnehmen und Empörung, hängen sogar direkt von einem genuin moralischen Urteil ab.

Adam Smith hat die Kriterien für den richtigen Umgang mit Gefühlen aus seiner Theorie des unparteilichen Betrachters gewonnen, dessen Standpunkt jeder Erwachsene im Umgang mit seinesgleichen einnehmen kann. Aber Smith sagt nicht viel darüber, welchen Kriterien das Urteil des unparteilichen Betrachters genügen soll. Diese Frage lässt sich jetzt, im Anschluss an Kant, beantworten: Es ist das Kriterium der doppelten Universalisierbarkeit (vgl. S. 85). Neben die Frage „Wie wollen wir alle, *dass wir alle handeln?*" tritt die Frage: „Wie wollen wir alle, *dass wir uns auf der emotionalen Ebene verhalten?*" Wann wir welche Emotionen zeigen dürfen und wie wir auf die Emotionen anderer reagieren sollen, hängt allerdings auch von unserer gesellschaftlichen und kulturellen Umgebung ab. Japaner z.B. erwarten voneinander, dass sie ihre Emotionen so gut wie möglich verbergen. Doch in den meisten Gesellschaften wird der Ausdruck positiver Gefühle, wie Freude und Sympathie, ebenso wertgeschätzt wie die ehrliche Anteilnahme am emotionalen Befinden des anderen. In diesem Punkt gilt kein Kulturrelativismus. Deswegen sollte uns die Kulturabhängigkeit unseres Umgangs mit Emotionen nicht zu relativistischen Schlussfolgerungen verleiten. Wir können nicht fehlgehen, wenn wir uns auch hier – zumindest in den sensibelsten Bereichen – an universalistischen Kriterien orientieren: Mit anderen Menschen mitzufühlen, ist immer richtig; andere Menschen zu kränken, immer falsch.

Aus Adam Smiths Theorie der ethischen Gefühle können wir also schließen, dass Selbstbeherrschung und Sensibilität Tugenden von universalistischer Reichweite sind. Da stellt sich die Frage, ob es nicht vielleicht noch weitere universalistische Tugenden gibt. Wir haben im ersten Teil dieses Kapitels gesehen, dass das aristotelische Tugend-Konzept nicht nur in überschaubaren, vorindustriellen Gesellschaften mit hohem Werte-Konsens Gültigkeit hat, sondern dass wir auch heute, unter modernen Bedingungen, noch etwas damit anfangen können. *Adam Smith und Aristoteles*

In Erziehung und Unterricht spielt die Reflexion auf Haltungen seit jeher eine besonders wichtige Rolle: Lob, Kritik, Ermunterung, Ermahnung, Ratschläge tragen zur Formung von Haltungen bei. Man kann davon ausgehen, dass die folgenden Aussagen über menschliche Haltungen auf die meisten Gesellschaften zutreffen:

- Sensibilität für die Nöte des anderen und Zurückhaltung bei der Offenbarung eigener Gefühle werden im Allgemeinen geschätzt, im Unterschied zu Unsensibilität und übersteigerter Impulsivität;
- Mut wird der Feigheit, Großzügigkeit dem Geiz und Besonnenheit einer Neigung zu vorschnellem Handeln vorgezogen. Humor und Flexibilität schaffen mehr Sympathien als Humorlosigkeit oder Unflexibilität.
- Toleranz wird besonders in pluralistischen und individualistischen Gesellschaften wertgeschätzt, im Unterschied zu Intoleranz und Indifferenz, die für den sozialen Frieden nicht immer förderlich sind; in stärker kommunitaristischen Gesellschaften ist Toleranz weniger wichtig, weshalb sie in den meisten vormodernen Tugendkatalogen fehlt.

Bringt man die Ethiken von Aristoteles und Kant zueinander in Beziehung, so liegt es nahe – in Abweichung vom Wortlaut der Kantischen Ethik – den Kategorischen Imperativ auch auf Tugenden anzuwenden. Es geht nicht darum, zu einer Tugendethik aus der Vergangenheit zurückzukehren, sondern sich die Bedeutung, die wir Haltungen auch in der Gegenwart beimessen, bewusst zu machen und uns für die Bedingungen ihrer Aneignung zu sensibilisieren. Mit Werturteilen über Haltungen (und erst recht über Personen) ist Zurückhaltung geboten, doch wäre es ein Irrtum zu glauben, wir könnten auf solche Werturteile völlig verzichten. Gerade die Pädagogik kommt nicht ohne sie aus. *Aristoteles und Immanuel Kant*

Der Kategorische Imperativ lässt sich im Übrigen auch auf den harten Kern der Menschenrechte anwenden: auf diejenigen Rechte, die wir uns gegenseitig (genauer: allseitig) zuzugestehen bereit sind.

5. Diskursethik: Ethik in Entscheidungsprozessen

Was zu tun ist und wie, entscheiden wir nicht immer in Eigenregie. Vieles beschließen wir in einer Gruppe. Das ist normalerweise dann der Fall, wenn von diesem Beschluss viele Menschen betroffen sind.

Ausgangsfrage: Wie wollen wir alle, dass alle handeln?

In der auf Kant aufbauenden Philosophie hat der Diskurs zunehmend an Bedeutung gewonnen. Das erstaunt nicht, denn die Frage *Wie wollen wir alle, dass wir alle handeln?* kann niemand im stillen Kämmerlein beantworten. Wenn Schülerinnen und Schüler bei der Fixierung der Klassenregeln mitbestimmen dürfen, identifizieren sie sich damit stärker, als wenn man sie ihnen ungefragt auferlegt. John Dewey hat auf den engen Bezug zwischen Erziehung und Demokratie hingewiesen: Jede Generation muss Letztere für sich (neu) lernen und einüben, und das geht am besten, wenn die Schule zu demokratischer Mitbestimmung Gelegenheit bietet und sie im Kleinen ins Curriculum einbaut (PETERS 1972, Kap. XI).

Die folgenden Abschnitte sind der Ethik des Diskurses gewidmet: Was ist ein Diskurs? Wie läuft er ab? Welche Rolle spielt er in der Demokratie? Wie hängen beide miteinander zusammen? Kann man jede Art von Kommunikation mit einem Diskurs gleichsetzen? In welchen Situationen wählen wir Diskurse? Gelten dabei bestimmte moralische Regeln? Kann man in einem Diskurs moralische Regeln auch beschließen?

Für eine Erörterung dieser Fragen bieten sich zwei einflussreiche philosophische Diskurstheorien an – von Jürgen Habermas und Karl-Otto Apel (die ihrerseits untereinander eifrig diskutiert haben). Beide Theorien bedürfen allerdings einer Präzisierung. Können auch moralische Regeln in kollektiven Einigungsprozessen beschlossen werden? Diese Frage wird im letzten Teil dieses Kapitel diskutiert. Zu Beginn werfen wir einen Seitenblick auf die politische Entscheidungstheorie und einen zweiten auf die Logik kollektiver Einigungsprozesse und schließen mit Überlegungen zur Frage, wie sich moralische Normen begründen lassen.

5.1 Exkurs in die Demokratietheorie

Entscheidungsprozesse in großen Kollektiven

Wie trifft man eine Entscheidung, die sich auf eine größere Gruppe auswirkt? Entweder entscheidet nur einer, der *Leader* der Gruppe. Falls er über ausreichend Überzeugungs- und Durchsetzungskraft verfügt, folgt die Gruppe seinen Anordnungen. Oder es entscheidet ein ausgewählter Teil der Gruppe, z.B. ein Parlament. Oder es entscheiden alle in einem gemeinsamen Prozess.

Kant zufolge ist der Einzelne in der Lage, allein herauszufinden, was ethisch korrekt ist, vorausgesetzt, er hält sich an den Kategorischen Imperativ. Aber daraus folgt nicht, dass er stellvertretend für Andere entscheiden darf, er ist nicht ihr Vormund (APEL 1988, S. 272). Beschlüsse, die andere in entscheidender Weise mitbetreffen, sollte man nicht über ihre Köpfe hinweg treffen. Das ist eine Konsequenz aus der dritten Formel des Kategorischen Imperativs (vgl. 4.5).

Wie funktionieren kollektive Entscheidungsprozesse? Die Antwort hängt von der Gruppengröße ab und davon, ob alle Betroffenen in die Entscheidung mit einbezogen werden oder nur ein Teil, als Vertreter aller Übrigen. Entweder kommen also alle zusammen, wie in der athenischen Demokratie (5. Jahrhundert v. Chr.) oder wie in den Landsgemeinden einiger Schweizer Kantone. Wollte man alle wesentlichen Fragen eines Gemeinwesens in Vollversammlungen entscheiden, so müssten die Bürgerinnen und Bürger einen unverhältnismäßig hohen Teil ihrer Zeit dafür opfern. In Athen entschieden nur Männer, und sie waren damit zeitlich fast ausgelastet. Die Hausarbeit erledigten Sklaven.

Kollektive Entscheide in der Gruppe lassen sich umso leichter treffen, je kleiner diese ist. Denn je mehr Personen an einer Versammlung teilnehmen, desto länger dauert es bis zur Einigung. Je größer umgekehrt der Kreis derer, die mitreden, desto vielfältiger sind die involvierten Interessen. Mit der Anzahl möglicher Reibungsflächen nimmt das Konfliktpotential zu, und zwar exponentiell (SARTORI 1997, S. 217). Entscheidungsgremien sollten deshalb möglichst klein gehalten werden. Wie Demokratie sich organisiert, hängt also zum guten Teil von der Größe der Gesellschaft ab. Basisdemokratische Verhältnisse sind in kleinen Ländern wie Andorra oder Liechtenstein eher möglich als in größeren, wo sie praktisch nur auf Gemeindeebene funktionieren können. Im Rahmen der EU sind demokratische Entscheidungen schwieriger zu organisieren als im Rahmen jedes ihrer Mitgliedsländer. In einem Land wie China dürften sie auf Landesebene nur in sehr indirekter, über viele Zwischenstufen vermittelter Weise möglich sein.

(Randbemerkung: Formen demokratischer Beschlussfassung*)*

Der andere direktdemokratische Mechanismus ist die Volksabstimmung. Sie ist ein außergewöhnliches Instrument für außergewöhnliche Umstände. Man kann sich nicht leicht einen Staat vorstellen, der mit ständigen Appellen ans Volk regiert wird: „Hält man sich die Zahl der Gesetze vor Augen, die in unserem Land [Italien, 1980er Jahre] jährlich verabschiedet werden, so müsste man im Durchschnitt zu einer Volksabstimmung pro Tag aufrufen" (BOBBIO 1988, S. 50).

(Randbemerkung: Volksabstimmung*)*

In den meisten Demokratien wird daher das direkte Entscheidungsverfahren durch ein indirektes mit gewählten Volksvertretern (Repräsentationsverfahren) ersetzt: Die Bürger lassen sich bei politischen Entscheidungen durch einen der Ihren vertreten. Dabei stellen sich mehrere Fragen: *Auf welche Weise* amtet der Repräsentant, *wie viel Entscheidungsfreiheit* hat er, und *welche Art von Interessen* vertritt er?

(Randbemerkung: Repräsentationsverfahren, Parlamentarismus*)*

Der Repräsentant kann ein *Delegierter* sein, mit Bindung an ein imperatives Mandat; er kann auch *Treuhänder* sein und selbständig, nach bestem Wissen und Gewissen entscheiden (BOBBIO 1988, S. 40–48). Der Delegierte ist stärker vom Willen seiner Auftraggeber abhängig als der Treuhänder und kann auch leichter abgewählt werden. Das Delegationsprinzip steht der direkten Demokratie also näher als das des Treuhänders:

Ein Repräsentant kann jemanden entweder *als Bürger* oder als *Träger bestimmter Sonderinteressen* vertreten, zum Beispiel als Vertreter einer bestimmten Region, einer Berufsgattung oder einer sozialen Schicht. Im zweiten Fall sollte der Repräsentant in der entsprechenden Region wohnen, den entsprechenden Beruf selber ausüben, zur betreffenden Schicht selbst gehören. „Nur der Arbeiter [vertritt] wirksam die Arbeiter" (ebd. S. 41). Geht es hingegen um allgemeine Interessen, so gelten bei der Wahl der Vertreter andere Kriterien. In größeren Demokratien hat sich „eine spezifische Berufskategorie von Repräsentanten" herausgebildet, der Parlamentarier (ebd. S. 43). Dieser versteht sein Amt teils als das eines Delegierten (mit parteipolitischen Interessen) und teils als das eines Treuhänders (soweit es um allgemeine Interessen geht). Die meisten Parlamentarier verfolgen aber auch eigene Interessen oder Interessen von Lobbygruppen, von denen sie nicht gewählt wurden.

Das Repräsentationsverfahren hat also auch gewisse schwer eliminierbare Nachteile. Wer an einem kollektiven Entscheidungsverfahren nicht selber mitwirkt, riskiert, dass seine Interessen nicht oder nicht wunschgemäß vertreten werden.

Entscheidung top *down*; *Reaktionen* bottom up — Eine dritte, weniger gute, aber in großen Gesellschaften leichter praktizierbare Möglichkeit besteht darin, dass man ein kleines Gremium oder „Politbüro" die wichtigsten Entscheidungen treffen lässt und denjenigen, die nicht einverstanden sind, die Gelegenheit bietet, sich zu organisieren und zu wehren – durch Unterschriftensammlungen oder, wenn diese Möglichkeit wegfällt, durch Kundgebungen, Demonstrationen oder Aktionen zivilen Ungehorsams. – Auf globaler Ebene fallen viele Entscheide „top down", in kleinen Elitegruppen (UNO, WTO, NATO, G 21 oder in den Chefetagen multinationaler Konzerne). Mehrere Hundert Nichtregierungsorganisationen wirken wie Seismographen, die negative Konsequenzen der „top down"-Entscheide über die Medien, das Internet, durch spontane Aktionen oder durch direkte Kontaktaufnahme an die Entscheidungsträger zurückmelden. Entscheidungsprozesse „bottom up" sind damit nicht völlig ausgeschlossen, sie sind aber auch nicht steuerbar, wie die Geschichte der arabischen Revolutionen seit dem Jahr 2011 belegt.

5.2 Zur Logik kollektiver Entscheidungsprozesse

Wie sieht das Prozedere bei einer kollektiven Entscheidung aus? Auf diese Frage hat Jürgen Habermas mit seiner Diskurs-Theorie geantwortet, die im deutschen Sprachraum von erheblichem Einfluss ist, obwohl sie die vorhin aufgeworfenen Schwierigkeiten nicht alle beseitigt.

Nicht jede Art der Kommunikation ist ein Diskurs, und nicht jede Einigung hat den Charakter eines Konsenses. Oft beruht eine Einigung auf einem Kompromiss, und zwar gewöhnlich dann, wenn es um die Lösung eines *praktischen Problems* geht. Zwischen Kompromiss und Konsens gibt es klare Unterschiede. Es existiert noch ein dritter Typ kollektiver Einigungsprozesse – die Einigung gemäß dem Mehrheitsprinzip, also durch Abstimmung. Dieses Verfahren bietet sich an, wenn die geäußerten Meinungen (bzw. Interessen) nicht in Übereinstimmung gebracht werden können, sondern in zwei oder mehr Gruppen zerfallen und dennoch eine für alle gleichermaßen gültige Regelung gefunden werden muss. Das setzt allerdings einen Konsens darüber voraus, dass nach dem Prinzip der Mehrheit entschieden wird – d. h. entweder nach dem Willen der größten Gruppe, auch wenn sie weniger als die Hälfte der Beteiligten umfasst, oder nach dem Willen der Gruppe, die mehr als 50 Prozent der Stimmen auf sich vereinigt, oder nach dem einer qualifizierten Mehrheit von zwei Dritteln der Beteiligten. Der Beschluss ist jeweils auch für die unterlegene Minderheit verbindlich.

Es bestehen also mehrere Typen kollektiver Entscheidungsprozesse: *Diskurs*, *Debatte* und *Verhandlung*. Ein Diskurs verläuft nach den Regeln der *Kooperation*, eine Debatte nach den Regeln des *Wettbewerbs* und eine Verhandlung (ein Aushandlungsprozess) nach denen des *Tausches*. Die drei Grundformen menschlicher Interaktion haben in der Kommunikation also ihre getreuen Abbilder. Jede Art von Entscheidungsprozess weist in bestimmten Kontexten ihre Vorzüge auf:

Kooperation – Tausch – Wettbewerb

Diskurs – Verhandlung – Debatte

(1) Der *Diskurs* dient dem Auffinden von Wahrheit bzw. der Rekonstruktion dessen, *was wirklich der Fall ist* oder *gewesen ist*. Die Beteiligten haben ein gemeinsames Ziel, den *Konsens*, zu dessen Erreichung sie *kooperieren*.

(2) Die *Verhandlung* ist das Entscheidungsverfahren, zu dem man greift, wenn kollektiv über gemeinsam einzuhaltende Regeln entschieden, ein Konflikt gelöst oder bei kooperativen Aktivitäten die Aufgabenteilung bestimmt werden soll. Die Verhandlung zielt auf einen Kompromiss.

(3) In der *Debatte* schließlich werden Stimmen für die „eigene Sache" eingeworben. Die Beteiligten favorisieren unterschiedliche Ziele und Lösungsvorschläge; sie befinden sich zueinander in *Konkurrenz* und entscheiden nach dem Mehrheitsprinzip.

Ein vierter Kommunikationstyp ist der *verbale Streit* – Typus Ehekrach – eine Auseinandersetzung mit dem Ziel, den anderen niederzuringen, ihn „fertigzumachen". Er orientiert sich am *Kampf*, ist nicht lösungsorientiert und zielt nicht auf eine Einigung, sondern auf totale Entzweiung: Den Kontrahenten geht es darum, sich gegenseitig zu verletzen oder zu vernichten. Er fällt daher aus dem Rahmen der Ethik heraus und wird hier nicht behandelt.

Ehekrach und Anderes

Sich auf etwas zu einigen, ist nur *ein* mögliches Ziel von Kommunikation. Kommunikation kann auch ganz anderen Zielen dienen: der Übermittlung einer Information, dem Austausch von Lob und Komplimenten, dem *Small Talk*, dem Erzählen von Witzen oder Belanglosigkeiten, dem *Flirt* und anderem mehr. Zur Klärung von Einigungsmechanismen trägt die Analyse dieser Interaktionen nichts bei, sie werden hier nicht weiter verfolgt.

5.2.1 Der Diskurs

Im Diskurs verfolgen die Teilnehmenden ein gemeinsames Ziel, suchen „die Wahrheit" oder zumindest eine Einigung, einen Konsens.

Diskurse zielen auf Konsens

Worauf es im Diskurs ankommt, ist die *Argumentation*. Ein Argument ist eine Aussage (die sich über einen oder mehrere Sätze erstrecken kann), die eine Begründung enthält. Beispiel: „Zuspätkommen ist unfair, *denn* die anderen müssen warten." Eine Argumentation lenkt die Aufmerksamkeit auf einen logischen oder sachlogischen Zusammenhang. Im Diskurs werden die vorgebrachten Argumente von allen Betroffenen *unparteilich* überprüft.

> *„Argumentation [ist] eine Rede mit dem Ziel, die Zustimmung oder den Widerspruch wirklicher oder fiktiver Gesprächspartner zu einer Aussage oder Norm durch den schrittweisen und lückenlosen Rückgang auf bereits gemeinsam anerkannte Aussagen bzw. Normen zu erreichen. Jede im Verlauf einer solchen Rede erreichte Zustimmung zu einer weiteren Aussage oder Norm (über die Ausgangssätze hinaus) kennzeichnet einen Schritt der Argumentation; die einzelnen Schritte heißen (...) ‚Argumente‘"* (THIEL 1980).

Argumente und nur sie bestimmen über den Ausgang des Diskurses. Es geht um logische Richtigkeit, Wahrheit und sachliche Angemessenheit. Emotionen dürfen weder das Ergebnis beeinflussen noch die Funktion von Argumenten ersetzen. Sie stehen nicht im Vordergrund – anders als dort, wo es Konflikte zu lösen gilt.

5.2.2 Die Verhandlung

Verhandlungen zielen auf einen Kompromiss

Verhandelt wird, wenn eine Gruppe (oder mehrere Gruppen) eine Einigung in einer praktischen Frage anstrebt (bzw. anstreben). Die Verhandlung zielt nicht auf einen Konsens, sondern auf einen *Kompromiss*. Die Parteien vertreten divergierende Interessen und wissen oft auch nicht, ob und wieweit diese sich miteinander zufriedenstellend koordinieren lassen. Man ist uneins oder befindet sich gar in einem Konflikt, hält eine Übereinkunft aber für möglich. Ausgehandelt werden Vereinbarungen, Geschäfte, Verträge, z.B. Staatsverträge.

Verhandlungen können scheitern. Nicht immer kommt ein Kompromiss zustande, der alle zufriedenstellt. Manchmal greifen die Parteien auf eine dritte Instanz zurück, einen Vermittler oder *Mediator*. Dieser muss unparteilich sein und von beiden Parteien akzeptiert werden. Anders als ein Richter trifft der Mediator keine inhaltlichen Entscheidungen, er ist vielmehr für das Prozedere verantwortlich. Er bereitet die Verhandlung vor, indem er die Wünsche, Ängste und Interessen der einzelnen Parteien getrennt ermittelt und der jeweils anderen Partei zugänglich macht, und leitet dann den Aushandlungsprozess.

Parlamentarische Abstimmungen erfolgen häufig auf der Grundlage von Empfehlungen, die zuvor in einem Ausschuss vorbereitet worden sind. Ausschüsse haben die Aufgabe, Kontroversen zwischen den vertretenen Parteien auszuräumen und eine einvernehmliche Regelung vorzubereiten. In einem Ausschuss sollten daher alle wichtigen Parteien und Interessengruppen vertreten sein. Die Zahl der Verhandlungspartner ist meist deutlich höher als zwei. Die Ausschussmitglieder einigen sich zuerst auf eine Tagesordnung und diskutieren dann der Reihe nach die kontroversen Themen mit dem Ziel, eine Lösung auszuhandeln.

Jede Partei klärt zuerst für sich ihre Strategie: Mit welchen Tagesordnungspunkten verbinden sich die für sie wichtigsten Anliegen? Wo kann man anderen Parteien einigermaßen schmerzfrei Konzessionen anbieten? Dann geht es ans Feilschen: Jede Partei erhofft sich im Austausch gegen eigene

Opfer Zugeständnisse von der anderen Seite, und zwar wenn möglich bei Themen, die ihr besonders am Herzen liegen. Im Zentrum eines Aushandlungsprozesses steht der „*Kuhhandel*" (SARTORI 1997, S. 229): Die Parteien versuchen, mit einem Minimum an eigenen Konzessionen ein Maximum an Entgegenkommen durch die Gegenseite zu erwirken und einen möglichst großen Teil der eigenen Prioritäten durchzubringen. Die Wahrscheinlichkeit einer erfolgreichen Lösung wächst in dem Maß, wie sich jede Partei auf die Interessen der Gegenpartei einlässt und nach der *aus der Perspektive aller Parteien besten Lösung* sucht (FISHER et al. 1997, S. 51 ff.).

5.2.3 Die Debatte

In der Politik wird nicht nur diskutiert und verhandelt, sondern auch debattiert (vgl. den Ausdruck „Parlaments-Debatte"). Im Wort „Debatte" steckt das indogermanische Wort für „sich schlagen", „eine Schlacht austragen" (frz. *se battre*, engl. *battle*). Ein „Wortgefecht" ist eine zivilisierte Art des *Wettkampfs*. Man kann gewinnen oder verlieren.

Man wählt die Debatte, wenn ein Konsens nicht angestrebt wird oder als aussichtslos gilt, ein gemeinsames inhaltliches Ziel also nicht infrage kommt. Die Debatte folgt vielmehr dem Paradigma des *Wettbewerbs*, und diesen gewinnt die Partei, die am meisten Stimmen für sich mobilisiert. Die Interessengruppen betrachten sich gegenseitig als Kontrahenten („Gegner"). Jede kämpft für ihre Anliegen und versucht, die Anliegen der „Gegner" als weniger wichtig, wenn nicht sogar unberechtigt hinzustellen. In einer Debatte verhalten sich die Redner *strategisch*, um die Zuhörer für die eigenen Ziele zu gewinnen. Wer spricht, setzt sämtliche Mittel aus dem klassischen Repertoire der Rhetorik ein: Polemik, Appelle an die Emotionen der Zuhörer und an den gesunden Menschenverstand, patriotische Wendungen, elegante, geschliffene Formulierungen usw. Auch Suggestion und Schmeichelei dienen als Mittel zum Zweck. Wenn es gelingt, einer anderen Partei Anhänger und Bündnispartner abzuwerben und für die eigene Sache zu gewinnen, dann umso besser. Die „Wahrheitssuche" (um die es im Diskurs geht) bleibt in einer Debatte Nebensache. Argumente werden eher strategisch eingesetzt als in den Dienst sachlicher Begründung gestellt.

Rhetorisches Wetteifern kann zur eigentlichen Redeschlacht ausarten: nämlich dann, wenn die Parteien auf keine weiteren Stimmen mehr hoffen können. Manchmal wird sogar versucht, einen „Gegner" zu isolieren, ihn lächerlich oder mundtot zu machen. Sieger in einer Debatte ist, wer die größte Zahl der Stimmen für sein Anliegen gewinnt.

Ein Minimalkonsens ist dennoch erforderlich – nämlich auf der prozeduralen Ebene: Die Regeln des Verfahrens müssen klar und von allen akzeptiert sein, z. B. darüber, ob offen oder geheim abgestimmt wird und ob bei der Abstimmung eine einfache Mehrheit oder eine bestimmte Anzahl von Stimmen zusammenkommen muss. Wie im Wettbewerb gelten auch in einer Debatte bestimmte Fairnessregeln: Lügen, Verleumdungen, Beleidigungen, der Griff unter die Gürtellinie sind verpönt, und physische Attacken disqualifizieren den Aggressor vollends. Die Fairnessregeln selbst gehören zu den unverrückbaren Rahmenbedingungen.

Debatten zielen auf Stimmenfang

Mischformen

Diskurs oder Debatte?

Als in einigen Schweizer Kantonen die alten Lehrerseminare in Hochschulen transformiert wurden, mussten die Curricula neu geschrieben werden. Die Basisarbeit leisteten Planungsgruppen, deren Mitglieder Fachvertreter („Spezialisten") waren. In der ersten Hälfte der Planungsarbeit liefen die Diskussionen über gemeinsame Zielsetzungen nach dem Muster von Diskursen ab. In der zweiten Hälfte herrschte die Debatte vor, es wurde nach Mehrheitsverhältnissen abgestimmt. Die „Spezialisten" mutierten zu Interessenvertretern, die sich ihr Deputat sichern wollten. Neue Themen, wie Ethik, Nachhaltige Entwicklung oder der Umgang mit Interkulturalität, wären auf der Strecke geblieben, wenn sich nicht die Bildungsdirektion (das Ministerium) eingeschaltet hätte.

5.3 Ethik und Diskurs I: Die Theorie von Habermas

Diskursethik I

Ein Diskurs ist eine auf Argumente gestützte und auf eine Einigung ausgerichtete Form der Kommunikation zwischen mehreren Personen. Jürgen Habermas hat seine Theorie des „herrschaftsfreien Diskurses" zu einer Zeit vorgelegt, als in der deutschen Philosophie zwischen Kommunikation und Diskurs noch nicht klar unterschieden wurde (HABERMAS 1983). Was er in seinem Frühwerk als „ideale Sprechsituation" oder Herrschaftsfreiheit bezeichnete (z.B. noch HABERMAS 1984, S. 174), entspricht genau den in Abschnitt 5.2.1 erläuterten Bedingungen des Diskurses. In abgeschwächter Form klingt der Aspekt der Herrschaftsfreiheit in Habermas' späterer Theorie des „kommunikativen Handelns" nach.

Kennzeichen der „idealen Sprechsituation":

- *Öffentlichkeit*: Kein Betroffener ist vom Diskurs ausgeschlossen, niemand wird verunglimpft, alle sind Zeugen des Geschehens.

- *Orientierung am Konsens*: Die Beteiligten diskutieren lösungsorientiert: Sie zielen auf eine Einigung, erreichen den Konsens gemeinsam und vergewissern sich gemeinsam, dass eine bestimmte Tatsache gegeben, ein bestimmtes Resultat richtig ist.

- *Gegenseitige Achtung*: Die Teilnehmer *respektieren* einander als Gleiche und begegnen sich mit *Achtung.*

- *Gleichberechtigung*: Alle haben gleiches Rederecht, gleiches Recht, angehört und ernst genommen zu werden; die Interessen aller gelten gleich viel; alle Beteiligten durchlaufen gemeinsam einen Lernprozess.

- *Herrschaftsfreiheit*: Niemand übt auf andere Zwang aus; Drohungen, Suggestion, rhetorische Kniffe und strategische Schachzüge gehören nicht in den Diskurs.

- *Orientierung an Argumenten*: Die Beteiligten machen die „Erfahrung des eigentümlich zwanglosen Zwanges des besseren Argumentes" (HABERMAS 1984, S. 144); Die Teilnehmer wollen einander *überzeugen*, nicht überreden.

- *Wahrheit, Wahrhaftigkeit*: Die Beteiligten wollen die Wahrheit herausfinden, sie verhalten sich ehrlich und aufrichtig, verfolgen keine Täuschungsabsichten.

- *Empathie*: Gefühle werden ernstgenommen. Über sie darf und soll gesprochen werden, aber die Grundlage für die Entscheidung bilden vernünftige Argumente, nicht Gefühle.

Für den idealen Diskurs gilt noch eine Reihe weiterer Regeln, wie die, dass alle Teilnehmer mit ihren Behauptungen einen Wahrheitsanspruch stellen, sich um Verständlichkeit und um die Vermeidung von Widersprüchen bemühen oder dass sie keine wichtigen Informationen zurückhalten. Ist das Entscheidungsgremium groß und die zur Verfügung stehende Zeit knapp, muss die Redezeit beschränkt werden, wobei für alle, die ihr Rederecht nutzen, dieselben Bedingungen gelten.

Wer sich an einem Diskurs beteiligt, muss bereit sein, die Befangenheit in der eigenen Perspektive zu überwinden, sich mit fremden Ansichten und ihren Hintergründen konfrontieren zu lassen und den eigenen Standpunkt zu revidieren, wenn die Argumentationslage es erfordert.

Habermas unterscheidet zwischen Diskursen mit theoretischer und solchen mit praktischer Ausrichtung. *Theoretische* Diskurse führen beispielsweise Forscher, die entweder demselben Wissenschaftszweig anhängen und gemeinsam Forschungsresultate interpretieren oder als Vertreter unterschiedlicher Wissenschaften eine interdisziplinäre Fragestellung diskutieren. Was sagt die Evolutionstheorie genau aus? Welche Mechanismen liegen der Evolution zugrunde? Wo bestehen Erklärungslücken? Zur Beantwortung dieser Fragen können unter anderem Biologen, Verhaltensforscher, Paläontologen, Ökonomen und Psychologen etwas beitragen. In der interdisziplinären Forschungskooperation ist der Diskurs deshalb neben dem Informationsaustausch ein wesentliches Klärungsinstrument.

Theoretische Diskurse

Habermas vertritt die Auffassung, Diskurse dienten auch zur Klärung von *praktischen Fragen*: Man einigt sich auf eine *gemeinsame Aktion*, in der Schule z.B. auf eine Klassenfahrt oder die Organisation eines Festes; man beschließt gemeinsam, was zu tun ist und welche Regeln es dabei zu beachten gilt, oder legt einen Konflikt bei. Nicht die Wahrheitsfindung steht im Vordergrund, sondern die Einigung auf ein gemeinsames Aktionsziel.

Praktische Diskurse

Trotz ihrer Überzeugungskraft bedarf Habermas' Theorie einer Präzisierung, und zwar in zwei Richtungen:

Gegen die Annahme einer engen Parallele zwischen theoretischen und praktischen Diskursen spricht ein einfacher Einwand: An Wahrheit orientieren sich nur *theoretische Diskurse* bzw. Diskurse über Fakten. Ziel eines *praktischen Einigungsprozesses* ist dagegen eine Einigung in Fragen des Zusammenlebens und Zusammenarbeitens oder die Lösung eines Konflikts (TUGENDHAT 1993, S. 161–176). Dazu bedarf es nicht eines Diskurses, sondern eines Aushandlungsprozesses, einer Verhandlung.

Ein zweiter Einwand lautet: Reale Diskurse erfüllen nie die Bedingungen einer idealen Sprechsituation. Diskurse im Alltag sind meistens mit Elementen durchsetzt, die dem Konzept des idealen Diskurses zuwiderlaufen, wie Drohungen, strategische Spiele usw., die eher in den Kontext einer Debatte gehören. Habermas gibt das zu: Die ideale Sprechsituation ist eine Leitidee, die gleichsam als Kompass fungiert, also bloß die Richtung des Ziels angibt. „Eine Idee ist nichts anderes, als der Begriff von einer Vollkommenheit, die sich in der Erfahrung noch nicht vorfindet" (KANT ÜP, BA 10).

Wer sich die Unterschiede zwischen den diversen Arten von Entscheidungsprozessen bewusst macht, vermag strategische Manöver und andere Fremdkörper im Diskurs leicht als solche zu erkennen.

5.4 Philosophieren mit Kindern

„Philosophische Gespräche" mit Kindern: Übung im gegenseitigen Respekt

Beim „*Philosophieren*" *mit Kindern* bzw. *Jugendlichen* geht es vordergründig darum, den Diskurs einzuüben (FREESE 2002; MARTENS 1999; ZOLLER 2010). Dazu muss man mit Kindern keine im engeren Sinn philosophischen Probleme wälzen. Diese Gespräche sind wertvoll, weil die Kinder dabei lernen, ihre Ansichten kundzutun und zu verteidigen: Sie lernen zu *argumentieren*, um ihre Überzeugungen zu verteidigen oder fremde Auffassungen, die sie nicht teilen, infrage zu stellen. Die Gespräche bieten Anlass, die eigenen Meinungen zu überdenken, sie in einen größeren Zusammenhang zu stellen, den eigenen Standpunkt zu „dezentrieren" (vgl. 3.7.2 und 7.1). Dies alles fördert die Entwicklung zur *Autonomie*. Sie lernen aber auch zuzuhören, die Ansichten ihrer Peers ernstzunehmen und sie doch gleichzeitig kritisch zu prüfen, sie lernen, sich in deren Haut zu versetzen und die zur Sprache gebrachten Standpunkt zu vergleichen – lauter Fähigkeiten, die den Begriff *Achtung* umschreiben. Schließlich machen sie dabei die Erfahrung, dass ihre eigenen Ansichten für andere interessant sind – auch für Erwachsene, und dass sie damit sogar Diskussionen auslösen können. Die Erfahrung, ernst genommen zu werden, ist für die Entwicklung des *Selbstwertgefühls* essentiell. In solchen Gesprächen lernen Erwachsene auch von Kindern, was im Schulalltag sonst gern ausgeblendet wird. Es ist daher wichtig, dass eine erwachsene Person diese Gespräche moderiert.

Diskutieren macht dann am meisten Spaß, wenn unterschiedliche Meinungen vertreten werden. Die Ausrichtung auf eine Einigung, einen Konsens, wie sie Habermas vorschwebt, ist bei diesen Gesprächen nicht notwendig. Man kann in der Klärung von Sachverhalten auch Fortschritte erzielen, indem man sich die unterschiedlichen Sichtweisen dazu vor Augen führt.

Die Unterscheidung zwischen theoretischen und praktischen Diskursen spielt in der „Kinderphilosophie" ebenfalls keine Rolle. Eher *theoretisch* ausgerichtet sind z.B. folgende Fragen: Was verstehen wir unter Natur, was ist Zeit, was ist Geld? Können Tiere denken und Pflanzen fühlen? Gibt es einen Anfang aller Dinge, was heißt es, etwas Neues zu beginnen, etwas Altes abzuschließen? – Zu den *praktischen* Fragen gehören die, ob und wann man lügen darf, warum man Normen befolgen soll, ob man Tiere töten darf, warum wir nicht alle Vegetarier sind. Auch die moralischen Dilemmata im Stile Kohlbergs oder Linds (vgl. 2.3) gehören in diese Gruppe. Eine Zwischenstellung nehmen Fragen ein wie: Was ist Demokratie? Was Gerechtigkeit? Was finden wir schön, was hässlich, und weshalb? Kann etwas Hässliches auch gut, etwas Schönes auch schlecht sein? „Philosophische" Gespräche lassen sich ebenso in altershomogenen wie in altersgemischten Gruppen durchführen, die allerdings nicht zu groß sein sollten, sechs bis höchstens zwölf Kinder, damit wirklich alle zum Zug kommen.

5.5 Ethik und Diskurs II: K.-O. Apel

Der Philosoph Karl-Otto Apel hat sich während Jahrzehnten, länger und ausführlicher als Habermas, der Analyse des argumentativen Diskurses gewidmet. Dabei ging es ihm um zweierlei, eine rationale Theorie der kollektiven Entscheidfindung und eine Theorie zur Begründung moralischer Normen. Das erste Thema bringt über Habermas hinaus nicht viel Neues – anders als das zweite, auf das sich hier die Darstellung konzentriert.

Diskursethik II

Die Frage nach der Normenbegründung ist gerade heute von nicht zu unterschätzender Bedeutung. Eine Herleitung von Normen aus den Heiligen Schriften einer bestimmten Religion oder aus der Tradition einer bestimmten Gesellschaft kann nicht befriedigen: erstens weil es in einer globalisierten Welt global geltende Normen und Regeln braucht; diese dürfen nicht nur für die Vertreter einer einzigen Weltreligion bzw. eines einzigen Kulturkreises nachvollziehbar sein; schließlich kennt man in allen Gesellschaften bestimmte Regeln, die ein friedliches Zusammenleben erleichtern sollen. Zweitens, weil es den konsensorientierten Dialog mit den Anhängern anderer Religionen und Kulturen verunmöglicht. Eine Begründung moralischer Normen muss, um in einer multikulturellen Gesellschaft akzeptabel zu sein, plausibel machen können, dass alle Gesellschaften diese oder ähnliche Normen benötigen, und dazu muss man sie mit Praktiken oder Gepflogenheiten in Verbindung bringen, die allen Menschen vertraut sind. Als solche Praktiken kommen in erster Linie die Kooperation, der Wettbewerb und der Tausch infrage. Apel wählt für sein Begründungsverfahren aber einen anderen Ausgangpunkt – den Diskurs (APEL 1976; 1988).

Moralische Normen und Diskurs

Sein Begründungsverfahren bezeichnet Apel als „transzendentalpragmatisch". Mit dem Wort „transzendental" hat Kant die philosophische Untersuchung der Frage bezeichnet, wie Erkenntnisse in Mathematik, Geometrie und den mathematischen Naturwissenschaften möglich sind. Der Hinweis auf bloße Beobachtung (Wahrnehmung) reicht als Antwort nicht aus, denn dass *zwei plus zwei gleich vier* ist und *die Winkelsumme im ebenen Dreieck 180 Grad beträgt*, lässt sich nicht beobachten. Der Weg, den Kant eingeschlagen hat, um diese Frage zu beantworten, bestand darin, dass er das menschliche Erkenntnisvermögen analysierte und die Voraussetzungen auf-

Begründung moralischer Normen

„transzendental"

deckte, von denen die verschiedenen Arten wissenschaftlicher Erkenntnis abhängen. Naturwissenschaftliche Erkenntnis beispielsweise wäre unmöglich, wenn wir nicht die Gewohnheit hätten, Ereignisse von ihren Ursachen her verstehen zu wollen, sie also nach dem Schema Ursache-Wirkung zu interpretieren. Wahrnehmen können wir nur, was früher und was später passiert, die Ursachen als solche können wir nicht beobachten. Auf das „kausale" Denken sind wir aber, wenn wir Wissenschaft betreiben, angewiesen – so wie ein Kurzsichtiger auf Brillengläser mit einer bestimmten Dioptrie angewiesen ist, damit er klar sehen kann.

Zu den Eigenschaften der Brille, durch die wir die Welt betrachten, gehören beispielsweise bestimmte Invarianz-Annahmen: Wenn wir mit physikalischen Größen rechnen, nehmen wir an, dass diese Größen sich durch unseren Kalkül oder unsere Messmethoden nicht verändern: Wir gehen z. B. davon aus, dass eine Stunde, die unsere Uhren heute anzeigen, weder kürzer noch länger ist als eine Stunde, die die Uhren vor hundert Jahren angezeigt haben.

„transzendental-pragmatisch"

Apel will nun in ähnlicher Weise, wie es Kant getan hat, die Gründe erhellen, weshalb bestimmte moralische Normen gelten, indem er untersucht, wie ein Diskurs funktioniert. Apel erforscht also nicht unseren Umgang mit den Gesetzen der Mathematik, der Geometrie und der Naturwissenschaften, sondern mit denjenigen des Diskurses. Der Diskurs ist eine *Praxis*, deswegen bezeichnet er seine Methode als „transzendental-*pragmatisch*". Wenn wir uns auf einen Diskurs einlassen, so sein Argument, dann müssen wir bestimmte moralische Normen genau so beachten, wie wir, wenn wir Naturwissenschaft betreiben, das Gesetz von Ursache und Wirkung oder die Annahme der Mengeninvarianz als gültig voraussetzen müssen.

Weshalb aber untersucht Apel gerade die Regeln des Diskurses? Weil diese Regeln für alle verbindlich sind, die sich an einem Diskurs beteiligen: Es sind Regeln, die man nicht beliebig ändern kann, auch nicht durch kollektiven Beschluss. Wir müssen uns an diese Regeln auch dann halten, wenn wir ihren Sinn diskutieren oder infrage stellen wollen.

Was sind das für Regeln? In erster Linie solche der *Logik* und *Semantik* (Bedeutungtheorie), wie z. B. die, dass wir mit unseren Behauptungen einen Wahrheitsanspruch verbinden, Widersprüche vermeiden, uns korrekt und verständlich ausdrücken usw. Wir können diese Regeln nicht bestreiten, ohne uns auf einen Diskurs einzulassen, und dazu müssen wir eben diese Regeln als gültig anerkennen. Wer sie bestreitet und dabei ihre Geltung voraussetzt, begeht einen *performativen Widerspruch*.

Moralische Regeln im Diskurs

Gibt es auch moralische Regeln, die wir im Diskurs voraussetzen müssen? Wenn ja, dann wären das moralische Normen, die wir nicht bestreiten könnten, ohne sie zugleich als gültig vorauszusetzen. Diese Regeln wären also unwiderlegbar und könnten der Ethik als Fundament dienen. Moralische Normen sind jedoch etwas anderes als logische und semantische Regeln. Semantische Regeln kann man begründen, indem man zeigt, dass sich, wer sie bestreitet, in einen performativen Widerspruch verwickelt. Bei den moralischen Normen geht das nicht: Man kann sie bestreiten und sich über sie hinwegsetzen, ohne in einen Widerspruch zu verfallen. Nicht einmal der „Trittbrett-" oder „Schwarzfahrer" widerspricht sich, der gegen eine bestimmte Norm verstößt und gleichzeitig fordert, dass dies sonst *niemand* tun möge. Nur stellt er sich nicht auf dieselbe Ebene wie die anderen.

Apel ist aber überzeugt davon, dass wir durch das Studium der Art und Weise, wie Diskurse „funktionieren", trotzdem etwas über Natur und Gehalt moralischer Normen erfahren, etwa des Lügenverbots oder des Tötungsverbots.

5.6 Zur Begründung des Gleichheitsprinzips

Eine der wichtigsten Normen im Diskurs ist das Gleichheitsprinzip. Es wird von den unterschiedlichsten ethischen Traditionen anerkannt und in jeweils unterschiedlicher Weise begründet (vgl. 6.3). Apel begründet es über seine Analyse des Diskurses. Alle Menschen, die sich an einem Diskurs beteiligen, sind einander gleichgestellt: Sie haben im Diskurs dieselben Rechte (Privilegien) und dieselben Pflichten (Auflagen).

Wenn ich mich auf einen Diskurs mit jemandem einlasse„ dann anerkenne ich ihn als eine mir gleichgestellte Person. Weil das Prinzip der Gleichheit zu den Voraussetzungen gehört, die wir anerkennen müssen, um uns an einem Diskurs zu beteiligen, erweist es sich als unmöglich, dieses Prinzip zu bestreiten, ohne dass wir uns dabei selbst widersprechen. Denn um es zu bestreiten, müssen wir uns auf einen Diskurs einlassen und die Regeln akzeptieren, die den Diskurs ermöglichen, und dazu gehört eben das Gleichheitsprinzip. Ein Prinzip, das man nicht bestreiten kann, ohne seine Geltung vorauszusetzen, ist unwiderlegbar. Apel spricht in diesem Zusammenhang von einer „philosophischen Letztbegründung" (APEL, 1988, S. 282f.; vgl. auch HÖSLE 1990).

Was ist mit dieser Überlegung gewonnen? Diskurse können bekanntlich auch zwischen Ungleichen stattfinden, zwischen Herrn und Knecht, zwischen dem Staatspräsidenten und einem Clochard. Der Diskurs hebt die sozialen Unterschiede nicht auf und lässt auch die Abhängigkeitsverhältnisse unberührt (TUGENDHAT 1993, S. 164f.). Im Diskurs gelten aber für alle dieselben Regeln. Das Gewicht einer Aussage hängt von ihrem Wahrheitsgehalt ab, nicht vom sozialen Status dessen, der sie vorbringt. In einem *idealen Diskurs* hat jeder das Recht, seinem Gegenüber zu widersprechen – auch einem ranghöheren.

Dennoch ist es für Untergebene nicht immer leicht, sich in einem Diskurs zu engagieren, an dem auch der Vorgesetzte teilnimmt. Wer in einem „*realen*" Diskurs seinem Chef Paroli bietet, muss danach, wenn er Pech hat, um seine Stelle bangen. Doch die Gleichheit zwischen den Diskursteilnehmern, die Apel meint, ist nicht die soziale oder politische Gleichheit. Sie liegt auf einer abstrakteren Ebene. Menschen, die miteinander diskutieren, anerkennen sich gegenseitig *als Diskussionspartner*. Gleiche sind sie zunächst einmal lediglich hinsichtlich ihrer Rolle als am Diskurs Beteiligte. Der Diskurs funktioniert ähnlich wie die Kooperation: Die Teilnehmer verfolgen ein gemeinsames Ziel, wollen ein Problem lösen, einen Sachverhalt klären, die Wahrheit rekonstruieren. Jeder hat das Recht, seine Sicht der Dinge darzulegen, von den Anderen angehört zu werden, ihnen zu widersprechen und

Gleichheitsprinzip im Diskurs

Gleichheitsprinzip zwischen Chef und Untergebenem?

dergleichen. Wenn ein Vorgesetzter seinen Untergebenen im Gespräch einschüchtert oder ein Angestellter nicht wagt, dem Chef seine Sicht der Dinge darzulegen, weil er sonst Repressalien befürchten muss, dann führen sie keinen echten Diskurs. Ein eingeschüchterter Angestellter verhält sich strategisch. Er macht dem Vorgesetzten Zugeständnisse und strebt einen Kompromiss an zwischen dem, was er von sich aus sagen will und dem, wovon er denkt, dass es der Chef hören will. Dies alles passt eher zu einer Verhandlung als zu einem Diskurs.

Gleichheitsprinzip zwischen Lehrer und Schüler?

Die beschriebene Situation kann sich auch zwischen Lehrern und Schülern abspielen. Es ist wichtig, dass das Gespräch zwischen beiden „auf gleicher Augenhöhe" stattfindet. Als Lehrkraft braucht man deshalb eine dicke Haut, man sollte in der Lage sein, sich auch unangenehme Dinge anzuhören. Vertreten Schüler abweichende Meinungen, darf der Lehrer sie nicht deswegen mit einer schlechteren Beurteilung bestrafen. Er hat aber das gute Recht, von den Schülern zu verlangen, dass sie ihre Ansichten in anständiger Weise vorbringen. Beleidigungen sind nicht tolerierbar.

5.7 Kooperation und Moralbegründung

Mit dem Hinweis, aus dem Diskurs ließen sich nur logische und semantische, nicht aber moralische Normen (außer dem Gleichheitsprinzip) begründen, wird man der Argumentation Apels nicht ganz gerecht. Sie soll deswegen hier präzisiert und geringfügig differenziert werden. Wie bereits erwähnt, unterliegt der Diskurs Regeln, die er mit der Kooperation (in ihrer Idealform) gemeinsam hat. In der Kooperation wie im Diskurs arbeiten die Teilnehmer auf ein *gemeinsames Ziel* hin. Partner, die ernsthaft kooperieren, arbeiten daher nicht gegeneinander. Diese Regel gilt genauso im Diskurs. Aus dieser Analogie lassen sich einige Folgerungen ziehen, die es erlauben, Apels Beweisziel auf einem Umweg näherzukommen. Dazu sind an dieser Stelle zwei Unterscheidungen einzuführen.

Was ist Kooperation?

Erstens, Menschen kooperieren *einerseits* materiell miteinander, d. h. unter Leistung körperlicher Arbeit, indem sie gemeinsam Häuser bauen, Schulen betreiben, ein Kulturleben mit Sport, Musik, Theater unterhalten usw. Menschen kooperieren *andererseits*, indem sie sich an gemeinsame Regeln halten. Die Aufrechterhaltung der sozialen Ordnung setzt Kooperation in diesem Sinn voraus, und umgekehrt schafft eine solche Ordnung erst die Voraussetzungen dafür, dass die Menschen miteinander in geregelter Weise kooperieren können.

Zweitens ist zwischen einer primitiveren, instabilen und einer entwickelten, stabileren Form von Kooperation zu unterscheiden. Die instabile entspricht dem Muster des „*do ut des*" bzw. „*eine Hand wäscht die andere*"; die stabilere bewegt sich auf der Basis der *Goldenen Regel*: Die *Goldene Regel* fungiert dabei als Wegweiser: *Verhalte dich dem anderen gegenüber so, wie du möchtest, dass der andere sich dir gegenüber verhält.* Bei der einfacheren Kooperation arbeiten zwei oder mehrere Personen so lange miteinander, wie sie von dieser Zusammenarbeit profitieren. Doch jede kann jederzeit das Interesse am Weitermachen verlieren. Außerdem besteht für jede die Versuchung, sich auf die Strategie des Schwarzfahrens zu verlegen, d. h. Kooperationsbereitschaft vorzutäuschen, aber den Partner auszubeuten. Ist sie dabei erfolgreich, streicht sie einen höheren Profit ein, als wenn sie ehrlich kooperierte. Die Aussicht darauf, den Partner übers Ohr zu hauen, erkauft sie aber mit dem Risiko, von ihrem Gegenüber ebenfalls hintergangen zu werden.

Die *anspruchsvollere* Form der Kooperation setzt demgegenüber die Geltung bestimmter moralischer Normen voraus, die z. B. Betrug und Schwarzfahrerei verbieten.

„Goldene Regel"

> *Die „Goldene Regel":*
>
> Die Goldene Regel versagt sowohl in Wettbewerbssituationen als auch beim marktförmigen Tausch: Der Schnellläufer bei der Olympiade wird nicht extra langsam laufen, weil seine Konkurrenten sich ebenfalls über die Goldmedaille freuen; und der am Kauf eines Teppichs interessierte Basarbesucher wird nicht eigens deshalb einen besonders hohen Preis bieten, weil sich der Käufer darüber freuen würde (KESSELRING 2012, S. 120). Verhielten sich die Menschen so, dann gäbe es weder den Wettbewerb noch den Brauch des Feilschens.

Lassen sich zwei Personen auf Kooperation (im anspruchsvollen Sinn) ein, so nehmen sie darauf Rücksicht, dass der andere weder getäuscht noch ausgebeutet werden möchte – ganz im Sinne der Goldenen Regel. Die kooperative Zweierbeziehung (*duale Kooperation*) ist im Übrigen der einzige Bereich, in dem die Goldene Regel uneingeschränkt gilt.

Wo mehr als zwei Menschen kooperieren (*kollektive Kooperation*), fungiert nicht die Goldene Regel als normativer Kompass, sondern die *Verallgemeinerungsregel*: *Verhalte dich so, wie du möchtest, dass sich alle verhalten.* Goldene Regel und Verallgemeinerungsregel verbieten parasitäre Strategien. Diese anspruchsvollere Art der Kooperation – gleichgültig, ob zwischen zwei oder mehr als zwei Personen – lässt sich als „qualifizierte Kooperation" bezeichnen.

„Verallgemeinerungsregel"

Qualifizierte Kooperation spielt sich auf Grundlage der Goldenen Regel oder der Verallgemeinerungsregel ab. Wer auf dieser Basis kooperiert, gesteht seinen Kooperationspartnern gewisse grundlegende Rechte zu, und das heißt, er anerkennt die moralischen Normen (Verbote), die diesen Rechten eins zu eins entsprechen, als gültig und auch für sich selbst verbindlich an. Von seinen Partnern erwartet er spiegelbildlich dasselbe. Man kann hier von *Achtung auf Gegenseitigkeit* sprechen. Jeder macht Zugeständnisse und erwartet diese auch vom anderen bzw. von den anderen. Diese Erwartung ist legitim, und sie umfasst implizit eine Reihe von Grundrechten, die sich die Partner gegenseitig zugestehen (s. Kasten).

Qualifizierte Kooperation

Ein Teil der Normen, die diesen Grundrechten entsprechen, sind die bekannten *klassischen negativen Normen* (nicht zufällig sind neun der „Zehn Gebote" im Alten Testament in Wirklichkeit Verbote; vgl. 4.4). Hinzu kommen weitere Normen, die seltener zum traditionellen „Repertoire" morali-

Herleitung von Grundrechten

scher Normen gezählt werden, aber ebenfalls zu den Voraussetzungen qualifizierter Kooperation gehören.

Normen, die die qualifizierte Kooperation sicherstellen: Man soll ...

- den anderen (= den Kooperationspartner) nicht töten, nicht verletzen,
- keine Gewalt gegen ihn anwenden, ihn nicht schädigen (z. B. berauben),
- ihn nicht täuschen (positiv: gegebene Versprechen einlösen, Verträge halten);
- den anderen nicht demütigen oder beleidigen (sein Selbstwertgefühl nicht beschädigen),
- dem Partner Autonomiefähigkeit unterstellen, ihm also Handlungs-, Entscheidungs- und Vertragsfreiheit zubilligen; es gilt auch die Norm (Regel), dass man Verträge, die man eingeht, einhält (‚pacta sunt servanda‘);
- ihn nicht versklaven, nicht ausbeuten, nicht instrumentalisieren. Man soll also auch nicht „trittbrettfahren" (das ergänzt das Prinzip, dass Verträge einzuhalten sind);
- das Gegenüber nicht absichtlich überfordern (d. h. von ihm nicht mehr verlangen, als es aufgrund seiner Fähigkeiten und Mittel zu leisten vermag);
- schließlich gilt ein Recht zweiter Ordnung: das Recht, die uns zustehenden Rechte einzuklagen bzw. für sie zu kämpfen (dieses Recht ist v. a. dort wichtig, wo die übrigen Grundrechte verletzt oder infrage gestellt werden).

Die Bedingungen, die für die *qualifizierte Kooperation* gelten, gelten auch für den Diskurs, denn dieser ist selber eine Form von *qualifizierter Kooperation*. Damit gewinnt die These Apels, der Diskurs setze das Gleichheitsprinzip voraus, einen klareren Sinn als bisher. Jetzt wird auch deutlich, dass Gleichheit nicht in einem politischen oder sozialen Sinn gemeint sein kann, sondern in einem moralischen: Gleich sind die Menschen vor dem Gesetz sowie im Hinblick auf diejenigen Grundrechte, die sie einander in der qualitativen Kooperation zugestehen. Einander gleich sind wir aber auch hinsichtlich unserer Fähigkeit zu entscheiden, wann und mit wem wir kooperieren wollen.

Korrespondenz zwischen Grundrechten und negativen Pflichten

Da Menschen die Fähigkeit und die Möglichkeit haben, mit ihresgleichen zu kooperieren, gelten diese Rechte (und die ihnen korrespondierenden Pflichten) für alle – unabhängig davon, ob sie sich jemals an einem Diskurs beteiligen. Auch der Ranghöhere, Mächtigere, Reichere muss sie respektieren.

Alle Menschen sind im Prinzip diskursfähig

Apel betont deshalb: Im Diskurs anerkenne ich nicht nur die Gleichberechtigung aller tatsächlich am Diskurs Beteiligten, sondern auch „alle[r] potentiellen Diskurspartner", ja sogar „alle[r] Vernunftwesen" (APEL 1988, S. 283). Jeder, mit dem ich eines Tages diskutiere oder diskutieren könnte, ist mit mir formal gleichberechtigt. Deswegen sind nicht nur die Interessen un-

Tabelle 2: Korrespondenz von Rechten und negativen Pflichten (Unterlassungspflichten):

Rechte	Pflichten
● Unverletztlichkeit	● Verbot, andere zu töten oder zu verletzen
● Recht, reden zu dürfen und sich Gehör zu verschaffen	● Pflicht, sich kurz zu fassen und seine Redezeit zu beschränken
● Recht, Stellung zu den Statements der anderen zu nehmen	● Pflicht, Kritik zu akzeptieren
● Recht, alle wichtigen Informationen zu erhalten	● Pflicht, keine wichtige Information zu unterdrücken
● Recht, nicht belogen zu werden	● Pflicht, andere nicht zu belügen
● Recht, von niemandem angepöbelt oder beleidigt zu werden	● Pflicht, niemanden anzupöbeln oder zu beleidigen

serer augenblicklichen Diskurs- oder Kooperationspartner zu berücksichtigen, sondern auch die aller Personen, die jemals unsere Diskurs- oder Kooperationspartner werden könnten. Der Konsens aller am Diskurs *Beteiligten* hat zwar Vorrang vor dem „Konsens aller *Betroffenen*" (ebd. S. 272); doch die Interessen der Betroffenen zählen nicht weniger als die der am Diskurs Beteiligten. Sie sollten daher wenigstens indirekt, advokatorisch, durch einen Fürsprecher im Diskurs vertreten sein (ebd.).

5.8 Symmetrische und asymmetrische Kooperation

Dem *Diskurs*, der *Verhandlung* und der *Debatte* liegen zwar unterschiedliche Normen zugrunde, doch überall gilt das physische Aggressionsverbot als eine Grundnorm. Die Mehrheit der klassischen moralischen Normen lassen sich allerdings nur von den Regeln des *Diskurses* her verstehen, denn der Diskurs ist eine Form von *qualifizierter Kooperation*, zu deren Bedingungen nun einmal ein harter Kern von Grundrechten gehört.

Menschen sind ungleich und nehmen ungleiche soziale Positionen ein. Das beeinflusst die Interaktion und Kommunikation. Der Mächtigere ist stets im Vorteil, was die Möglichkeit betrifft, sich nicht an das diskursive Gleichheitsprinzip zu halten und dem anderen seine Rechte zu verweigern.

Es gibt zwei Arten der Ungleichheit (Asymmetrie), die eine ist natürlichen Ursprungs, die andere hat institutionelle Wurzeln. Zur ersten gehört die Ungleichheit aufgrund von unterschiedlichen Kompetenzen, Fähigkeiten, Fertigkeiten, Kenntnissen; sie erklärt die Asymmetrie in der Lehrer-Schüler-Beziehung. Zur zweiten gehört die Ungleichheit hinsichtlich sozialem Status, Einfluss, Reichtum, Macht usw. In beiden Fällen besteht das Risiko, dass der Überlegene oder Höherrangige auf den Interaktionspartner Zwang ausübt. Dieser Missbrauch widerspricht klar den Kriterien der qualifizierten Kooperation, die auch für den Diskurs gelten.

Interaktion und Kommunikation lassen sich nach diesen zwei Dimensionen (symmetrische – asymmetrische Beziehung; Achtung – Zwang; Ta-

Tabelle 3: Menschliche Interaktion: Achtung versus Zwang; Symmetrie versus Asymmetrie

	Achtung als Grundlage	Zwang als Grundlage
Symmetrisch, Gleichheit	Gegenseitige Achtung oder Sympathie; Goldene Regel; Verallgemeinerungsregel	Gegenseitige Instrumentalisierung; evtl. Machtkampf unter Gleichen
Asymmetrisch, Ungleichheit	Fürsorge-Beziehung: Eltern-Kind, Lehrer-Schüler, Arzt-Patient	Der Stärkere instrumentalisiert den Schwächeren, beutet ihn aus, schädigt oder demütigt ihn

belle 3) differenzieren. Die Realität spielt sich irgendwo zwischen diesen vier Eckwerten ab:

Symmetrische versus asymmetrische Interaktion

Pol der Gleichheit *(Symmetrie)*: Alle Teilnehmer haben gleiche Grundrechte – z. B. das Recht, als Kooperationspartner geachtet und respektiert, und das Recht, von den anderen angehört und ernst genommen zu werden: „ideale Sprechsituation" im Diskurs, woran sich Habermas und Apel orientieren.

Pol der Ungleichheit *(Asymmetrie)*: Zwischen den Kommunikations- bzw. Kooperationsteilnehmern bestehen Macht- und/oder Rangunterschiede (Tabelle 4).

Tabelle 4: Symmetrische und asymmetrische Kommunikations- und Kooperationssituationen

	Kommunikationssituation (Beispiele)	Kooperationssituation (Beispiele)
Symmetrische, zwangsfreie Beziehung	Diskurs, fairer Aushandlungsprozess, faire Debatte	Kollegium, gemeinsame Aktion von Freunden, Kollegen; die Mitglieder eines Clubs, einer Schicksalsgemeinschaft arbeiten gewöhnlich zusammen
Asymmetrische Beziehung von Natur aus	Belehrung, Unterricht, Ermahnung, Begeisterungsvermögen	Zusammenleben von Eltern und Kindern. Leiter-Geführte: Wer den Weg am besten kennt, führt die Gruppe
Asymmetrische Beziehung durch Vertrag oder Konvention	Weisung, Rapport, Mitarbeitergespräch (zw. Vorgesetztem und Angestelltem); Gespräch zw. Lehrer und Schüler; zw. Experten und Laien	Zusammenarbeit Chefarzt-Assistenzarzt; Kooperation Lehrer-Schüler; Betreuung eines Patienten durch Pflegepersonal
Asymmetrische Beziehung; Abhängigkeit mit Zwangscharakter	Befehl, Nötigung, Verführung, Gehirnwäsche z. B. Verhör, Festnahme	Kooperation Herr-Knecht; Herr-Sklave; Bestrafung, Verhaftung, Abschiebung (von Ausländern), Geiselnahme

Pol der *Achtung* (gegenseitig oder einseitig): Die Achtung ist häufig gegenseitig – zwischen Freunden oder Liebenden; im Diskurs und in der qualifizierten Kooperation zwischen den Teilnehmenden. Die Achtung kann auch einseitig sein, vor allem unter Bedingungen der Asymmetrie: Eltern bzw. Lehrkräfte achten Kinder in anderer Weise als Kinder ihre Eltern und Lehrkräfte achten.

Achtung versus Zwang

Pol des *Zwangs* (einseitig oder gegenseitig): Zwangsmittel liegen gewöhnlich in der Hand des Mächtigeren. Mit ihrer Anwendung kann dieser dem Schwächeren seinen Willen aufdrängen. Befinden sich zwei Personen in einem Machtkampf, versucht jede für sich, Zwang auf die andere auszuüben. Die Beziehung ist symmetrisch.

In menschlichen Gesellschaften wird der soziale Frieden auf zwei sich ergänzenden Wegen hergestellt und garantiert: durch die Moral – das internalisierte Wissen über Verhaltensmaßstäbe – und durch ein ausgeklügeltes System äußerer Sanktionen. Das eine ist symmetrisch, das andere asymmetrisch ausgerichtet:

Moral zur internen Verhaltenskontrolle

„Die *Durchsetzung* von Normen ist doppelt kodiert", sie geht „auf eine komplizierte Mischung aus Einsicht und Gewalt, zurück" (HABERMAS 1983, S. 72).

Entwicklungsgeschichtlich dürfte das Gewaltmotiv älter sein. Der Einsatz von Gewalt muss aber letztlich ethischen Kriterien genügen. Kein Sanktionssystem, keine staatliche Macht hätte Bestand, hielte sich niemand an Fairnessgebote. Die zunehmende Internalisierung sozialer Zwänge und Erwartungen ermöglicht einen immer zurückhaltenderen Einsatz der Gesetzeshüter. Handelten wir alle konsequent nach unseren ethischen Überzeugungen, würde sich der Einsatz der Polizei erübrigen. Die Orientierung an moralischen Regeln erweist sich aber ebenfalls als unmöglich ohne ein spontan funktionierendes Sanktionssystem: Menschen reagieren mit Kritik und Tadel, mit Übelnehmen, Empörung, wenn sich andere nicht an Vereinbarungen halten oder sich über moralische Regeln hinwegsetzen.

Sanktionsapparat zur externen Verhaltenskontrolle

Reflexionsübung: *Diskurs, Debatte oder Verhandlung im Schulwesen:*

1. *Elterngespräch:* Eine Lehrkraft führt mit den Eltern eines Schülers ein Gespräch darüber, ob er in eine weiterführende Schule (z.B. Gymnasium) übertreten soll oder nicht.

2. *Klassenkonferenz:* Zwischen den Schülern einer Klasse, dem Klassenlehrer und der Fachkraft Mathematik findet eine Aussprache statt: Die Klasse ist mit dem Unterricht in Mathe unzufrieden.

3. *Lehrerkonferenz:* Das versammelte Kollegium beschließt Maßnahmen zur Verringerung von Schülerabsenzen und einigt sich auf neue Pausenzeiten.

4. *Klassenlehrerkonferenz:* Alle Lehrkräfte, die in derselben Klasse unterrichten, besprechen und bewerten die Leistungen aller Schülerinnen und Schüler.

6. Utilitaristische Ethik

Angelsächsische
Ethik: Der
Utilitarismus

Eine der dominanten Ethiken der Gegenwart, mindestens im angelsächsischen Raum, ist der Utilitarismus (KYMLICKA 1996, 1. Kap.). Diese Ethik ist im vorliegenden Zusammenhang aus zwei Gründen von Bedeutung. Erstens weil die Themen und die Argumentationsweise des Utilitarismus besonders leicht verständlich sind und sich auf ihrer Basis hochinteressante Ethik-Diskussionen ergeben können, auch im Schulunterricht; und zweitens weil sich bei der Beurteilung von Maßnahmen an Schulen oder im Bildungswesen utilitaristische Erwägungen oft fast automatisch nahelegen (vgl. S. 123).

Der Grundgedanke des Utilitarismus lässt sich folgendermaßen zusammenfassen: Gut ist alles, was nützlich ist, und nützlich ist alles, was einerseits Lust und Wohlergehen fördert und andererseits Schmerzen und Leid vermindert. Dies gilt allgemein und nicht etwa auf die eigene Person begrenzt. Nicht derjenige handelt gut, der sein Wohlergehen auf Kosten anderer steigert, sondern derjenige, der das Wohlergehen in seiner Gesamtsumme steigert. Das utilitaristische Grundprinzip lautet in einer Formulierung, die Jeremy Bentham (1748–1832), der Begründer des Utilitarismus, von John Priestley übernommen hat: Es gilt, *„das größte Wohl der größten Zahl"* zu fördern (BENTHAM 1988, preface 2).

6.1 Das größte Wohl der größten Zahl

Was ist aber mit dem Wort *„Wohl"* gemeint? Bentham schlug vor, das Wohl des Einzelnen über die Summe von Lust und Unlust bzw. Freude und Leid oder Schmerz (*pleasure* und *pain*) zu errechnen. Letztlich kommt es auf die *Summe der Lustmomente* an, die jemand erlebt. Um sie zu messen, muss man Aspekte wie Intensität, Dauer und zeitliche Nähe der Lustmomente berücksichtigen. Davon sind die Momente der Unlust bzw. des Leidens zu subtrahieren. Je günstiger die Bilanz einer Handlung oder Maßnahme im Hinblick auf Lust und Unlust, desto besser ist sie. Es lohnt sich z.B., die Mühen und Unlustmomente, die eine gute Ausbildung mit sich bringt, auf sich zu nehmen, um einen Beruf zu erlernen, der einem gefällt und der ein Einkommen garantiert, mit dem man sich in Zukunft viele Wünsche (also Lust und Zufriedenheit) erfüllen kann. Doch dieser Kalkül beschränkt sich nicht auf die eigene Person. Was zählt, ist das aufsummierte Wohl aller. Der Einzelne soll sich immer dann für das Wohl seiner Mitmenschen einsetzen, wenn die Steigerung ihres Wohls das eigene Opfer überwiegt.

Überlegungen dieser Art leuchten intuitiv ein. Allerdings stellen „Lust-Quanten" keine geeignete Recheneinheit dar. Das zeigt sich schon, wenn man eigene Pläne gegeneinander abwägt oder Erinnerungen zu bewerten versucht: Wie kann ich die Feude an einem Badeausflug mit der Freude an einer Bergwanderung vergleichen? Oder die Freude an der letztjährigen Fe-

Lustmaximierung

rienreise mit der an der diesjährigen? Der Vergleich von Lusterlebnissen verschiedener Personen gestaltet sich noch heikler: Lust zu verspüren, ist immer ein subjektives Erlebnis. Die Lust des Einen kann daher nie genau mit der Lust des Anderen verglichen und verrechnet werden. Eine zusätzliche Komplikation besteht darin, dass nicht alle Formen der Lust von derselben Art sind. Wie schon im 19. Jahrhundert John Stuart Mill bemerkt hat, würde wohl kaum jemand sein Leben gegen das eines Tieres tauschen wollen, selbst wenn er dafür die Befriedigungen dieses Tiers voll auskosten dürfte. „Es ist besser, ein unzufriedener Mensch zu sein als ein zufriedenes Schwein; besser ein unzufriedener Sokrates als ein zufriedener Narr" (MILL 1985, S. 18).

Diverse Utilitaristen haben vorgeschlagen, Glück nicht über einen Lust-Kalkül, sondern auf der Basis von *Wunscherfüllungen* zu berechnen (vgl. 3.7.5). Eine Person sei umso glücklicher, je mehr Wünsche sie sich erfüllen könne. Das größte Wohl wäre mit der Erfüllung eines Maximums an Wünschen, und dies bei möglichst vielen Personen, zu erreichen. – Auch dieser Vorschlag wirft Fragen auf: Lebt, wer große, schwer erfüllbare Wünsche hat, unglücklicher als wer sich mit harmlosen Wünschen begnügt, die sich leicht erfüllen lassen? Wie soll man zwei Biographien gegeneinander abwägen, deren eine sich durch eine ununterbrochene Reihe trivialer Wunscherfüllungen auszeichnet, während in der anderen eine geringere Zahl von Wünschen, dafür tief ersehnte Anliegen, erfüllt werden? Wie weit soll oder darf sich jemand auf die Erfüllung eigener Wünsche konzentrieren? Sollte er sich nicht besser dafür engagieren, dass die Wünsche so vieler Personen wie möglich erfüllt werden? Und wenn Max einen größeren Kreis wohlmeinender Freunde hat, die ihm nur das Beste wünschen, als Peter, sollte man dann nicht eher das Glück von Max als das von Peter fördern, weil damit mehr Wünsche in Erfüllung gingen? Und schließlich, wie soll man sich zu perversen und sadistischen Wünschen verhalten?

Maximierung erfüllter Wünsche

Grundsätzlicher ist die Frage, ob die Erfüllung von Wünschen sich überhaupt immer positiv auf unser Wohlbefinden auswirkt. Wünsche motivieren uns, sie halten uns in Bewegung: Ein Leben mit Wünschen ist reicher als eines ohne. Auch Hoffnung hat Wunschcharakter. Ein Leben mit Hoffnung ist also sicher besser als eines ohne, aber das gilt auch, wenn viele Hoffnungen sich nicht erfüllen. Vorfreude ist ebenfalls Freude, und der Zustand der Verliebtheit beflügelt eine Person auch dann, wenn sich die Liebe nicht erfüllt.

Ein anderer Vorschlag stellt *Interessen* in den Mittelpunkt: Je mehr Interessen ich in meinem Leben verwirkliche, desto glücklicher bin ich. Je mehr Interessen die Menschen realisieren, desto mehr wächst die Gesamtsumme des Wohls. Dabei haben die Interessen aller Betroffenen zunächst gleiches Gewicht. Natürlich unterscheiden sich die Interessen der Menschen stark voneinander, und oft geraten sie miteinander in Konflikt. Peter Singer, der bekannteste zeitgenössische Vertreter des Utilitarismus, schlägt vor, solche Konflikte so zu lösen, dass ein Maximum an berechtigten Interessen befriedigt wird. Interessen haben eine gewisse Ähnlichkeit mit Wünschen: Man möchte viele, aber vielleicht nicht alle verwirklicht sehen, und es gibt Interessen, denen gegenüber wir ambivalent sind, etwa wenn sie auf Neid oder

Verwirklichung von Interessen

Hass beruhen. Zwischen Wünschen und Interessen besteht allerdings ein wesentlicher Unterschied: Wünsche können sich auf Unmögliches richten – etwa darauf, ein vergangenes Erlebnis zu wiederholen oder eine verstorbene Person wieder zum Leben zu erwecken. Interessen hingegen beziehen sich auf reale oder real mögliche Dinge, etwa einen guten Studienabschluss oder darauf, von schweren Krankheiten verschont zu bleiben. Interessen gelten häufig auch dem Fortbestand einer bestimmten Situation (z. B. der Schmerzfreiheit oder der Wahrung von Privilegien), während sich Wünsche eher auf Veränderungen beziehen, die eintreten müssen, damit der Wunsch in Erfüllung geht.

6.2 Utilitarismus und Ökonomie

Maximierung des Wohls und Wirtschaftswachstum

Vom Ansatz her steht der Utilitarismus der Ökonomie nahe. Dies zeigt sich in einer Reihe von Ähnlichkeiten: Dass die Wirtschaft wachsen muss, ist in den Wirtschaftswissenschaften ein Axiom. Im Utilitarismus entspricht ihm das Prinzip, „das größte Wohl der größten Zahl" zu steigern. Der Wirtschaft geht es um die Mehrung des materiellen Wohlstands (Adam Smiths klassisches Buch hat den englischen Titel „The Wealth of Nations"), dem Utilitarismus um die Mehrung des Wohls der Menschen (dieses Wohl beschränkt sich nicht auf den materiellen Wohlstand). Die Ökonomie misst Wirtschaftswachstum anhand des Bruttosozialprodukts, das in einer bestimmten Währung beziffert wird, die allerdings gegenüber anderen Währungen Schwankungen unterliegt. Dem Utilitarismus fehlt eine klare Recheneinheit. Die *Orientierung am Nutzen* teilt er mit der Ökonomie. Zur Ermittlung des Nutzens einer Handlung errechnet der Utilitarist die Differenz zwischen der Summe an Lust und Leid oder Schmerz, die die Handlung generiert. Analog verrechnet der Ökonom den Nutzen oder Gewinn von Investitionen oder Transaktionen mit ihren Kosten. So wie sich ein Unternehmer für das Betriebs*ergebnis*, den „*Output*" der Produktion interessiert, interessiert sich der Utilitarist für das *Resultat* einer Handlung oder Maßnahme. Der Begriff der *Effizienz* gehört zum Grundwortschatz der Ökonomie, er passt aber auch zum utilitaristischen Nutzenkalkül. Daraus wird manchmal fälschlich geschlossen, *Effizienz* sei eine ethische Kategorie.

Output-Orientierung und Effizienz

Gute Absicht – schlechte Absicht: Ist egal

Gute Absichten kann ein Utilitarist in seinen Berechnungen genau so wenig würdigen wie der Ökonom. Für die Markttheorie ist wesentlich, ob sich Angebot und Nachfrage im Gleichgewicht halten – die Motive oder Absichten, die hinter einer bestimmten Nachfrage oder einem bestimmten Angebot stehen, sind nebensächlich, außer für die Werbung. In ähnlicher Weise abstrahiert auch der Utilitarist in seinem Kalkül von den einer Handlung zugrunde liegenden Motiven und Absichten. Ob ein bestimmtes nützliches Ergebnis durch eine Handlung oder durch eine Unterlassung zustande kommt, ist gleichfalls unerheblich. Einen verschmutzten Flusslauf zu reinigen ist eine Leistung, die etwas kostet. Vorkehrungen gegen Verschmutzung kosten ebenfalls etwas. Firmen, die schmutzige Abwässer produzieren, könnten daher auf die Idee kommen, der Öffentlichkeit die Kosten für einen Verschmutzungsverzicht in Rechnung zu stellen. Auch der Utilitarist interessiert sich nicht dafür, ob ein bestimmtes Ergebnis durch eine Handlung oder durch den Verzicht auf eine solche zustande kommt. Daher betrachtet er es als gleich schlimm, wenn wir jemanden sterben lassen, den wir (z. B. durch finanzielle Unterstützung) retten könnten, wie wenn wir ihn töten (Singer 1984, S. 228).

Beide, Utilitarismus und Ökonomie, halten eine Handlung für *ethisch wertvoll*, wenn sie unter dem Strich ein positives Resultat erbringt. Dies ist auch bei Handlungen möglich, deren Motive nicht besonders edel sind. Ökonomen zitieren gerne einen Satz von Adam Smith, demzufolge egoistische Motive oft segensreiche Folgen haben: Der Einzelne strebt nach Gewinn, doch wird er „von einer unsichtbaren Hand geleitet, um einen Zweck zu fördern, den zu erfüllen er in keiner Weise beabsichtigt hat" (Smith 1990, S. 371). Der Unternehmer sucht den Profit, und die Mechanismen des Marktes sorgen dafür, dass er diesen nur einfährt, wenn er die Bedürfnisse seiner Kunden befriedigt.

Utilitaristen stellen den Menschen allerdings nicht als eigennützigen Gewinnmaximierer dar, wie die Ökonomen. Das Gegenteil trifft zu: Sie sehen im Menschen einen Altruisten, dem am Wohl der anderen mindestens so sehr gelegen ist wie am eigenen, und der sich gerne für andere einsetzt, wenn er ihnen dadurch mehr hilft, als er sich selber Nachteile einhandelt. Wohltätigkeit, die Förderung fremden Wohls, zählt für den Utilitaristen nicht weniger als die Maximierung des eigenen Nutzens – im Gegenteil. Die meisten Utilitaristen haben deshalb sozial fortschrittliche Ideen vertreten.

Utilitaristen sind uneigennützig

Das ökonommische „Gesetz des Grenznutzens" spielt im Utilitarismus eine große Rolle: 500 Euro bewirken für einen Obdachlosen mehr Gutes als für einen Millionär. Wenn dieser sie also dem Obdachlosen spendet, verliert er weniger als dieser gewinnt: Er erhöht somit die Gesamtsumme des Wohls. Im Grunde müssten die Reichen den Armen nicht bloß eine einmalige Spende zukommen lassen, sondern ihre Spenden bis zu dem Punkt wiederholen, von dem an jedes weitere Opfer für sie gleich viel wöge wie der Nutzen für die Armen. Armutsverminderung und Entwicklungshilfe sind bei den Utilitaristen Standardthemen (Singer 2009; Unger 1996). Die Argumente für die Armenhilfe gelten jedoch auch im Umkehrschluss: Wenn ein Armer einem Multimillionär 500 Euro stiehlt, ist der Nutzen für den Dieb größer als der Schaden für den Millionär. Gegen das Stehlen kann der Utilitarist aber andere Argumente ins Feld führen: Ein Diebstahl schadet dem Opfer mehr, als er dem Täter einbringt, wenn er ihm außer dem Geld auch seine Ausweise entwendet, ihn unter Schock setzt oder verletzt. Bei Einbrüchen und Raubüberfällen überwiegt oft schon der Kollateralschaden allein den Nutzen für den Räuber. Wenn ich von einer Handlung weniger profitiere, als jemand anderes dadurch geschädigt wird, sollte ich sie besser unterlassen. Häufige Diebstähle und Einbrüche, die nicht sanktioniert werden, schaffen Rechtsunsicherheit und höhlen die Gesetze aus. Der Strafvollzug lässt sich also utilitaristisch begründen, auch wenn die Kosten den Gesamtnutzen wieder verringern.

Das „Gesetz des Grenznutzens"

Grenznutzenprinzip und Armenhilfe

6.3 Das utilitaristische Gleichheitsprinzip

Gleichheitsprinzip

„Jeder zählt so viel wie einer, und keiner mehr" – so hat es Jeremy Bentham ausgedrückt (KYMLICKA 1996, S. 39). Und John Stuart Mill postuliert, dass „das Glück einer Person bei gleichem Grad (…) genausoviel" gilt „wie das Glück jeder anderen" (MILL 1985, S. 108). Dabei ist unerheblich, welcher Nationalität oder Religion jemand angehört und welche Sprache er spricht. Mill gibt der Gerechtigkeit sogar den Vorrang vor „gesteigerter menschlicher Lust" (ebd. S. 112). Aus dem Gleichheitsprinzip folgt, dass ein Personalchef, der für eine Anstellung zwischen zwei gleich qualifizierten Bewerbern zu wählen hat – einem Junggesellen und einem Vater zweier Kinder –, sich für den Familienvater entscheiden sollte, weil damit mehr Menschen geholfen ist.

Prinzip der gleichen Interessenabwägung

Peter Singer zufolge sind es die Interessen eines jeden, die gleich viel zählen („Prinzip der gleichen Interessenabwägung"). Es spielt keine Rolle, ob der Träger eines Interesses Clochard oder Staatspräsident ist. Wer die Anliegen verschiedener Personen nach ihrer Hautfarbe abstuft oder die Angehörigen anderer ethnischer Gruppen unterdrückt, ausbeutet und diskriminiert, um die Interessen der eigenen ethnischen Gruppe umso stärker zu fördern, schafft mehr Schaden als Nutzen und handelt also falsch. Utilitaristen engagieren sich seit jeher gegen Rassismus und Ethnozentrismus. – Allerdings gibt es eine Reihe von Faktoren, die die Geltung des Gleichheitsprinzips einschränken.

- Einige Interessen haben vor anderen Vorrang, und das gilt für alle Menschen gleichermaßen. Zu den vorrangigen Interessen gehören die „Vermeidung von Schmerz", die „Entfaltung von Fähigkeiten", die „Befriedigung elementarer Bedürfnisse wie Nahrung und Behausung", der „Genuss von Freundschaft und Liebe in der Beziehung mit anderen" und die „Freiheit, eigene Pläne zu verfolgen, ohne dass man von anderen gestört wird" (SINGER 1984, S. 35). Hinter ihnen haben weniger elementare Interessen zurückzutreten. Das Interesse eines Unternehmers, neben einer Schule ein Bordell zu errichten, wiegt weniger als das Interesse der Öffentlichkeit, die Schüler vor einer solchen Nachbarschaft zu schützen.
- Ist eine Person oder Persongruppe P_1 vom Ergebnis einer Handlung (Maßnahme) stärker betroffen als eine Person oder Persongruppe P_2, so fallen bei der Bilanzierung der Folgen die Interessen von P_1 stärker ins Gewicht als die von P_2. Das Interesse einer Bauernfamilie, deren Anwesen von einem Stausee überflutet wird, zählt mehr als das einer städtischen Familie, die vom erzeugten Strom profitiert, das Interesse des Grubenarbeiters an zuverlässigen Sicherheitsvorkehrungen in der Mine mehr als das der Aktionäre an der Gewinnsteigerung der Grube.
- Wenn Güter unteilbar sind, ist Gleichbehandlung unmöglich. Wenn nicht mehr alle Bedürfnisse befriedigt werden können, sollten die Ressourcen entweder dorthin gelenkt werden, wo die Bedürfnisse am größten sind, oder so verteilt werden, dass sich unter dem Strich am meisten Bedürfnisse befriedigen lassen. Ein Katastrophenarzt, der nach einem Erdbeben Hilfe leistet, behandelt als erstes diejenigen Opfer, die ohne Behandlung nicht überleben würden. Die tödlich Verletzten kommen an zweiter Stelle – sie

erhalten lediglich schmerzlindernde Mittel, ohne lebenserhaltende Maßnahmen –, die leicht Verletzten an dritter. Befinden sich unter ihnen auch ein paar Ärzte, dann sollten diese allerdings zuerst behandelt werden, damit sie so rasch wie möglich bei der Versorgung der Schwerverletzten helfen können. Gleichheitserwägungen würden vom Ziel ablenken.

6.4 Kann der Utilitarist moralische Normen gutheißen?

Der Utilitarist lehnt allgemeine Normen – das Lügen- oder Tötungsverbot usw. – ab. Dahinter steht die Überzeugung, dass wir oft nach Normen handeln, die in einer überlebten Tradition begründet sind und dass allgemeine Normen der konkreten Handlungssituation nicht immer genügend angepasst sind. Ein starres Netz von Geboten verführt zu Pedanterie und provoziert Widerstand. Eine allzu rigide Sexualmoral macht niemanden glücklich. Ob ein Regelsystem gut oder schlecht ist, zeigt sich an den Folgen, die es hervorbringt, nicht an den Motiven, die zu seiner Etablierung geführt haben. Robespierre wollte mit seinem rigorosen Moralismus die französische Gesellschaft verbessern, führte dabei aber ein Terrorregime ein, das auch viele Revolutionäre der Guillotine überantwortete.

Ablehnung allgemeingültiger Normen

Kriterium für die ethische Qualität einer Handlung – so die Folgerung der Utilitaristen – ist nicht ihre Normkonformität, sondern ihr tatsächlicher Beitrag zur Steigerung des Wohls bzw. zur Linderung von Leiden. Statt sich an ein rigides Normengeflecht zu binden, erscheint es vernünftiger, von Fall zu Fall zu prüfen, wie man das beste Ergebnis erreicht – nicht für einen selbst, sondern für alle von der Entscheidung Betroffenen. Deshalb wird gewöhnlich jede Handlung einzeln auf ihre Folgen und Nebenfolgen hin evaluiert.

Wie beurteilt der Utilitarist die Verbindlichkeit der bestehenden moralischen Normen? Es gibt zwei Möglichkeiten: Entweder hält er sie nur in Situationen für verbindlich, in denen ihre Befolgung mehr Nutzen als Schaden bringt. Wenn ich mit Ehrlichkeit Menschenleben retten kann, soll ich ehrlich sein; wenn ich mit einer Lüge Menschenleben retten kann, soll ich lügen. Wenn das Halten eines Versprechens überwiegend positive Folgen hat, soll ich es halten; andernfalls soll ich es brechen. Das läuft aber darauf hinaus, dass der Utilitarist den Normen ihre Verbindlichkeit abspricht. Somit gerät er in Kollision zu unserer moralischen Intuition. Statt allgemeingültigen moralischen Regeln sollte es nur Faustregeln geben, die man in jeder Situation dem Nutzenkalkül anpasst. Es wäre also durchaus in Ordnung, wenn Frau Meier in einem gegebenen Moment nach Faustregel A und im nächsten nach Faustregel B handelte.

6.5 Der Regelutilitarismus

Auf einer anderen, immer noch utilitaristischen Ebene liegt hingegen die Frage, ob es in menschlichen Gesellschaften überhaupt Regeln geben soll, und welche Regeln unter dem Strich den höchsten Nutzen stiften. Hier wird nicht mehr nach nützlicheren und weniger nützlichen Konsequenzen ein-

Gibt es nützliche Normen?

zelner Handlungen gefragt, sondern nach dem Nutzen einzelner Regeln oder ganzer Regel- oder Gesetzessysteme. Das heißt, die Gründe, weshalb wir eine bestimmte moralische Norm (oder ein Gesetz) einhalten, folgen nicht mehr utilitaristischen Kriterien: Wir halten sie auch dann ein, wenn die Kosten dafür im Einzelfall höher sind als der Nutzen. Der Regelutilitarist anerkennt also die Verbindlichkeit moralischer Normen, versucht sie aber in utitlitaristischer Manier zu begründen. Die entscheidende Überlegung lautet: Eine Regel sollte man nur einführen, wenn ihre allgemeine Befolgung zu überwiegend postitiven Resultaten führt. Eine Regel wie die, dass die Erhaltung der Familienehre einen Mord rechtfertige, schadet der Gesellschaft mehr als sie nützt, deswegen sollte es sie gar nicht geben. Die Regel hingegen, dass man seine Verträge und Versprechen halten soll, nützt mehr als sie schadet. Denn Versprechen und Verträge erleichtern die Kooperation zwischen den Menschen, auch wenn sie sich nicht persönlich kennen.

Ist Versprechen zu halten nützlich? Doch hier stößt die utilitaristische Begründung bald an Grenzen, wie folgendes Beispiel zeigt: Herr Müller verspricht dem Sohn seines Nachbarn, der ihm den Rasen mäht, als Belohnung 15 Euro, gibt diesen Betrag dann aber einem Bettler. Er weiß, der Schaden bleibt auf den Jungen begrenzt, er wird niemandem davon erzählen (KYMLICKA 1996, S. 30f.). Herr Müller könnte sein Verhalten utilitaristisch damit begründen, dass er das Wertäquivalent der Leistung, die der rasenmähende Junge für ihn erbrachte, an den Bettler weitergibt, um damit die Gesamtsumme des Wohls zu erhöhen, weil dieser mehr damit anfangen kann. Das stellt uns vor die Frage, welche Regel das gesamte Wohl stärker fördert, die Regel, dass wir Verträge halten und den vereinbarten Lohn an die Person auszahlen, die dafür etwas geleistet hat, oder die Regel, dass wir das Äquivalent einer Leistung, die jemand für uns erbringt, an die Person weitergeben, die davon am meisten profitiert? Es ist nicht sicher, wie die Antwort auf diese Frage lautet, aber einiges spricht dafür, dass der Utilitarist die zweite Regel vorzöge.

Um nicht anzuecken, könnte sich der Utilitarist vielleicht doch der Regel anschließen, dass Versprechen zu halten sind, und er könnte dies mit dem utilitaristischen Argument begründen, dass wir gegenüber Personen, die ihre Versprechen und Verträge brächen, das Vertrauen verlören und dies der Gesellschaft einen Schaden zufügte, der größer wäre als der Nutzen für diejenigen, die ihre Versprechen und Verträge brächen. Doch hier liegt ein Überlegungsfehler vor: Dass Versprechen zu halten sind, gilt nicht deswegen, weil ihre Nichterfüllung einen Vertrauensschwund zur Folge hat, sondern *ihre Nichterfüllung hat einen Vertrauensschwund zur Folge, weil die Norm gilt*. Wir erwarten voneinander, dass wir sie beherzigen. Mit der Wirkung, die der Versprechensbruch auf Dritte hat oder haben könnte, lassen sich Sinn und Zweck des Versprechens nicht erklären. Der Nicht-Utilitarist weist diese ganze Diskussion zurück und hält an der bekannten Regel fest: Versprechen sind zu halten, punktum. Herrn Müllers Verhalten gegenüber dem Jungen ist nicht in Ordnung.

Gibt es nützliche Normensysteme? Doch damit ist der Regelutilitarismus noch nicht erledigt. Wenn wir nämlich zwischen zwei möglichen Regelsystemen A und B wählen könnten, wobei in A das durchschnittliche Wohl der Menschen einen höheren Grad erreichte als in B, dann ist wohl klar, dass wir A vorzögen. Welches System das bessere ist, hängt von den jeweiligen gesellschaftlichen Umständen ab. Daraus folgt, dass scheinbar allgemeine Regelsysteme manchmal den Umständen angepasst werden müssen, wenn man die Summe des Wohlbefindens maximieren will. Dazu ein Beispiel aus der Politik: Im Allgemeinen funktionieren Demokratien besser als Diktaturen; in Demokratien leben die Menschen freier, die Menschenrechte werden zuverlässiger geschützt. Daraus lässt sich die Regel ableiten, dass Diktaturen in Demokratien umgewandelt werden sollten. Seitdem aber im Jahr 2003 der Diktator Saddam Hussein im Irak gestürzt worden ist, floss dort jedes Jahr erheblich mehr Blut als vor Saddams Sturz. Ausgelöst durch Volksaufstände fielen 2011 die Diktaturen in Tunesien, Ägypten, Libyen und Yemen. In Ägypten und Libyen starben seither ebenfalls jedes Jahr viel mehr Menschen durch Gewalt als zuvor, und in Syrien, wo der Sturz des Diktators bisher nicht gelungen ist, herrscht seitdem Bürgerkrieg.

Gesetze und moralische Normen dienen allerdings nicht nur und nicht in erster Linie dazu, den Nutzen bzw. den durchschnittlichen Wohlstand zu erhöhen, sondern möglichst gerechte Verhältnisse herzustellen. Gerechtigkeit lässt sich nicht auf Nützlichkeit reduzieren (FRANKENA 1994, S. 60f.). Beide Aspekte sind wichtig. Ein System von Normen ist nur dann gut begründet, wenn es gerecht ist und wenn durch die allgemeine Befolgung der Normen das Gesamtwohl der Betroffenen stärker zunimmt als durch ihre Nichtbefolgung oder unregelmäßige Befolgung.

Nützlichkeit versus Gerechtigkeit

Utilitaristische Begründung für eine soziale Ordnung

Für den Umstand, dass Menschen in organisierten Sozialverbänden, wie Staaten, leben wollen und bereit sind, sich Gesetzen und moralischen Regeln zu unterwerfen, gibt es gute utilitaristische Gründe: Die Einschränkungen, die wir in Kauf nehmen, wenn wir uns bestimmten Regeln unterwerfen, wiegen geringer als der Nutzen, den wir daraus ziehen, dass wir unter geordneten Verhältnissen leben. Schon Platon hat die Tatsache, dass menschliche Gesellschaften Gesetze schaffen, in quasi utilitaristischer Manier erklärt:

„Seinem natürlichen Ursprung nach, behauptet man, ist Unrechttun ein Gut, Unrechtleiden ein Übel, liegt im Unrechtleiden mehr Unglück als im Unrechttun Glück. Wer daher beides, Unrechttun und Unrechtleiden, ausgekostet hat und das eine sich nicht erwählen, dem andern aber nicht entgehen kann, wird es für vorteilhaft halten, einen Vertrag untereinander abzuschließen, der vor beidem schützt. Und daher seien Gesetze und Verträge entstanden; was das Gesetz befahl, nannte man gesetzlich und gerecht. Dies sei Ursprung und Wesen der Gerechtigkeit, die in der Mitte zwischen dem höchsten Gute – Unrecht zu tun, ohne Strafe zu leiden – und dem größten Übel – Unrecht zu leiden, ohne sich rächen zu können – gelegen sei" (PLATON 1982, II. Buch 358e–359b).

Es leuchtet unmittelbar ein, dass sich nicht alle möglichen Regelsysteme gleich günstig auf das menschliche Wohl in seiner Gesamtsumme auswirken. Hat die Gesellschaft die Wahl zwischen mehreren Regelsyste-

> *men, so sollte sie sich für dasjenige entscheiden, unter dem sich das Wohl am meisten steigern lässt, vorausgesetzt, es ist auch gerecht (RAWLS 1971). Sogar die Regeln der Moral sind im utilitaristischen Sinn „verbesserungsfähig" (MILL 1985, S. 41).*

6.6 Tierethik

Prinzip der Leidens-Minimierung

Weshalb soll man Ethik auf Menschen beschränken? In der hinduistischen und buddhistischen Ethik gilt es als selbstverständlich, dass auch Tiere in unsere ethischen Überlegungen einbezogen werden. Die meisten Utilitaristen sehen das genau so. Schon Bentham hat für einen schonenden Umgang mit Tieren plädiert, und bis heute finden sich unter den Utilitaristen einige der überzeugendsten Verfechter eines besseren Tierschutzes. Bentham wagte die Prognose, dass in ähnlicher Weise, wie im Verlauf der Kolonialgeschichte die Sklaverei immer stärker in die Kritik geriet, auch die Tierquälerei irgendwann an den Pranger gestellt werde. Ein Argument gegen Sklaverei lautete, dass Menschen mit schwarzer Hautfarbe genauso leiden, wenn sie ihrer Freiheit beraubt und malträtiert werden, wie Menschen weißer Hautfarbe. Die Intensität des Leidens ist von Eigenschaften wie Hautfarbe oder ethnische Zugehörigkeit unabhängig. Analoge Schlüsse lassen sich aus der Leidensfähigkeit von Tieren ziehen: Einem Wesen Stress und Schmerzen zuzumuten, ist nicht weniger schlimm, wenn dieses Wesen ein Tier, als wenn es ein Mensch ist.

> Bentham schrieb im Jahr der Französischen Revolution (1789): „Der Tag *könnte* kommen, an dem die übrigen Kreaturen jene Rechte erlangen werden, die man ihnen nur mit tyrannischer Hand vorenthalten konnte." Welche Gründe gibt es, Menschen schonender zu behandeln als Tiere? „Ist es die Fähigkeit zu denken, oder vielleicht die Fähigkeit zu sprechen? Aber ein ausgewachsenes Pferd oder ein Hund sind unvergleichlich vernünftigere Lebewesen als ein Kind, das erst einen Tag, eine Woche oder selbst einen Monat alt ist. (…) Die Frage ist nicht: können sie *denken*? oder: können sie *sprechen*?, sondern: *können sie leiden*?" (BENTHAM 1907, Kap. 18, Abschn. 1, Anm).

Tierschutz

Peter Singer übernimmt diese Argumentation und verbindet sie mit seinem „Prinzip der gleichen Interessenabwägung":

> „Die Fähigkeit zu leiden und sich zu freuen ist (…) eine Bedingung, die erfüllt sein muss, bevor wir überhaupt sinnvoll von Interessen sprechen können. (…) Ein Stein hat keine Interessen, weil er nicht leiden kann. Nichts, das wir ihm zufügen können, würde in irgendeiner Weise auf sein Wohlergehen Einfluss haben. Eine Maus dagegen hat ein Interesse daran, nicht gemartert zu werden, weil sie dabei leiden wird" (SINGER 1984, S. 73).

Singer wendet sich nicht nur gegen Tierversuche in Labors für medizinische oder kosmetische Zwecke, sondern auch gegen die Tiermast, Tiertransporte und rücksichtslose Tötungs-Praktiken in Schlachthöfen; gegen die nicht tiergerechte Haltung von Tieren in Privathaushalten, in zoologischen Gärten und im Zirkus, gegen die Jagd und Stierkämpfe … Besonders krass: Wir fischen große Teile der Ozeane leer und massakrieren neben den Speisefischen eine kaum geringere Menge an Meerestieren als „Beifang". Nicht alles, was wir Tieren antun, liegt allerdings im Fokus der utilitaristischen Kritik: Wir locken Tiere, die wir als Schädlinge betrachten, in Fallen, muten ihnen jede Menge Stress zu und töten sie oder lassen sie qualvoll sterben; wir streuen Rattengift, versuchen die Tsetsefliege auszurotten und räuchern Wespennester an Hausmauern aus. Für all diese Praktiken gilt natürlich ebenfalls: Je weniger die Opfer leiden, desto besser.

Wie würden Tiere, wenn sie sprechen könnten, die Tatsache kommentieren, dass ganze Tierarten, Tausende pro Jahr, verschwinden, weil unsere Zivilisation ihnen die Lebensgrundlage entzieht? Die utilitaristische Kritik lässt sich kaum widerlegen: Wir muten nicht-menschlichen Lebewesen unermesslich viel Leiden zu – viel mehr jedenfalls als nötig. „Fleisch ist ein Luxusartikel, der [bloß] konsumiert wird, weil die Menschen seinen Geschmack lieben" (ebd. S. 79). Wenn wir, wie die überlebenden Jägervölker, tierisches Fleisch zum Überleben benötigten, wäre dies ein mildernder Umstand. Aber wir könnten uns genauso gut vegetarisch ernähren, und dies hätte den weiteren Vorteil, dass die pflanzlichen Lebensmittel, die wir jetzt an Masttiere verfüttern, für die Ernährung von Menschen zur Verfügung stünden.

Wir können zwar keine zulässigen Vergleiche über das Leiden bei verschiedenen Tierarten anstellen, und es gibt keinen Algorithmus, der uns erlaubte, die Qualen eines Labortiers gegen den Nutzen für kranke Menschen aufzurechnen. „Auf Genauigkeit kommt es aber hier nicht an", schreibt Singer: Selbst wenn wir auf Tierquälerei nur in denjenigen Fällen verzichten müssten, in denen tierische Interessen stärker betroffen sind als unsere, „wären wir zu radikalen Änderungen bei unserer Behandlung von Tieren gezwungen" (ebd. S. 77).

6.7 Unterschied zwischen Mensch und Tier

Es gibt zwei Schwellen, die berücksichtigen muss, wer den utilitaristischen Kalkül auf Tiere ausdehnt. Die Vermeidung unnötiger Schmerzen kommt allen schmerzfähigen Lebewesen zugute. Aber wo verläuft die Grenze zwischen Schmerzempfindlichkeit und -unempfindlichkeit? Singer zielt mit seiner Argumentation nicht auf Insekten, Spinnen, Skorpione (von denen man nicht weiß, ob und in welchem Grade sie schmerzempfindlich sind). Sein Plädoyer gilt vor allem Wirbeltieren, und hier wiederum in erster Linie Säugetieren, denen wohl niemand Schmerzfähigkeit und Stressempfindlichkeit absprechen würde.

Die zweite Schwelle betrifft einen Unterschied zwischen Lebewesen im Hinblick auf ihre kognitiven Fähigkeiten. Aus utilitaristischer Sicht spricht in den meisten Fällen nichts dagegen, z. B. ein Freilandrind zu töten, sofern man dies so tut, dass es keine Schmerzen und keinen Stress erleidet. Dies gilt aber nicht für Tiere, die „sich selbst als distinkter Entitäten mit einer Vergangenheit und einer Zukunft bewusst" sind und insofern den Charakter von Personen haben. Diese Tiere bezeichnet Singer (1984, S. 130) als „ver-

Tiere, die Personen sind

nunftbegabt und selbstbewusst". Man darf sie so wenig töten wie Menschen. Seit der Entdeckung, dass Menschenaffen fähig sind, Sprache zu erlernen und zumindest die nahe Zukunft zu antizipieren, ist die einstmals unbestrittene Trennlinie zwischen Mensch und Tier ins Wanken geraten. Es steht außer Frage, dass Schimpansen künftige Handlungen planen können (ebd. S. 133), und wahrscheinlich verfügen alle Primaten über eine Vorstellung von sich selbst: Das Bonoboweibchen Washoe z. B. zeigte, als man ihr einen Spiegel brachte, auf ihr eigenes Bild und sagte: „Ich, Washoe" (ebd. S. 130). Inzwischen ist gut belegt, dass auch andere höhere Tiere über Selbstbewusstsein verfügen. Manche Tiere sind nicht nur gegenüber Artgenossen empathiefähig, sondern sogar gegenüber artfremden Individuen, deren Lebensweise ganz anders ist (WAAL 2011, Kap. 4; BAUER 2006, S. 225f.). Offenbar schreiben sie diesen anderen Wesen eigene Gefühle zu. Sie verfügen also wenigstens über ein rudimentäres Selbstbewusstsein. All diesen Tieren – allerdings auch nur ihnen – gegenüber müsste ein striktes Tötungsverbot gelten. Singer schreibt, „[die] Lehre von der Heiligkeit des Lebens" sei nur als „Lehre von der Heiligkeit des personalen Lebens" vertretbar (ebd. S. 134), beziehe sich aber nicht bloß auf Menschen, sondern auf alle personhaften Wesen.

Es gebe keinen Grund anzunehmen, dass für ein Wesen, das keine Vorstellung von sich selbst und einer eigenen Zukunft habe, ein langes Leben einen besonderen Wert darstelle. Ein solches Wesen dürfe man unter bestimmten Bedingungen töten, unabhängig davon, wie lange es gelebt habe: Die Tötung müsse aber so erfolgen, dass ihm Schmerzen und Stress erspart bleiben und auch Artgenossen dadurch kein Leid erfahren. Als weitere Bedingung gilt, dass die Gesamtsumme an Lust durch die Tötung nicht vermindert werde, nämlich dann, wenn sich das Weiterleben des Wesens „bei sorgfältiger Erwägung" als unlustvoll oder frei von Lust erweise oder wenn sein Tod durch die Entstehung neuen Lebens kompensiert werde (SINGER 1984, S. 143).

Menschen, die keine Personen sind

Soweit so gut; doch den Begriff der Person könne man nicht auf alle Menschen anwenden: Menschen mit schwerer geistiger Behinderung (ebd. S. 76) und selbst Säuglingen fehlten mindestens bis zum Alter von ein paar Wochen die Eigenschaften, die eine Person im engeren Wortsinn ausmachten. Singer schreibt: „Keine objektive Beurteilung kann dem Leben von Mitgliedern unserer Gattung, die keine Personen sind, mehr Wert verleihen als dem Leben von Mitgliedern einer anderen Gattung, die Personen sind" (ebd. S. 134).

Peter Singer ist „gefährlich"

Singer hat sogar mit dem Gedanken experimentiert, einen altgriechischen Brauch wiederzubeleben und Säuglinge erst nach 28 Tagen als Menschen im strikten Sinn zu betrachten. Eltern behinderter Kinder sollten das Recht haben, sich in dieser Frist für ihre Tötung zu entscheiden (KUHSE/SINGER 1985, S. 196). Kein Wunder, dass die Behindertenverbände gegen diese Argumentation Sturm liefen. 1989 musste Singer deswegen eine Vortragsreise durch Deutschland abbrechen. Die Behinderten-Organisation ‚Not Dead Yet' erklärte ihn „sogar zum gefährlichsten Mann auf Erden" (DER SPIEGEL, 26.11.2011 [http://www.spiegel.de/spiegel/print/d-20849296.html]).

6.8 Der utilitaristische Kalkül

Nach utilitaristischer Auffassung verlangt jede Handlung eine Abwägung von Nutzen und Schaden, Vorteil und Nachteil, Gewinn und Verlust. Dazu reicht es nicht aus, den positiven und negativen Einfluss der Handlung für das Hier und Jetzt oder allenfalls für die eigene Zukunft zu gewichten. Auch der Einfluss auf das Wohl und Wehe anderer Personen muss berücksichtigt werden, und zwar *aller, die davon betroffen sind oder sein können*; schließlich auch noch der Einfluss auf weitere leidensfähige Wesen. Selbst die nicht intendierten Nebenfolgen gilt es abzuschätzen.

Die Konsequenzen einer Handlung oder Maßnahme sind aber nie bis in all ihre Verzweigungen vorhersehbar. Man muss sich mit Trendannahmen und der Schätzung von Wahrscheinlichkeiten zufriedengeben. Sind sie von großer Tragweite, wie beispielsweise ein GAU bei einem Atomkraftwerk, müssen auch unwahrscheinliche Folgen erwogen werden. Doch auch das reicht noch nicht, denn neben den Folgen der geplanten Handlung sollten auch die Folgen und wahrscheinlichen Nebenfolgen aller konkurrierenden Handlungsoptionen berücksichtigt werden – schließlich geht es um die bestmögliche Entscheidung. Streng genommen müssten die Konsequenzen bis in die fernste Zukunft, mit allen Verzweigungen, bedacht werden. Selbst der beste Computer wäre zu einem solchen Kalkül nicht in der Lage.

Ergebnis und Folgen einer Handlung unterliegen nur zum Teil dem Kausalprinzip. Zum größeren Teil erwachsen sie aus menschlichen Reaktionen (Entscheidungen, Handlungen, politischen Massnahmen usw.), und für diese sind wiederum kollektive Gewohnheiten, Bräuche, Normen ausschlaggebend. Der Utilitarist kommt also gar nicht darum herum, sich auf all das einzulassen, was er bei der moralischen Beurteilung von Handlungen eigentlich ausklammern wollte: Absichten, Motive, Emotionen, soziale Bindungen, die Anwendung verpflichtender Normen.

Unter Utilitaristen besteht keine Einigkeit über „Währung" und „Grundeinheit" des Nutzenkalküls. Die Vorschläge reichen von Lust-Quanten über Interessen und Wünsche bis zu Akten der Bevorzugung. Einigkeit besteht hingegen darüber, dass der Kalkül personeninvariant sein muss: Jede Person zählt gleich viel. Und doch schreibt Singer (SINGER 1984, S. 35): „Gleiche Interessenerwägung ist ein Minimalprinzip der Gleichheit in dem Sinn, dass es nicht Gleichbehandlung diktiert." In der Praxis führt die Anwendung dieses Prinzips nämlich, je nach Situation, zu zwei einander entgegengesetzten Konsequenzen: (a) Ein Arzt trifft nach einem Bergunfall auf zwei Verletzte; der eine hat ein zerquetschtes Bein und unerträgliche Schmerzen, der andere leidet an einer Oberschenkelverletzung, die ihn gehunfähig macht, ihm aber kaum Schmerzen bereitet. Der Arzt verfügt über zwei Morphiumspritzen. Er wird sie dem ersten Patienten verabreichen, um seine Schmerzen auf ein erträgliches Maß zu reduzieren. Er behandelt die Patienten also ungleich, verringert aber den Intensitätsunterschied ihres Leidens. (b) Umgekehrt ist die Situation, wenn von zwei Verletzten der eine sich in einem so schlechten Zustand befindet, dass eine Notoperation bloß seine Schmerzen lindern, nicht aber sein Leben retten könnte, während beim anderen die Notoperation über Leben und Tod ent-

Tücken des Nutzenkalküls

Fehlende Recheneinheit

Ungleichbehandlung trotz Gleichheitsprinzip

scheidet. Ist der Arzt nur für eine einzige Notoperation ausgerüstet, dann wird er sie am zweiten Patienten durchführen, obwohl die Lage des ersten viel ernster ist. Der Eingriff führt nicht zu einem Ausgleich, sondern zu einer Verschärfung des Unterschieds. Doch da er einem von beiden das Leben rettet, maximiert er den „Nutzen".

Nutzenmaximierung in mehreren Dimensionen

Die Plausibilität, die der utilitaristische Kalkül auf den ersten Blick zeigt, verflüchtigt sich noch weiter, wenn man Folgendes bedenkt: Das Prinzip der Förderung des „größten Wohls der größten Zahl" läuft auf eine Maximierung in zwei unterschiedlichen Dimensionen hinaus und führt in ein Dilemma: Angenommen, die Zahl der Mitglieder einer Inselgesellschaft wachse kontinuierlich, und weil die Ressourcen immer knapper werden, sinke der mittlere Wohlstand, doch sinke er nur halb so rasch, wie die Zahl der Mitglieder wächst. In diesem Fall nimmt „das größte Wohl der größten Zahl" mit dem Bevölkerungswachstum zu, obwohl das durchschnittliche Wohl des Einzelnen sich ständig vermindert. Selbst wenn es unter den minimalen Lebensstandard absinkt, nimmt das aufsummierte Wohl weiter zu. Diese Folgerung nennt Derek Parfit die *repugnant conclusion"* (PARFIT 1986). Wenn wir zusätzlich das abnehmende Tierwohl in den Kalkül einbeziehen, wächst die Komplexität noch weiter.

Konflikt mit unseren moralischen Intuitionen

Es ist mehr als ein bloßer Schönheitsfehler, dass utilitaristische Verhaltensanweisungen – so sehr sie uns oft überzeugen –, unseren moralischen Intuitionen häufig diametral zuwiderlaufen. Das wird am folgenden Vergleich zweier Beispiele deutlich, bei denen es darum geht, ob man eine bestimmte Handlung ausführen oder sie unterlassen soll.

- Ein führerloser Zug hat sich auf einer abschüssigen Strecke in Bewegung gesetzt, und es gibt niemanden, der ihn anhalten könnte. Er nähert sich einer Gruppe von vier Gleisarbeitern, die ihn weder hören noch sehen können. Durch Umstellung einer Weiche könnte der Zug aber auf ein anderes Gleis gelenkt werden, auf dem sich ein einziger Arbeiter befindet, der ebensowenig gewarnt werden kann. Soll man die Weiche stellen? Aus utilitaristischer Sicht ist diese Frage klar zu bejahen, weil damit vier Menschenleben gerettet werden – auf Kosten eines einzigen. Viele Menschen geben an, sie würden die Weiche nicht stellen, denn das hieße, Schicksal zu spielen und einen Menschen zu töten, der, wenn man nichts tut, überlebt. Gegen diese Begründung spricht aber der Umstand, dass der Verzicht darauf, die Weiche zu stellen, genauso eine Überlegung voraussetzt wie das Stellen der Weiche. Als im April 1986 der Atomreaktor in Tschernobyl explodierte, wurden Hunderte Feuerwehrleute zum Löschen des Reaktors abdelegiert – für die meisten bedeutete dies längerfristig das Todesurteil; andere wirkten an der Versiegelung des strahlenden Reaktors mit und riskierten ebenfalls ihre Gesundheit. Von Menschenopfern zu sprechen, ist hier durchaus gerechtfertigt. Doch was wäre die Alternative gewesen? Die längerfristige Verstrahlung von Millionen, vielleicht Milliarden von Menschen.
- Vier Personen mit lebensbedrohlichen Schäden an verschiedenen Organen warten in einem Krankenhaus auf Ersatzorgane – Herz, Leber, Milz, Lunge; nun tritt ein Patient ins Krankenhaus ein, der all die gesunden Organe hat, die die vier Patienten so dringend benötigen, und dies zudem

mit der gleichen Blutgruppe und ohne das Risiko, dass die implantierten Organe abgestoßen würden. Soll der Chirurg ans Werk gehen und diesen Menschen „ausschlachten", um den anderen vieren das Leben zu retten? In diesem Fall ist klar die Unterlassung geboten, obwohl der Utilitarist dafür keine plausible Erklärung bieten kann. Denn der Nutzenkalkül ist derselbe wie im Beispiel mit dem Unglückszug. Kämen die beiden Fälle vor Gericht, würden die Richter mit Sicherheit den Arzt, aber wohl kaum den Wärter im Stellwerk verurteilen, wenn er sich utilitaristisch verhielte. Die meisten Menschen, die im vorherigen Beispiel bereit wären, die Weiche zu stellen, würden die Transplantation niemals durchführen. Das zeigt, dass der Utilitarismus unsere moralischen Intuitionen nicht zu erklären vermag. Liegen wir mit unserer moralischen Intuition falsch oder liegt der Utilitarist falsch?

Die Neigung der Utilitaristen zum Altruismus ist zwar zu begrüßen: Der Utilitarist nimmt die Folgen seiner Handlungen für die eigene Person nicht ernster als die Folgen für irgendwen sonst. Dies erweist sich aber am Ende als Bumerang: Denn die Interessen meiner nächsten Mitmenschen zählen ebenfalls nicht mehr als diejenigen einer gleichen Zahl von Personen, die ich überhaupt nicht kenne. Der utilitaristische Kalkül verlangt letztlich von uns, dass wir nicht nur unseren eigenen Standpunkt, sondern überhaupt jede bestimmte Perspektive, die ein Mensch einnehmen kann, transzendieren. Thomas Nagel zieht daraus eine bemerkenswerte Konsequenz: Keine einzige menschliche Perspektive reicht dazu aus, das utilitaristische Programm einzulösen. Die Art, wie man den Utilitaristen zufolge die Welt betrachten sollte, gleicht derjenigen eines Physikers oder Astronomen: Sie entzieht sich jeder bestimmten Perspektive, sie verkörpert den „Blick von nirgendwo" – „the view from nowhere" (so auch ein Buchtitel: NAGEL 1992). *Endlose Perspektiven-Vielfalt*

Diese Schwierigkeit stellt aber nicht nur einen Nachteil dar: Die utilitaristische Ethik eignet sich wegen ihrer unendlichen Perspektivenvielfalt wie keine andere zu Diskussionen und Debatten, auch wenn dabei zwangsläufig eine Vielzahl von Schwachpunkten deutlich wird.

6.9 Schwachpunkte des Utilitarismus

Für den klassischen Utilitarismus sind die Gründe für moralische Verpflichtungen gegenüber mir nahestehenden Personen unerheblich. Das gilt für: *Diskussionsstoff*

- Verpflichtungen aufgrund familiärer, verwandtschaftlicher oder freundschaftlicher Beziehungen: Wenn ich vor der Wahl stehe, 500 Euro in die Ausbildung meiner Tochter zu stecken oder sie zugunsten einer hungernden Familie in Afrika zu spenden, sollte ich Letzteres tun, weil in Afrika der Bedarf wahrscheinlich höher ist.
- Verpflichtungen aufgrund moralischer Normen wie der, dass Versprechen und Verträge zu halten sind: Wenn der Schaden aus dem Bruch eines Vertrags geringer ist als der Nutzen, dann soll ich den Vertrag brechen.
- Emotionale Bindungen und Beziehungen: Einer Person, die mir emotional nahe steht, bin ich nicht stärker verpflichtet als irgendjemandem sonst. Angenommen, Herr Held habe (über World Vision) die Patenschaft für ein

Mädchen in Nepal übernommen und stehe mit ihm auch im Briefwechsel; weil andere Kinder aber noch bedürftiger sind, sollte die Organisation Herrn Helds Überweisung, die für das Mädchen bestimmt ist, an diese anderen Kinder weitergeben.

- Die Menschenrechte kann ein Utilitarist nicht begründen und folglich auch nicht wirklich anerkennen. Bentham hat die Idee der Menschenrechte sogar als „Unsinn auf Stelzen" bezeichnet (so der Titel einer Schrift Benthams über die Französische Revolution; BENTHAM 2012). Auch Gerechtigkeitsprinzipien sind für den Utilitaristen ein Fremdkörper.

Das Prinzip, dass jeder Einzelne gleich viel zählt, schließt als Gleichheitspostulat rassistische und nationalistische Praktiken aus, und mit ihrer konsequenten Kritik an der Sklaverei (SINGER 1984, S. 35) haben sich die Utilitaristen große Verdienste erworben. Wenn aber eine Mehrheit eine Minderheit ausbeutet, steht der Utilitarist hilflos daneben – er verfügt über keine triftigen Argumente gegen diese Praxis: Liegt es im Interesse einer großen Gruppe, ein paar Personen zu versklaven, so stehen die Interessen Vieler gegen die Weniger, und die Vielen überwiegen die Wenigen. Die Erklärung der Menschenrechte ist wohl das wirkungsvollste Instrument gegen jede Art von Ausbeutung einer Minderheit durch die Mehrheit. Weite Teile der Wirtschaft funktionieren heute allerdings nach utilitaristischen Maßstäben: Viele Betriebe profitieren von der Armut der Menschen, indem sie sie für unwürdige Löhne riskante, unappetitliche oder gesundheitsgefährdende Arbeiten ausführen lassen.

Dennoch wäre es vorschnell, den Utilitarismus wegen seiner Schwächen ad acta zu legen, wie dies in der deutschsprachigen Philosophie nicht selten geschieht. Die Kritik fegt nämlich nicht die gesamte Substanz weg, von der der Utilitarismus zehrt. Zu den *deontologischen* Ethiken (den Ethiken, die sich an Normen orientieren) bietet er eine wichtige Ergänzung: Wenn Frau Meier oder Herr Müller die geltenden moralischen Regeln einhält, handelt sie oder er „korrekt". Doch der Utilitarist ist damit nicht zufrieden: Frau Meier oder Herr Müller könnte noch mehr tun: Sie oder er würde zwar nicht töten, nicht stehlen, alle Versprechen halten usw. Doch wo bleibt das *Wohlwollen* gegenüber anderen Personen? Eine Person, der das Wohl anderer Menschen so sehr ein Anliegen ist, dass sie sich ohne Hintergedanken für sie einsetzt, wirkt wohl überall auf der Welt sympathischer als der bloße Moralist. Wohltätigkeit ist eine höhere Tugend als moralische Korrektheit (FRANKENA 1994, S. 64ff.).

Man kann auch Gutes tun, wenn keine Normen dies vorschreiben. Es gibt immer Möglichkeiten, an der Verbesserung der Lebensqualität von Menschen, die unter elenden Bedingungen leben, mitzuwirken. Diese Einsicht gehört zu den Ur-Intuitionen der Utilitaristen.

Seitennotizen:

Menschenrechte oder Utilitarismus?

Wohlwollen ist mehr als Gerechtigkeit

Reflexionsübung: Utilitaristische Erwägungen im Bildungswesen:

1. Was ist von der Behauptung zu halten: Je gründlicher die Ausbildung und je größer die Zahl der Auszubildenden, desto besser?

2. Sind alle Fähigkeiten gleichermaßen positiv, oder sind einige förderungswürdiger als andere? Gibt es Prioritäten, z.B. zwischen den intellektuellen, musischen und sportlichen Fähigkeiten?

3. Was ist utilitaristisch gesehen besser: (a) eine Schule *mit* oder *ohne* Selektion? Falls Ersteres: (b) Ist der „Gesamtnutzen" höher, wenn die Selektion eher früh oder wenn sie eher spät stattfindet?

4. Wer bzw. was sollte man stärker fördern: (a) Leistungsstarke oder leistungsschwache Schüler? (b) die Grundschulausbildung oder die Hochschulausbildung? – Falls man sich für die Antwort „beide gleich" entscheidet, wie begründet man sie?

5. Soll man schwache Schüler eher in Sonderklassen fördern oder sie eher in Regelklassen eingliedern? In Sonderklassen sind die Lernziele niedriger. In Regelklassen wirken die stärkeren Schüler vielleicht stimulierend, aber die Erfahrung, zu den Schwächeren zu gehören, kann entmutigen.

6. Soll man fehlbare Schüler bestrafen, sie also leiden lassen? Oder soll man sich auf Drohungen beschränken, ohne ernstlich zu strafen? Falls man straft, soll man es möglichst diskret tun oder soll man ein Exempel statuieren, sodass alle, die davon erfahren, eine Lehre daraus ziehen?

7. Die Entwicklung der elektronischen Medien hat unsere Lebensgewohnheiten stark verändert. Worin liegen ihre diversen Vorteile und wo überall die Nachteile? Wie sieht die Gesamtbilanz aus?

8. Was ist am wichtigsten: ein gutes Ausbildungs-, ein gutes Gesundheits- oder ein gutes Polizeiwesen? Wie soll der Staat seine Mittel auf diese drei Bereiche, gemäß ihrer Wichtigkeit (ihrem utilitaristischen „Nutzen"), verteilen?

7. Die Entwicklung des Ethik-Verständnisses bei Kindern und Jugendlichen

Jean Piaget und
Lawrence Kohlberg

Eine Theorie der Moralentwicklung sollte zweierlei leisten: eine Erklärung, wie sich die moralische Urteilsfähigkeit bei Kindern und Jugendlichen und wie sich das Verhalten selbst in moralisch relevanten Situationen entwickelt. Jean Piaget (1896–1980) und Lawrence Kohlberg (1927–1987) haben bei der Erforschung dieser Fragen Pionierarbeit geleistet. Piaget untersuchte v. a. Kinder von drei bis ca. zwölf Jahren, Kohlberg Kinder von ca. sieben Jahren bis ins Erwachsenenalter. Kohlberg interessierte sich ausschließlich für die Urteilsfähigkeit der Kinder und stützte seine Forschungen auf Interviews (KOHLBERG 1996). Piaget beobachtete dagegen auch das kindliche Verhalten und stellte es dem kindlichen Urteil gegenüber. Je höher das Niveau, auf dem sich das moralische Urteil einer Person bewegt – so die Hauptthese Kohlbergs –, desto reifer im Sinne von gerechter handelt sie. Während moralische Überzeugungen und konkretes Verhalten auf den tieferen Niveaus häufig auseinanderklaffen, stimmen sie immer besser überein, je weiter die Person in ihrer Entwicklung fortschreitet. Doch anders als bei Piaget blieb diese These bei Kohlberg unbegründet, da er nie konkrete Verhaltensstudien anstellte. Piagets Untersuchungen zum kindlichen Regelverhalten und zur kindlichen Lüge sind hingegen reich an Material, das Kohlbergs Thesen bis zu einem gewissen Grade stützt.

7.1 Entwicklung verläuft in Stufen

Eine Einführung in die Moralentwicklung muss über diese beiden Autoren jedoch hinausgehen. Denn sie ließen beide die Entwicklung der Gefühle und der Einfühlungsfähigkeit (Empathie) unberücksichtigt. Auch die soziale Einbettung des Kindes blendeten sie weitgehend aus. In den gut zweieinhalb bis drei Dekaden seit ihrem Wirken hat sich das Bild der Moralentwicklung erheblich erweitert und differenziert. Von besonderem Wert sind diverse Studien zur Entwicklung der Gefühle, der Empathiefähigkeit und des sozialen Verstehens bei Kindern und Jugendlichen. – In diesem Kapitel soll versucht werden, wesentliche Teile dieser neueren Erkenntnisse mit dem zu verbinden, was von Piagets und Kohlbergs Pionierleistungen unwiderlegt geblieben ist.

Entwicklung als
Dezentrierungs-
Prozess

Dazu gehört Piagets Erkenntnis, dass die Entwicklung des Wissens als Dezentrierungs-Prozess abläuft – als Prozess der Überwindung geistiger Zentrierungen. Piaget brachte das kindliche Denken mit einem „Egozentrismus" in Verbindung, den das Kind in dem Maße hinter sich lässt, als es entdeckt, dass es neben dem eigenen auch noch andere Standpunkte gibt, und die Fremdperspektiven dann zunehmend mit der eigenen koordiniert, was bedeutet, dass es den eigenen Standpunkt mitreflektiert. Dabei nimmt die Kohärenz zwischen Denken und Handeln zu: Um kohärent zu handeln, müssen wir in der Lage sein, unser Verhalten zu reflektieren, und das geschieht u. a. im sprachlichen Urteil.

> Das „sprachliche Denken [folgt] einfach dem konkreten Denken in einem bestimmten Abstand nach, da es sich darum handelt, auf der früheren Ebene bereits ausgeführte Operationen auf einem neuen Plan [d. h. einer neuen Ebene] symbolisch zu rekonstruieren" (PIAGET 1973, S. 128). Daraus folgt die Hypothese, „dass das sprachliche und theoretische Urteil des Kindes in großen Zügen den konkreten praktischen Urteilen entspricht, die das Kind in seinen Handlungen während der (…) vorangehenden Jahre gefällt hatte" (ebd., S. 130); demzufolge hinkt das Bewusstsein „zwangsläufig der eigentlichen Tätigkeit nach" (ebd., S. 199).

Die Abfolge von praktischem Urteil und sprachlichem Urteil lässt sich übersetzen in eine Abfolge von *intuitivem* und *explizitem (reflektiertem)* Wissen. Jedes explizite Wissen eröffnet Möglichkeiten zu neuem praktisch-intuitivem Wissen, das später ebenfalls reflektiert werden kann. Nach der Veröffentlichung seiner Studien zur Moralentwicklung (1973, Orig. 1932) veränderte Piaget seine Thesen zur Dezentrierung substantiell: Erstens brachte er die Frühformen kindlichen Denkens nicht mehr ausschließlich mit einem Egozentrismus in Verbindung, sondern auch mit einer Einstellung, die das Ding selbst mit seiner perspektivenabhängigen Außensicht vermengt und die er als „Realismus" bezeichnete. Zweitens stellte er fest, dass sich Dezentrierungsprozesse auf *mehreren Entwicklungsstufen* wiederholen (KESSELRING 1999, S. 101f.). Als er die Moralentwicklung untersuchte, ging er noch davon aus, dass es nur einen einzigen, kontinuierlichen Dezentrierungsprozess gebe, nicht eine Wiederholung mehrerer solcher Prozesse auf verschiedenen Stufen. Doch sprechen aber diverse Untersuchungen anderer Autoren zugunsten der Annahme, dass sich die Abfolge von Egozentrismus und Dezentrierung auch in der Moralentwicklung mehrfach wiederholt. *[Randnotiz: Entwicklungsstufen]*

Dazu ein konkretes Beispiel: Babys sind im Alter von eineinhalb Jahren fähig, sich in andere Personen einzufühlen und einen Spielkameraden, der sich wehgetan hat, zu trösten. Doch die Art, wie sie ihn trösten, ist „egozentrisch": Sie bieten ihm den eigenen Teddybären oder die eigene Puppe an, womit sie sich in ähnlichen Situationen selber zu trösten pflegen (HOFFMAN 1983, S. 249). Diese egozentrische Tröstungs-Strategie verliert sich später. Kurz nach ihrem zweiten Geburtstag trösten Kinder den Kameraden, indem sie ihm seine eigene Puppe bringen. *[Randnotiz: Egozentrische Empathie-Bezeugung]*

Auf analoge Weise wird in der mittleren Kindheit eine egozentrische Form, sich auf andere Personen einzulassen, durch eine dezentrierte abgelöst. Das lässt sich am Beispiel der sogenannten *Goldenen Regel* zeigen: „Was du nicht willst, dass man dir tu', das füge auch keinem anderen zu" (PIAGET 1973, S. 366f. und LICKONA 1989, S. 219f.). Diese Regel ist in klassischen Quellen unterschiedlichster Kulturen verbürgt. Aber sie hat einen „egozentrischen" Kern: Ein Masochist, der sich gerne schlagen lässt, könnte sich auf sie berufen, wenn er andere schlägt. Diesen Egozentrismus überwinden die meisten Menschen später – nach dem Motto: „Tu' dem anderen nicht, was *du* willst, dass man dir tue, denn er könnte einen anderen Geschmack haben als du" (SHAW 2004, S. 227). Die „dezentrierte" Faustregel: *[Randnotiz: Egozentrisches Regelverständnis]*

„Füge keinem anderen etwas zu, wovon *er* nicht will, dass man es ihm antue" zeugt von größerer Reife als die Goldene Regel.

Im Folgenden sollen die Ansätze von Piaget und Kohlberg miteinander verbunden und in ein einheitliches Stufen-Konzept integriert werden. Die Darstellung berücksichtigt neben der Entwicklung des moralischen Urteils auch die der Empathiefähigkeit einerseits und des Verständnisses sozialer Beziehungen andererseits, einschließlich des Verständnisses der eigenen Person: Das Selbstwertgefühl entwickelt sich durch soziale Interaktion, steht aber gleichzeitig mit den eigenen moralischen Überzeugungen in engem Zusammenhang. – Die folgende Darstellung will nicht zuletzt auch die Gründe verdeutlichen, weshalb in der frühen Kindheit moralisches Wissen und konkretes Handeln scheinbar eigene Wege gehen.

Schon für kleine Kinder steht außer Frage, dass man andere nicht schlagen und nicht bestehlen darf, weil man sie damit zum Weinen bringen würde, und dass man diese Verbote nicht durch Absprachen verändern kann (TURIEL 1983). Dies wissen sie dank ihrer Fähigkeit, sich empathisch in die Opfer zu versetzen. Trotzdem schlagen oder bestehlen sie ihre kleinen Kollegen manchmal und schreiben dem erfolgreichen Schläger oder Dieb danach ein positives Gefühl zu.

> *Der „Happy Victimizer":*
>
> „Kinder im Alter zwischen vier und acht Jahren hörten sich verschiedene Geschichten an, in denen ein Kind stahl, log oder ein anderes Kind angriff. Die Gruppe der Vier- und Fünfjährigen fand übereinstimmend, dass sich das Kind über seine Übeltat freuen würde. Sie begründeten ihr Urteil" damit, „dass es dem Kind gelungen war, dem anderen Kind eins auszuwischen, oder dass es mit seiner Beute entkommen konnte" (HARRIS 1992, S. 96). Dabei wissen Kinder von drei bis vier Jahren an bereits genau, dass man andere nicht schlagen, ihnen nichts wegnehmen, sie nicht zum Weinen bringen darf. – Doch erst im Alter von acht Jahren schreiben die Kinder dem Übeltäter mehrheitlich negative Gefühle zu. Sie argumentieren, „dass das Kind etwas Falsches getan hatte, dass es böse gewesen war oder dass es nun wahrscheinlich Gewissensbisse haben würde, weil es moralische Prinzipien verletzt hatte" (ebd.).
>
> Parallele Untersuchungen förderten zutage, dass bei einem Ratespiel die Mehrheit der jüngeren Kinder zum Betrug neigte, als die Aufsichtsperson den Raum verließ, während sich die älteren – von acht Jahren an – in der Mehrheit ehrlich verhielten (NUNNER-WINKLER 1996).

Wie lässt sich diese Paradoxie verstehen? Wie Piaget schon 1932 nachgewiesen hat, hält das Kleinkind bestimmte soziale Regeln (selbst Spielregeln, etwa beim Murmelspiel!) für sakrosankt, richtet sich aber dennoch nicht nach ihnen, weil es sie nicht versteht. Erst etwa mit acht Jahren begreift es das Prinzip der Gegenseitigkeit („gegenseitige Achtung"), das diesen Regeln oder Normen zugrunde liegt: *Normen sind wechselseitige Verhaltenserwar-*

Marginalien:

Kleinkinder wissen: Man darf andere nicht zum Weinen bringen

Der glückliche Übeltäter

tungen. So wie Kinder beim Murmelspiel die Regeln, vereinbaren Menschen, um kooperieren zu können, die Art und Weise ihres Vorgehens. Kooperation funktioniert auf der Basis bestimmter Normen, wie des Tötungsverbots, des Verbots, andere physisch anzugreifen, zu bestehlen usw. Solange Kleinkinder das Prinzip der Gegenseitigkeit noch nicht verstehen, entgeht ihnen der Zusammenhang zwischen dem Übertreten von Normen und Scham- bzw. Schuldgefühlen, und so schreiben sie dem Übeltäter auch noch kein schlechtes Gewissen zu, obwohl er Dinge tut, von denen schon das Kleinkind aufgrund seines Empathievermögens weiß, dass man sie nicht tun darf.

Die moralische Intuitionen bauen sich beim Kind gleichsam schichtweise auf – parallel zu dem sich entwickelnden Bild, das es sich von sich selbst und anderen Personen macht. Es lassen sich mehrere Etappen unterscheiden, über die sich das Selbst-Bewusstsein und das Bewusstsein der sozialen Beziehungen konstituiert und anreichert. Die Moralentwicklung hängt aufs Engste mit diesem Prozess zusammen.

7.2 Die Anfänge: Piagets „sensomotorische" Stufe

In einer ersten Phase (bis ins Alter von eineinhalb Jahren) lernt das Kind den eigenen Körper und seine Eigenschaften kennen. Es kann schreien, plappern, sich fortbewegen, aufrecht gehen usw. Es koordiniert seine motorischen Bewegungen mit seinen Sinneswahrnehmungen und macht die Erfahrung, dass man Gegenstände greifen, anschauen, schütteln, vor die Nase halten und belecken bzw. in den Mund nehmen kann. Indem es die verschiedenen Sinnestätigkeiten koordiniert, erforscht es zugleich seine Umgebung. Es zeigt auch schon erste elementare Emotionen – Freude, Ärger, Kummer, Überraschung – und versteht sie intuitiv, wenn es sie bei seinen engsten Mitmenschen beobachtet.

Säuglingsalter

Das Baby gestaltet seine sozialen Beziehungen aktiv mit. In seinen Untersuchungen über die kindliche Zeigegeste hat TOMASELLO (2009; 2010) gezeigt, wie sich das intuitive Verständnis dieser Beziehungen entwickelt. Im Alter von neun bis zwölf Monaten erfasst das Kind die Bedeutung des Zeigens: Es weist mit dem Zeigefinger auf ein Ding und will, dass die Person in seiner Nähe ihre Aufmerksamkeit darauf richtet. Es versteht auch den Zeigeakt einer anderen Person (z. B. seiner Mutter). Offenbar schreibt es dem gezeigten Gegenstand eine Existenz zu, die von seinen Sinnen unabhängig und auch für andere Personen sichtbar ist. Die geteilte Aufmerksamkeit (*joint attention*) hat für das Baby den Charakter eines Kollektivereignisses, an dem es teilnimmt: Es weiß intuitiv, dass „Mama weiß, dass ich auch hinschaue", oder es vergewissert sich mit einem Blick zur Mutter, dass diese hinschaut. Es weiß aber noch nicht, dass „Mama weiß, dass ich weiß, dass sie mir den Clown zeigen will". Dieses reflexive Wissen stellt sich erst viel später ein. Ein Baby zeigt im Alter von $13\frac{1}{2}$ Monaten seiner Mutter mit einer Geste, wo der gesuchte Kühlschrankmagnet liegt, um auszudrücken: „Suche in der Fruchtschale, dort ist der Magnet!" (ebd., S. 127). Es tut dies aber noch ohne explizite Theorie darüber, welche Informationen die Mutter hat

Frühe Gleichheits-Beziehung

und welche nicht. Es beobachtet einfach ihren Suchakt und erschließt aus dem Kontext, dass es der Magnet ist, den die Mutter sucht, und weil es ihn kurz zuvor gesehen hat, zeigt es auf die betreffende Stelle. Erst viel später assoziiert es mit dem äußerlich sichtbaren Suchakt den nicht sichtbaren kognitiven Sachverhalt, dass die Mutter nicht weiß, wo sich das gesuchte Objekt befindet.

7.3 Das gespiegelte Gesicht, Empathie, keimender Wille (eineinhalb bis drei Jahre)

Meine Gefühle habe nur ich

Jeder Mensch hat seine eigenen Gefühle. Meine Freude am ersten Schnee fühle nur ich, zu ihr hat sonst niemand Zugang, obwohl sich andere Personen ebenfalls am ersten Schnee freuen. So hat auch jede Person ihr eigenes Gesicht. Hier aber verhält es sich umgekehrt als bei den Gefühlen: Alle, die mir begegnen, können mein Gesicht sehen, nur ich nicht. Mit etwa eineinhalb Jahren scheint ein Kind intuitiv zu wissen, dass jede Person ihre eigenen Gefühle und ihr eigenes Gesicht hat und dass es selbst sein Gesicht nur im Spiegel (oder auf einer Fotografie) sehen kann (HOFFMAN 2000, S. 69f.).

Mein Gesicht kann nur ich nicht sehen

Dass es *sein* Gesicht ist, was es im Spiegel sieht, erfasst das Kind vermutlich durch Analogieschluss aus der Lokalität des Gesichts bei anderen Personen. Das bedeutet, es macht sich nun ein Bild von seinem Körper. Dieses Bild wird fortlaufend angereichert: durch sein Wissen um Gefühle, um den keimenden Willen, seine Interessen, Gedanken usw. Neben den Unterschieden im materiell-körperlichen Bereich nehmen nun auch die Unterschiede auf der psychologischen bzw. geistigen Ebene zunehmend klarere Konturen an.

Babys werden empathiefähig

Zwischen sich und anderen Menschen erkennt das Kleinkind ebenfalls immer deutlichere Unterschiede. Schon in den ersten Lebensmonaten erschließt es aus dem Gesichtsausdruck und der Stimme der Mutter, ob sie sich freut, sich ärgert oder Kummer hat, und es verhält sich dazu nicht gleichgültig. Doch erst mit eineinhalb Jahren wird es fähig, sich in andere einzufühlen. Diese Fähigkeit stellt sich nicht von einem Tag zum anderen ein. Es wäre unplausibel anzunehmen, ein Säugling betrachte andere Personen als seelenlose, selbstbewegliche Puppen. Vieles spricht dafür, dass er anfangs gar nicht klar zwischen körperlichen und seelischen Regungen unterscheidet und Gefühlsereignisse auch nicht einzelnen Personen zuschreibt. Ein Neugeborenes, neben dem ein anderes schreit, beginnt ebenfalls zu schreien. Man kann dies entweder damit erklären, dass Babygeschrei ansteckend wirkt oder dass das Geschrei dicht neben dem Baby bei diesem ein Unwohlsein hervorruft. Das reaktive Schreien verschmilzt mit dem spontanen Geschrei (HOFFMAN 2000, S. 64f.), der Säugling verhält sich so, als sei er in ein akustisches und emotionales Kollektivereignis verwickelt.

Die Einfühlung stammt aus der „Einsfühlung"

Die Vermutung des Philosophen Max Scheler, die Einfühlung entstamme einer ursprünglichen *Einsfühlung* (SCHELER 1985, S. 29), klingt durchaus überzeugend.

Das empathiefähige Kind lässt sich nicht mehr unmittelbar von fremden Emotionen anstecken. Es denkt auch nicht mehr, die eigenen Gefühle würden ohne Weiteres von seinen Mitmenschen geteilt. Es begreift intuitiv, dass jede Person nur zu ihren eigenen Gefühlen direkten Zugang hat. Die Einfühlung hebt den Abstand zur Gefühlswelt des anderen also gerade nicht auf. Man fühlt ja nie genau das, was der andere fühlt. Aber man kann die Gefühle anderer beeinflussen. Diese Entdeckung macht schon das Baby. Von etwa 14 Monaten an entwickelt es Initiativen, um einen Kameraden, der sich wehgetan hat, zu trösten und ihm zu helfen. Zur gleichen Zeit kann man auch beobachten, wie es andere Personen gezielt ärgert oder nervt. Einfühlungsfähigkeit ist hierfür genauso vorausgesetzt wie für das proaktive, helfende Verhalten.

Zwischen eineinhalb und drei Jahren schreibt das Kleinkind anderen Personen also immer klarer ein unsichtbares Innenleben zu und differenziert zwischen der Außen- und der Innenperspektive: Es beobachtet eine Person und vergleicht intuitiv ihren sichtbaren Emotionsausdruck mit den Gefühlen, die es selbst empfindet, wenn es sich in sie einfühlt. Dabei begreift es, dass die Gefühle der anderen Person mit den eigenen Gefühlen nicht identisch zu sein brauchen.

So, wie zwischen eigenen und fremden Emotionen, beginnt das Baby zwischen eigenem und fremdem Willen zu unterscheiden. Dies zeigt sich an der Häufigkeit, mit der Zweijährige protestieren. Das „Nein!" gehört bei manchen Kindern zu den frühesten sprachlichen Äußerungen. Es stellt gleichsam den Reflex auf einen fremden, vom eigenen abweichenden Willen dar (SPITZ 1960).

Etwas zu *wollen*, setzt das Treffen einer Wahl voraus, eine freie Entscheidung. Doch das zweijährige Kind versteht die Wahlsituation noch nicht. Ein Kind, das man fragte: „Willst du Milch oder Kakao?", gab zur Antwort: „oder Kakao". Als man die Frage umdrehte: „Willst du lieber Kakao oder Milch?", antwortete es: „oder Milch".

Auch andere elementare Beziehungen stehen dem Kind noch nicht zur Verfügung: Das Nebeneinander zweier Gegenstände ist leichter zu erfassen als das Ineinander; die Beziehung vorn/hinten leichter als die Beziehung links/rechts, die bis zum Alter von fünf bis sechs Jahren Mühe bereitet; die Unterscheidung zwischen heute und gestern fällt schwerer als die zwischen heute und morgen: Der Blick geht nach vorn, und bis morgen muss man nur noch einmal schlafen (SCHENK-DANZIGER 2002, S. 139). Das Kind kennt nun einige seiner Gefühle und kann sie unterscheiden – Freude/Ärger, Neugier/ Langeweile, Angst/Geborgenheit –, doch unterscheidet es noch nicht zwischen Wille und Gefühl. Sein Wollen erhebt sich nicht über das Niveau seiner Affekte, denen es auch nichts entgegenzusetzen vermag.

Das Zweijährige verfügt also nicht schon über einen *freien Willen*. Das Kleinkind, schreibt Erikson, „ist seinen eigenen heftigen Trieben oft nicht gewachsen" (ERIKSON 1966, S. 76). Zu bestimmten Tätigkeiten ist es *motiviert*, zu anderen nicht, der Wille gleicht teils einem Impuls, teils dem bloßen Bedürfnis, den Zumutungen der Umwelt die eigenen Regungen entgegenzusetzen. Die emotionale Bindung an die Bezugspersonen ist jetzt ein wichtiges Motiv für Triebverzicht, und daran entwickelt sich der Wille. Doch kann die Sauberkeitserziehung den „ganzen Widerstand [des Kindes] auf den Plan rufen, weil es zu fühlen scheint, dass sein keimender Wille ,gebrochen' werden soll" (ebd., S. 83). – In Trotzreaktionen verfällt das Kind vor allem

Entdeckung des Innenlebens …

… der Willensregungen …

… und der Gefühle

Triebimpulse und Trotz

dann, wenn es in einer Tätigkeit, auf die es sich konzentriert, blockiert wird und wenn es „sich noch nicht sprachlich so verständlich machen kann, dass die eigenen Bedürfnisse deutlich werden" (SCHENK-DANZIGER, 2002, S. 187).

Positiv aus der Sicht der Erzieher: Das Kind begreift, wie vorteilhaft es sein kann, wenn es sich dem Willen der Autorität anpasst. Das Wort „gehorchen" erhält nun eine klare Bedeutung.

Natürliche und soziale Regeln ununterschieden

Menschen handeln aus Motiven, Tiere verhalten sich triebgeleitet, Schneeflocken bewegen sich nach dem Ursache-Wirkungsprinzip. Diese Unterschiede sind dem Kleinkind noch nicht geläufig. Und so unterscheidet es auch noch nicht zwischen sozialen Regeln und den Gesetzen der Natur:

> „Man muss essen nach dem Spaziergang, schlafen gehen, wenn es Abend wird, baden bevor man zu Bette geht usw., genau so wie die Sonne am Tage und der Mond nachts scheint, oder wie die Kieselsteine auf den Grund des Wassers sinken, während die Schiffe schwimmen: all dies ist und muss sein, es zwingt sich auf wie die Ordnung der Welt und muss einen Grund haben, aber nichts von alledem wird von innen empfunden wie eine Regung der Sympathie oder des Mitgefühls" (PIAGET 1973, S. 216).

Animistisches Weltbild

So wenig wie von der Freiheit des Willens weiß das zwei- bis dreijährige Kind etwas von Kausalität oder Determiniertheit der unbelebten Natur. Woher sollte es ahnen, dass Bäume keine Gefühle und keinen Willen haben? „Der Kirschbaum will jetzt blühen", „der Tulpe tut das weh!". Die Bereiche des Lebendigen und Unlebendigen, des Beseelten, mit Gefühlen Ausgestatteten, und Unbeseelten differenzieren sich erst nach und nach in einem Prozess, der bis weit ins Schulalter reicht. Seelische Regungen schreibt das Kind zunächst allem zu, was sich bewegt, dann dem, was sich aus eigenen Stücken bewegt, schließlich – viel später – nur noch Tieren und Menschen (PIAGET 2014, Kap. VI). Das ist eine Steigerung mit feinen, aber wesentlichen Abstufungen.

Das Pronomen „ich"

Im Alter von zwei bis drei Jahren ist das Kind in der Lage, vor anderen Personen verbal auf sich selbst zu verweisen, indem es „ich" sagt oder den eigenen Namen nennt. Diese Entdeckung ist, wie zuvor die des eigenen Gesichts im Spiegel, eine Eigenleistung, denn andere Personen nennen das Kind niemals „ich" (STERN 1975, 271–278).

Anfangs sprechen viele Kinder von sich in dritter Person: „Der Willi hat Hose nass". Der Gebrauch des ersten Pronomens lässt darauf schließen, dass nun das Bild, das sich das Kind von sich selbst macht, Konturen annimmt – das keimende Selbstbewusstsein. Dieses Bild wird fortlaufend angereichert – mit dem Wissen um die eigenen Gefühle, Impulse, Erinnerungen usw. Nicht zufällig entdeckt das Kind etwa zu dieser Zeit sein Geschlecht: Bei den Zweijährigen antwortet nur die Hälfte korrekt auf die Frage, ob sie Junge oder Mädchen sind. Bei den Zweieinhalbjährigen sind es fast drei Viertel und bei den Dreijährigen praktisch alle (THOMPSON, 1975).

Symbolfunktion und Nachahmung

Der Umgang mit Zeichen und Symbolen spielt beim zwei- bis dreijährigen Kind eine essentielle Rolle. Mit ihnen bezieht es sich auf erlebte Szenen, die es nach Lust und Laune abwandelt; es stellt sich vor, wie es ist, Papa zu sein, indem es sich spielerisch in dessen Haut versetzt und seine

Bewegungen, Stimme, Geräusche nachahmt. Es versetzt sich genauso in Mama, in Onkel Albert, in die Hündin Strela. Sogar in unbelebte Dinge denkt es sich hinein (PIAGET 2009, Beob. 80, 86). Symbol- und Nachahmungsspiel sind für seine soziale Entwicklung von eminenter Bedeutung. Mit ihnen trainiert es seine Einfühlungsfähigkeit und seine Reaktionen auf die emotionale Befindlichkeit anderer.

> Die „Fähigkeit des So-tun-als-ob" öffnet dem Kind die Augen für die „möglichen Realitäten, die für andere Menschen Gültigkeit besitzen". „Die Phantasie ist der Schlüssel zum Inneren anderer Menschen", zu ihren „Plänen, Hoffnungen und Befürchtungen" (HARRIS 1992, S. 57).

7.4 Das gespiegelte Ich. Das Kind gewinnt ein Bild von sich selbst (von ca. drei bis sieben Jahren)

Etwa mit drei Jahren wird der Gebrauch der Pronomina *ich, du, er/sie/es, wir, ihr, sie* überwiegend korrekt gebraucht. Das Kind begreift also das pronominale Verweis-System, das stets auf die eigene Person und auf das Hier und Jetzt zentriert ist.

ich-du-er-sie-wir

> *Zur „Entdeckung des Ich" zwei dichterische Reminiszenzen:*
>
> Jean Paul: „Nie vergess' ich die noch keinem Menschen erzählte Erscheinung in mir, wo ich bei der Geburt meines Selbstbewußtseins stand (…). An einem Vormittag stand ich als sehr junges Kind unter der Haustüre und sah links nach der Holzlege, als auf einmal das innere Gesicht ‚ich bin ein Ich' wie ein Blitzstrahl vom Himmel vor mich fuhr und seitdem leuchtend stehen blieb; da hatte mein Ich zum ersten Male sich selber gesehen und auf ewig. Täuschungen des Erinnerns sind hier schwerlich denkbar, da kein fremdes Erzählen in eine bloß im (…) Allerheiligsten des Menschen vorgefallene Begebenheit (…) sich (…) mengen konnte." (PAUL 1971, S. 29).
>
> Christa Wolf: „Fallen in einen Zeitschacht, auf dessen Grund das Kind in aller Unschuld auf einer Steinstufe sitzt und zum erstenmal in seinem Leben in Gedanken zu sich selbst ICH sagt. (…) Eine Originalerinnerung (…), wie es da vor seines Vaters Ladentür saß und in Gedanken das neue Wort ausprobierte, ICH ICH ICH ICH ICH, jedesmal mit einem lustvollen Schrecken, von dem es niemandem sprechen durfte." – „Ein dreijähriges normal entwickeltes Kind trennt sich von der dritten Person, für die es sich bis jetzt gehalten hat. Woher aber dieser Stoß, den das erste bewusst gedachte ICH ihm versetzt?" (WOLF 1993, S. 11 f.)

Der Übergang von der dritten Person zur ersten deutet darauf hin, dass sich die Selbstwahrnehmung des Kindes aus der Fremdperspektive ablöst – so wie der Schmetterling sich aus der Puppenhülle befreit. Das „Ich bin ein Ich" (Jean Paul) zeugt von der *Außenperspektive*, die das Kind nun ebenfalls zu sich einnimmt, ohne natürlich die Innenperspektive aufzugeben.

Rudimentäres Bild
von sich selbst

Etwa von diesem Alter an kann man das Kind auf das Bild ansprechen, das es für andere abgibt. Allerdings gelingt es ihm noch kaum, sein Selbstbild mit dem Bild, das es für andere bietet, stimmig zu koordinieren. Beim Versteckspiel verdeckt es z.B. sein Gesicht, und weil es jetzt nichts mehr sieht, meint es, für den Suchenden auch unsichtbar zu sein. Solch krasse Perspektiven-Verwechslungen sind zwar nicht die Regel, kommen aber vor.

> *„Du sollst dir kein Bildnis machen, heißt es, von Gott. Es dürfte auch in diesem Sinne gelten: Gott als das Lebendige in jedem Menschen, das, was nicht erfaßbar ist. Es ist eine Versündigung, die wir, so wie sie an uns begangen wird, fast ohne Unterlaß wieder begehen – ausgenommen wenn wir lieben"* (FRISCH 1998, S. 374).

„Du sollst dir kein Bildnis machen!", steht in der Bibel. Weshalb dieses Verbot? Ein „Bild" ist nie identisch mit dem „Original". Jede Abbildung ist, genau gesehen, eine Fälschung. Das Bild, das ich mir von einer Person mache, ist abhängig von meiner Perspektive und wird der anderen Person schon deswegen nicht ganz gerecht. „Individuum est ineffabile" – das Individuum ist unaussprechlich, es lässt sich aus keiner Außenperspektive erschöpfend bestimmen. Zudem sind die Bilder, die wir uns von anderen machen, selten frei von Wertungen – von Zustimmung oder Kritik. Wir bewundern Seiltänzer und verachten Meuchelmörder. Bewunderung und Verachtung sind soziale Gefühle mit einer Prise Billigung bzw. Missbilligung.

Empathie ist nicht
immer handlungs-
wirksam

Schließlich beeinflusst auch die Situation, in der sich der andere befindet, unser Bild von ihm. Wer verunglückt, zieht das Bedauern der andern auf sich. Zweijährige gehen hin und trösten einen Kameraden, der weint. Ein Kind will schaukeln, die Schaukel ist besetzt. Der Kamerad auf der Schaukel ist ein Etwas, das die eigenen Wünsche durchkreuzt und das man deshalb von der Schaukel stoßen darf. Das Bild des anderen ist durch die Umstände geprägt. Das Kind braucht hier die Mithilfe des Erziehers, der es zur Rede stellt: „Möchtest du auch von der Schaukel gestoßen werden? Nein? Warum tust du das dann mit Fredy?!"

Die Phase des Dreijährigen verläuft im Allgemeinen relativ ruhig, Zusammenstöße mit dem Willen der Mutter oder des Vaters treten in den Hintergrund (LICKONA 1989, Kap. 5). Das Kind schätzt eine harmonische Beziehung zu seinen Vorbildern und identifiziert sich mit ihren Handlungszielen. So begleitet es beispielsweise die Mutter in die Küche und kommentiert: „Ich muss auch kochen!" Es zeigt sich kooperativ.

In dieser Zeit lernen Kinder, „dass andere nicht mit ihnen teilen, wenn sie selbst nicht mit anderen teilen. Sie lernen, dass Leute zurückschlagen, wenn man sie schlägt. Sie lernen, dass andere Kinder nicht auf Dauer mit ihnen spielen werden, wenn sie selbst nur den ‚wilden Mann' spielen. Solche Lektionen lernen Kinder am besten voneinander", nicht von Erwachsenen (ebd., S. 111). Der in diesen Hinweisen ausgesprochene Gedanke nimmt den Inhalt der *Goldenen Regel* vorweg: Behandle den anderen so, wie du selbst gerne behandelt werden möchtest! Da aber jeder Einzelfall anders liegt, muss das Kind diese Wahrheit immer wieder neu erproben, indem es sich empathisch in die Haut seines Gegenübers versetzt und aus dessen Warte auf sich zurückblickt. Diese Entwicklung wird von einer Reihe parallel laufender Prozesse begleitet:

Erstens erwirbt das Kind dank der kritischen Distanz zu sich selbst so etwas wie ein „Selbstverständnis". Der amerikanische Philosoph G.H. Mead (MEAD 1973, § 19; TUGENDHAT 1979, 12. Vorl.) spricht vom „me" („Selbst"). Dazu gehört auch ein mehr oder weniger solides *Selbstvertrauen* und *Selbstwertgefühl*. Zweitens entwickelt sich das Verständnis für Stolz und Scham. Das sind Gefühle, in denen sich die Zustimmung und Kritik, die wir durch andere erfahren, widerspiegeln:

Selbstwertgefühl und frühe Scham

„Ein Kind, das zu verstehen beginnt, dass jemand anderes stolz ist oder Schuldgefühle hat, sagt eigentlich: ‚Ich kann mir vorstellen, wie sich Jack fühlen wird, wenn er sich vorstellt, wie sich seine Mutter fühlen wird.'" (HARRIS 1992, S. 99). Sechs- bis Siebenjährige erkennen zwar, dass Scham und Stolz das Urteil eines Beobachters reflektieren, schreiben diese Gefühle aber noch dem Beobachter zu, nicht dem beobachteten Kind (ebd.).

Drittens entdeckt das Kind über diesen selbstreflexiven Prozess intuitiv die eigenen Absichten und Handlungsmotive. Es macht die Erfahrung, dass diese mit den Erwartungen, die andere an es herantragen, kollidieren können.

Absichten und soziale Erwartungen

Viertens unterscheidet es zwischen dem, was es selber weiß, und dem, was andere wissen. Schon Zwei- bis Dreijährige können andere täuschen und gezielt in die Irre führen. Drei- bis Vierjährige verbergen manchmal auch ihre wahren Gefühle – sie tun dies gleichfalls intuitiv und spontan, aber bis ins Alter von fünf bis sechs Jahren würden sie bestreiten, dass man seine Gefühle geheim halten oder verstecken kann (HARRIS 1992, S. 137f., 141ff.).

Für Freundschaften spielt der Bezug auf Gefühle und Gedanken in diesem Alter noch keine Rolle. Als einen Freund betrachten Kinder einen Kameraden, mit dem man spielt oder etwas teilt. Freundschaft steht und fällt mit der gemeinsamen Tätigkeit. Spielen sie nicht mehr zusammen, weil einer wegzieht, so sind sie keine Freunde mehr (SELMAN 1984, S. 153ff.). In dieser Phase dominiert eine egozentrische Perspektive: Man hält eine Freundschaft nur solange aufrecht, als es einem Spaß macht.

Obwohl Dreijährige ihren Egozentrismus weitgehend überwunden haben – sie lassen sich feinfühlig auf andere Personen ein –, schaffen sie es noch nicht, die Sichtweisen von mehr als zwei Personen miteinander zu koordinieren. Das zeigt sich z.B. daran, wie kleine Kinder, die sich auf die Interaktion mit jemandem konzentrieren, von den übrigen Personen und dem, was diese tun, absehen, als existierten sie nicht; wie sie ihrer Begleitperson in der Öffentlichkeit machmal eine Szene bereiten oder in einer ruhigen Versammlung mit einem Gespielen laut umhertollen, als wären sie allein im Raum. Ob das den Anwesenden gefällt, kümmert sie nicht.

Fixierung auf jeweils eine Beziehung

Die Schwierigkeit liegt offenbar in der Koordination mehrerer sozialer Beziehungen. Das erklärt auch, weshalb drei- bis vierjährige Kinder ein ihnen anvertrautes Geheimnis nicht für sich behalten können: Wenn Papa und die kleine Eva für Mama eine Geburtstagsüberraschung vorbereiten, gehört das

Wissen um die geplante Überraschung zur Beziehung Papa-Eva und nicht zur Beziehung Mama-Eva. Doch das Geheimnis ist für Klein-Eva so aufregend, dass sie es sofort Mama erzählt. Jede interindividuelle Beziehung ist für das Kleinkind ein kleines Universum für sich. Deswegen fällt ihm auch der Abschied von seiner Mutter oder seinem Vater schwer, die es in die Krippe bringen, wo es sich mit ganz neuen Beziehungen auseinandersetzen muss.

Unklare Unterscheidung… … *zwischen Weisung und Norm …* Das vierjährige Kind unterwirft sich sozialen Regeln, soweit es sie versteht. Doch unterscheidet es diese noch nicht klar von den Weisungen (Befehlen) einer Autorität. Es identifiziert sich weitgehend mit dem, was ihm die Eltern gebieten, und reagiert mit Schuldgefühlen, wenn es davon abweicht (PIAGET 1973, S. 204). Es unterwirft seinen Willen dem der Autorität, was zu einer Beruhigung führt, doch diese ist nicht von Dauer. Das Kind macht ja die Erfahrung, dass in der Regel der Erzieher, die Autorität, sich durchsetzt. Manchmal möchte es sich aber auch selbst durchsetzen. Es versucht dann, in der Beziehung gleichsam den Part der Autorität zu übernehmen und den Willen der anderen zu steuern. Es zeigt z. B. ein Verhalten, das sich verbalisieren lässt als: „Ich erwarte von dir, dass du das machst, was ich sage" bzw. „Ich erwarte von dir, dass du meine Erwartungen wahrnimmst und ihnen entsprichst." „Es ist unfair, dass Max mir sein Spielzeug nicht leiht." Wenn sich der andere nicht gängeln lässt, kann das Kind wütend werden. Antworten die Erwachsenen mit Kritik, statt mit einem einfühlsamen Gespräch, kann dies seine Gemütslage noch verschlimmern. Es muss erst lernen, dass Menschen sich nicht gern von anderen vor den Karren spannen lassen. Das will es selbst ja auch nicht. Doch daran muss es immer wieder neu erinnert werden. Das Kind hat seine Emotionen im Umgang mit anderen Personen noch nicht ganz im Griff – sein *Wille* hat sich von seinen Affekten und Impulsen noch nicht emanzipiert.

… und zwischen Sein und Sollen Es unterscheidet aber auch noch nicht klar zwischen dem *Willen der Autorität,* ihrer *normativen Überzeugung* und der *moralischen Weltordnung.* So assoziiert es Wohlverhalten einfach mit Straffreiheit: Jedes Verhalten, das nicht bestraft wird, gilt ihm intuitiv als gut. Dieses Kriterium wird es erst viel später reflektieren – in der Kohlberg-Stufe 1 (LICKONA 1989, Kap. 7).

Für die Überwindung der Trotzphase ist nicht zuletzt entscheidend, dass das Kind sich klarmacht, welches Bild es für Dritte abgibt – es beobachtet ja manchmal auch selbst trotzige Kinder – das Bild eines Bengels, mit dem man, so lange er tobt, nichts zu tun haben möchte. Die Koordination der eigenen Erwartungen mit denjenigen, die andere an einen richten, umfasst viele Facetten und muss deswegen Schritt für Schritt aufgebaut werden. Damit beginnt eine lange Phase der Koordination zwischenmenschlicher Erwartungen. Sie erstreckt sich über die Kohlberg-Stufen 1 und 2 bis weit in Stufe 3 hinein (vgl. die Tabelle in Kap. 2).

7.5 Die gespiegelte Sozialbeziehung und die Bildung einer eigenen Rolle (von ca. sieben bis zwölf Jahre)

Bis zum Alter von zehn oder elf Jahren wollen Kinder primär ihren Eltern gefallen, später setzen sie alles daran, bei den Peers als „cool" zu gelten, und orientieren sich an den Wertesystemen, die die Peer-Gruppe verkörpert. Piaget spricht davon, dass die „einseitige Achtung" der „gegenseitigen Achtung" weicht. Wie zuvor von der Familie geht von der Peer-Gruppe ein gewisser Konformitätsdruck aus. Die Fokussierung des Jugendlichen auf den Kreis seiner Kollegen dauert mehrere Jahre (LICKONA 1989, Kap. 9). Dieser Kreis ist kein geschlossener Verein. Es gesellen sich immer wieder neue Personen hinzu, andere verschwinden aus dem Blickfeld. In ostasiatischen Gesellschaften erfolgt der Wechsel der Orientierungen von der Familie zur Peer-Gruppe später als in modernen westlichen Gesellschaften – der familiäre Zusammenhalt ist stärker. Mit Konformitätserwartungen sind Jugendliche aber überall konfrontiert. Die Herausforderung, in Auseinandersetzung mit diesen multiplen Erwartungen seine Identität zu bewahren, dauert das ganze Leben an.

Von der Familie zur Peer-Gruppe

Welche kognitiven Prozesse ermöglichen diese Entwicklung? Im Alter zwischen acht und zehn Jahren entdecken Kinder *die „Logik" der Gegenseitigkeit* (Reziprozität). Wechselseitige Achtung setzt voraus, dass das Gegenseitigkeitsverhältnis von beiden Polen der Beziehung aus wahrgenommen wird und beide Pole gleiches Gewicht haben – im Unterschied zum bis dahin vorherrschenden einseitigen (asymmetrischen) Beziehungsverständnis. Sobald das Kind diese Zusammenhänge begreift, erwirbt es die Fähigkeit, anderen ein verlässlicher Partner zu sein, und es erwartet Gleiches von seinen Peers: Freunde helfen sich gegenseitig, sie legen den Schulweg zusammen zurück, teilen gemeinsame Abenteuer, senden sich Nachrichten und erwarten Antworten. Kinder wissen nun: Jeder Mensch braucht Freunde, mit denen er gewisse Tätigkeiten teilt. Freunde schlagen sich nicht, nehmen sich nichts weg, belügen sich nicht, bringen einander nicht zum Weinen … Dennoch streiten sie oft miteinander, dann vertragen sie sich wieder. Gegenseitigkeitsbeziehungen bleiben zunächst auf nahe Bezugspersonen und Freunde beschränkt, werden aber allmählich verallgemeinert. Das Kind lernt: Menschen, die zusammenleben und kooperieren, setzen gegenseitige Erwartungen ineinander.

Von der einseitigen zur gegenseitigen Achtung

Mit der Entdeckung der Reziprozitäts-Logik sind weitere Errungenschaften verbunden: die Einsicht in die Gestaltbarkeit des eigenen *Selbstbilds,* das *Motiv der systematischen* Gefühlskontrolle (Willensbildung), das Verständnis der „Goldenen Regel", die Internalisierung *sozialer* und *moralischer Normen,* das Interesse für soziale Billigung und Missbilligung sowie der Umgang mit dem Prinzip der *Rekursivität* in sozialen Beziehungen.

- *Selbstbild.* Intuitiv verfügen Kinder schon früh über ein Selbstbild. Das belegen die Stolz- und Schamreaktionen, die Drei- oder Vierjährige zeigen. Sie sind sich dieses Umstands aber noch nicht bewusst und schreiben Stolz und Scham einem Beobachter zu, nicht sich selbst. Meine Mutter ist stolz auf meine Kletterkunst, sagt ein Sechsjähriger. Erst mit sieben bis

Selbstbild

acht Jahren erkennen sie Stolz und Scham als *eigene* Gefühle – als emotionale Reaktionen auf das eigene Verhalten. Intuitiv verstehen sie nun, dass sich das Urteil der anderen darin spiegelt.

Das Selbstbild einer Person wird also beeinflusst von den Reaktionen der anderen und den von ihnen zurückgespiegelten Erwartungen. Warum begreift das Kind aber erst irgendwann zwischen sechs und neun Jahren, dass sich die anderen ein Bild von ihm machen? Weil dieses Bild selbst Teil des Bildes ist, das es sich von den anderen macht – ein Bild im Bild. Man kann das auch anders darstellen: Das Kind reflektiert seine Beziehung zu anderen von außen, es blickt darauf wie ein äußerer Beobachter – ein „neutraler Betrachter", in den Worten von Adam Smith (SMITH 2004, S. 100, 115, 328). Das bedeutet, dass es nun in der Lage ist, sein Verhalten und seine Emotionen kritisch zu reflektieren und *bewusst* zu gestalten, nach Kriterien, die dieser Außenperspektive entsprechen. Im Umgang mit räumlichen Beziehungen vollzieht sich ein ähnlicher Wandel, wenn auch etwas früher: Das Kindergartenkind (5–6 Jahre), das zwischen linker und rechter Hand unterscheidet, begreift noch nicht, dass sich bei einem Kind, das ihm gegenübersitzt, die rechte Hand gegenüber der eigenen linken Hand befindet und die linke gegenüber der eigenen rechten. Die Links-Rechts-Vertauschung bei einer Drehung um hundertachtzig Grad erfasst es erst zwei, drei Jahre später, also nach der Einschulung. Dazu muss es in der Vorstellung ein räumliches Bezugssystem aufbauen, das die Positionen der beiden sich gegenübersitzenden Personen umfasst (PIAGET 1981, S. 117f. und 1993, S. 488–494).

Reflexion auf Beziehungen

Das Kind entdeckt nun auch Aspekte zwischenmenschlicher Beziehungen, die von der Individualität des anderen unabhängig sind: Wenn ich mit jemandem kooperiere, dann weiß ich mit Sicherheit, der andere erwartet von mir, dass ich meinen Part erfülle, und er weiß, dass ich erwarte, dass er seinen Part erfüllt. Die Anerkennung durch seine Bezugspersonen ist eines seiner stärksten Verhaltensmotive. Gleichzeitig will es sein wie seine *Peers*, es will in die Gruppe passen. Es weiß intuitiv, dass es das Bild, das es für andere abgibt, beeinflussen kann, und es bemüht sich aktiv in dieser Richtung: Es will gefallen. Später entdeckt es: Auch das Gegenüber will sich bei anderen in ein möglichst günstiges Licht stellen.

> „Eine häufige Bedrohung des Selbst von Kindern besteht in dem Vorwurf, irgendetwas nicht zu wissen oder zu können, was doch jeder wisse oder könne. Aber auch mit Wissen oder Können zu prahlen, kann den eigenen Ruf beschädigen. ‚Man' hält sich an die Verhaltensmuster, die unter Kindern üblich sind."
> (KRAPPMANN 1993, S. 345).

Gefühlsregulation

- *Gefühlskontrolle.* Von der Einschulung an kann man erwarten, dass sich das Kind von seinen Impulsen zu distanzieren vermag. Damit gewinnt es, was man einen freien Willen nennen kann (Bieri 2001). – Es unterscheidet immer klarer zwischen seinen Gefühlen, Trieben, Interessen und seinem Willen: Mit einer Willensanstrengung kann es seine Affekte und Impulse zurückdrängen und eindämmen.

Das Bedürfnis anderen zu gefallen, wird zum wirkungsvollen Motiv, um die eigenen Gefühle, Gedanken und Willensregungen zu reflektieren und eine kritische, regulierende Distanz zu ihnen zu gewinnen. Das Kind eignet sich Haltungen an, die sozial wertgeschätzt sind, wie Mut, Hilfsbereitschaft, Höflichkeit. In der Vergangenheit nannte man solche Haltungen „Tugenden" (vgl. 4.1). Ihnen liegen spezifische Weisen der Affektkontrolle und Verhaltensregulation zugrunde. Der Charakter einer Person – so hat schon Aristoteles gelehrt – ist das Ensemble ihrer Haltungen. Kinder (und selbst noch Erwachsene) erleben allerdings immer wieder Situationen, in denen ihre Affekte mit ihnen durchbrennen. Sie gebrauchen Worte, die sie nicht so meinen, und tun Dinge, die sie später bereuen.

- *Goldene Regel* (= GR). Sie betrifft beliebige zwischenmenschliche Beziehungen und ist unter zwei Versionen bekannt (REINER 1974):   Goldene Regel
  - als *„Einfühlungsregel"*: „Behandle den anderen so, wie du willst, dass er dich behandelt". Ich fühle mich in den anderen ein und kläre für mich, welches Verhalten ich an seiner Stelle akzeptieren würde. Schon in zartem Alter verstehen Kinder intuitiv, dass man andere nicht schlagen, sie nicht zum Weinen bringen soll, weil man selbst auch nicht geschlagen und zum Weinen gebracht werden will. Dieses konkrete praktische Urteil wird erst im Alter zwischen neun und zehn Jahren als Sonderfall einer allgemeinen Regel bewusst.
  - als *„Autonomieregel"*: „Verhalte dich nach demselben Maßstab, nach dem du das Verhalten deiner Mitmenschen beurteilst!" Ich prüfe also mein Verhalten nach einem Kriterium, das ich selbst bestimme: *Bin ich wirklich frei von dem Verhalten, das mich am anderen stört?* Und umgekehrt: *Könnte ich das Verhalten, zu dem ich neige, bei anderen Personen billigen?*

  Die Einfühlungsregel ist leichter zu verstehen als die Autonomieregel: Die Beurteilung von Verhalten nach übergeordneten Kriterien entfällt. In beiden Versionen deckt die Goldene Regel aber nicht alle Bereiche der Ethik ab, z.B. die Pflichten gegenüber sich selbst oder die Wohltätigkeits-Pflichten gegenüber anderen (KANT GzMS, BA 69). Sie verrät zudem ein gewisses Maß an Egozentrismus, zu dessen Überwindung es einer weiteren Dezentrierung bedarf. Schließlich sollte man andere so behandeln, wie *sie* es wollen, und sich Verhaltensweisen abgewöhnen, die *die anderen* nicht billigen.

- *Normen-Verständnis.* Wir sind bestimmten *Normen* unterworfen, doch   Normen als gegenweil ihre Erfüllung letztlich allen Mitgliedern der Gesellschaft dient, stim-   seitige Verhaltensermen wir ihnen zu. Das unterscheidet eine Norm von einem Befehl. Nor-   wartungen
  men sind gegenseitige bzw. allseitige Verhaltens-Erwartungen.
  Kleine Kinder, die miteinander ein Spiel mit Regeln spielen, betrachten diese als heilig und demzufolge für alle Spieler verbindlich, selbst wenn sie die Regeln noch gar nicht genau verstehen (PIAGET 1973, 1. Kap.). Später erkennen sie, dass Regeln geändert werden können, falls alle Spieler einverstanden sind. Sie überwachen sich gegenseitig – die meisten Spiele haben ja Wettkampf-Charakter. In der Auseinandersetzung mit anderen vertritt jedes Kind eigene Interessen und lässt sich auf diejenigen des Gegenübers nur so weit ein, als ihm dies vorteilhaft erscheint (Kohlberg-Stufe 2). Im Alter von acht bis zehn Jahren verändert sich das kindliche Normenverständnis grundlegend: Kinder begreifen intuitiv das zugrunde liegende

Prinzip der *gegenseitigen Verhaltenserwartungen*. Sie verstehen, dass man sich gegenseitig kontrolliert, um sicherzugehen, dass jeder die Normen einhält. Ihre Stolz- und Schamreaktionen passen sich diesem neuen Verständnis an: *Stolz* entwickelt sich nun zu einem Gefühl, das man empfindet, wenn man einer sozialen Norm, die für ein größeres Kollektiv gilt, genügt, während man *Scham* im umgekehrten Fall empfindet. Kinder erahnen den Zusammenhang zwischen Normen und sozialen bzw. moralischen Gefühlen: Bei Nichteinhaltung gängiger sozialer Normen reagiert man auf den Norm-Brecher mit bestimmten Emotionen, wie Betroffenheit, Verachtung oder Belustigung (die liebevoll, aber auch boshaft sein kann). Wird eine *moralische* Norm verletzt, quittiert man dies mit Empörung und Übelnehmen. Wer selbst eine Norm verletzt, reagiert mit Verlegenheit oder Scham (bei sozialen Normen) bzw. mit Schuldgefühlen (bei moralischen Normen). Ein Kind kann nun auch Stolz oder Scham empfinden, ohne dass ein Beobachter anwesend ist.

Billigung und Missbilligung

- *Interesse für soziale Billigung und Missbilligung.* Bei reiferen Jugendlichen und Erwachsenen geschieht dies allerdings nur dann, wenn sie das Urteil der Billigung oder Missbilligung selber teilen oder zumindest nachvollziehen können. Jemand kann mich noch so sehr als Versager beschimpfen – wenn sich sein Urteil auf ein Kriterium stützt, das ich aus guten Gründen ablehne, dann erregt es bei mir keinerlei Scham, ich mache mir daraus kein Gewissen. Während sich im Stolz und in moralischer Selbstakzeptanz zunächst die Beurteilung des eigenen Verhaltens durch andere spiegelt – mein Gewissen ist das Bild, das ich mir mache vom Bild der Anderen von mir – schwächt sich die Wirkung dieses Bildes der Anderen von mir allmählich ab, und ich lege mir ein eigenständiges Selbstbild zu.

Vorsätze und Selbstwertgefühl

Jugendliche sind in der Lage, sich von ihrem Verhalten kritisch zu distanzieren und es nach eigenen Maßstäben zu billigen oder missbilligen. Sie fassen Vorsätze, das heißt, sie setzen Erwartungen in sich selbst, als wären sie ihr eigener Partner und Ratgeber: Sie wollen sich beweisen, dass sie zu Leistungen imstande sind, die bei den Peers auf Applaus stoßen. Später geht es eher um Leistungen, mit denen sich der Jugendliche selbst identifiziert, unabhängig davon, was andere zustande bringen. Das Selbstbild ist nun deutlich wertgeladen: Ich will mich so verhalten, wie es dem Bild entspricht, das ich für die anderen abgeben möchte. Das eigene Normverständnis ist dafür eine wesentliche Grundlage: Das Verhalten muss den eigenen Überzeugungen entsprechen: Selbstbild und Selbstwertgefühl sind zwei Seiten derselben Münze.

Auf welche Kriterien stützen sich Billigung und Missbilligung menschlichen Verhaltens? Schon Adam Smith hat mehrere Aspekte genannt, die wir dabei berücksichtigen: Wir heißen eine Handlung gut, wenn wir uns zu den Motiven des Täters empathisch verhalten, sie also verstehen können; wenn die Folgen der Handlung für die Betroffenen positiv sind, wir uns also vorstellen können, dass diese dem Akteur dankbar sind, und wir dieser Dankbarkeit beipflichten. Ein drittes Kriterium lautet, „dass sein Verhalten den allgemeinen Regeln angemessen (…) ist" (Smith 2004, S. 544). Man kann ergänzen: Die Billigung oder Missbilligung muss einem Maßstab entsprechen, den man als Akteur teilt.

- *Das Prinzip der Rekursivität*: Das Bild, das sich andere von mir machen, ist Teil des Bildes, das ich mir von ihnen mache. Dieses Bild-im-Bild enthält eine rekursive Beziehung. Kein Wunder, dass Kinder viele Jahre brauchen, um dieses komplex verschachtelte Bilder-Spiel zu durchschauen. Schon Zweijährige verstehen bei einer russischen Puppe das Prinzip der Verschachtelung mehrerer Puppen ineinander. Die Einschachtelungsbeziehung auf den immateriellen Bereich zu übertragen, bietet jedoch Schwierigkeiten, die das Kind erst Jahre später überwindet. Das Prinzip der rekursiven Einschachtelung liegt auch den natürlichen Zahlen zugrunde, die Kinder etwa im Alter der Einschulung begreifen: Die Eins, Zwei, Drei usw. sind keine bloßen Mengen, sondern stehen für den *Umfang* von Mengen. Eine Menge mit zwei Elementen ist in einer Menge mit drei Elementen enthalten, eine Menge mit drei Elementen in einer mit vier usw.

Die Analogie zur Beziehung des Bildes im Bild liegt auf der Hand: Ich mache mir ein Bild von der anderen Person und gewinne dabei intuitiv zugleich ein Bild von dem Bild, das sie sich von mir macht. Sie wieder macht sich ein Bild von mir und gewinnt dabei ein Bild davon, wie ich *sie* sehe.

Die Rekursivität der Erwartungen, die wir ineinander setzen, wird in Strategiespielen wie dem Schach exemplarisch deutlich. Frühreife Acht- oder Neunjährige können schon recht gute Schachspieler sein, und das erlaubt Rückschlüsse auf ihre Fähigkeiten im Umgang mit dem Rekursionsprinzip: „Ich stelle Überlegungen von aufsteigender Komplexität an: über die momentane Stellung; über meine möglichen Züge; über die möglichen Reaktionen des Gegners auf meine möglichen Züge; über das, was er über seine Möglichkeiten denkt; darüber, was er glaubt, dass ich denke; und schließlich darüber, was er mir für Gedanken über seine eigenen Gedanken zuschreibt" (Bieri 2001, S. 56).

Margin notes: Rekursive Beziehungen · Bild im Bild

7.6 Die gespiegelte Rolle: Entwicklung bis zum Erwachsenenalter

Jeder von uns ist Träger verschiedener Rollen – als Sohn, als Student, als Nachhilfelehrer usw. Eine Rolle ist ein Bündel von Verhaltenserwartungen, die bestimmte Personen in mich setzen – je nachdem, in welcher persönlichen Beziehung oder sozialen Funktion ich ihnen gegenübertrete. Meine Rolle als Student unterscheidet sich von der Rolle, die ich als Nachhilfelehrer, als Tanzschüler, als Partner meiner Geliebten einnehme. In jeder dieser Rollen gestalte ich die Beziehung zu den anderen in unterschiedlicher Weise, gemäß den in mich gesetzten sozialen Erwartungen. Wer bin ich aber selber? Ich muss mich selbst ständig neu definieren, indem ich meine Rollen so miteinander zu harmonisieren versuche, dass sie meinem Selbstbild entsprechen und mein Selbstwertgefühl nicht beleidigen.

Margin note: Soziale Rolle

Bis zum mündigen Staatsbürger fehlt noch ein wesentlicher Entwicklungsschritt, der hier unter den Aspekten der Entwicklung der Persönlichkeit und des Moralbewusstseins angedeutet werden soll – gleichsam als Skizze einer Landkarte, in die sich die Vielfalt möglicher Entwicklungsverläufe einzeichnet.

7.6.1 Persönlichkeitsentwicklung

Selbstfindungs-
prozesse

Mit dem Jugendalter beginnt eine lange Periode der Selbstfindung, der Selbstbestimmung und der „Suche nach einem im Leben zu realisierenden Sinn" (FETZ 2005, S. 49). Der Jugendliche lernt, seine Entscheidungen selbst zu treffen, sie umzusetzen und die Verantwortung dafür zu übernehmen.

Bereits Schülerinnen und Schüler der Sekundarstufe I denken häufiger und systematischer über sich selber nach als Schülerinnen der Unterstufe. Die Konventionen, die bis dahin als selbstverständlich galten, werden zunehmend infrage gestellt. Man distanziert sich von den persönlichen Idiosynkrasien seiner bisherigen „Autoritäten" (Eltern oder Lehrer) und reagiert sensibel, wenn sich zwischen ihren Überzeugungen und Verhalten ein Widerspruch auftut. Die Bedeutung, die das Urteil der Eltern und Lehrer für sie hat, schwächt sich ab. Auf dem Weg zum Erwachsenwerden wird auch die Fixierung auf die Peer-Gruppe dezentriert. Man möchte nun als unverwechselbares Individuum wahrgenommen werden.

Für diesen Schritt ist wichtig, dass der Jugendliche sich von echten Freundschaften getragen weiß. Nicht nur, dass enge Freunde sich nicht verpetzen, Geheimnisse teilen, sich Dinge anvertrauen, die man sonst eher für sich behält. Von seinen Freunden wird man auch und vor allem zu seinen Plänen ermuntert oder kritisiert. Freundschaften sind, so gesehen, die Plattform, von der aus man seine Individualität in eine unverwechselbare Richtung entwickelt (YOUNISS 1984, S. 57; und 1994).

Der Dachboden der eingefahrenen Überzeugungen wird nun durchwühlt und vieles ausgemistet: Was sind bloße Vorurteile, was Meinungen, die man zufällig von irgendwoher übernommen hat? Welche Dogmen sind zu hinterfragen, welche eingetretenen Pfade zu verlassen? Wo erweisen sich die eigenen Denkmuster als einseitig? Selbstzweifel gehören zum kritischen Denken wie der Schatten zum Relief. Bei vielen Jugendlichen erwacht das Interesse an philosophischen Fragen.

Der junge Mensch gerät in einen radikalen Umbauprozess. Berufswahl und Ausbildung stehen an, man verlässt das Elternhaus, auf die erste Liebe folgt vielleicht eine zweite und dritte, man arbeitet an einer Partnerschaft, denkt an Familiengründung, baut sich ein soziales Netz, wird Mitglied dieses oder jenes Vereins – kurz man besetzt eine „Nische" in der Gesellschaft, die den eigenen Fähigkeiten und Neigungen entspricht. Mit der Volljährigkeit wird man im juristischen Sinn selbstverantwortlich: Nun ist man nicht mehr nur der Hausordnung der Lehrwerkstätte und den Regeln des Fußballverbands unterstellt, sondern auch ganz direkt den staatlichen Gesetzen, denen gegenüber

Mündigkeit

sich mit der Zeit eine kritisch-konstruktive Einstellung entwickelt. Mit Anklängen an Kant gesprochen – der Jugendliche tritt aus seiner „Unmündigkeit" heraus und wird empfänglich für die Ideale der „Aufklärung".

Die Schwelle dessen, was man tun darf und was nicht, verschiebt sich. Es entsteht Raum für neue Erfahrungen: mit dem Lenken eines Motorfahrzeugs, der Ausübung des politischen Stimmrechts, dem Ausprobieren neuer Abenteuer – mit Alkohol, Tabak, Sex.

Firmung und Konfirmation stehen, wie die Initiationsriten in früheren Gesellschaften, für die Eingliederung des Jugendlichen in die Gesellschaft der

Erwachsenen. In modernen Gesellschaften zieht sich dieser Prozess aber in die Länge: Die Pubertät hat sich nach vorne verschoben und die wirtschaftliche Abhängigkeit nach hinten verlängert (SCHENK-DANZIGER 2002, Kap. 12). Endete die Ausbildung in früheren Jahrhunderten mit 15 Jahren, geschieht dies heute ein halbes bis ganzes Jahrzehnt später – eine lange Zeitspanne, während der der Jugendliche ökonomisch abhängig bleibt. Damit verlängert sich die Phase der Selbstfindung.

7.6.2 Entwicklung des Moralbewusstseins

Die Entwicklung vom Kind zum Staatsbürger erfolgt in zwei Schritten. Im ersten erwirbt der Jugendliche einen Standpunkt, den Kohlberg als Orientierung an „Law and Order" bezeichnet (*Gesetz und Ordnung*; Kohlberg-Stufe 4). Man möchte nicht gegen den Strom schwimmen, damit würde man unliebsame Reaktionen auslösen. Praktiken, die für den Einzelnen lukrativ sind – Schwarzfahren, Bestechung, Betrügereien – bleiben für manchen zwar verlockend, sind aber verpönt. Das Argument gegen Trittbrettfahrerei lautet: Ich wäre selbst nicht einverstanden, wenn sich die Regel des Trittbrettfahrens über die ganze Gruppe oder Gesellschaft ausbreiten würde. Ich könnte diese Regel nicht akzeptieren, wenn alle oder sehr viele Personen ihr folgen. Das ist die sogenannte „Verallgemeinerungsregel", die Folgen individuellen Verhaltens für eine größere Gesellschaft aufs Tapet bringt. Solange nur ein Einzelner eine Regel verletzt, wird das Kollektiv nicht sonderlich geschädigt, aber die Handlung lädt zur Nachahmung ein. „Wehret den Anfängen!"– Jeder weiß: Wer Regeln übertritt, muss mit Sanktionen rechnen. Die Kunst, nicht erwischt zu werden, bleibt aber für viele ein Volkssport.

Kohlbergs „Law and Order"-Stufe

Wie die „Goldene Regel", ist auch die „Verallgemeinerungsregel" nicht frei von Egozentrik. Ein Bürger stellt sich vielleicht vor, alle Menschen wären glücklich, wenn sie jeden Sonntag in die Kirche gingen. Ein anderer denkt, die Menschen fühlten sich wohler, wenn sie jeden Freitagabend Tango tanzen. So legt sich jeder seine Modell-Gesellschaft zurecht – in sich stimmig, aber nicht mehrheitsfähig. Die Verallgemeinerungsregel in egozentrischer Manier zu überdehnen, bleibt eine ständige Versuchung. Die wirksamste Maßnahme dagegen ist die Diskussion mit Andersdenkenden. Jugendliche debattieren gern, und sie stellen gern auch alles Mögliche infrage.

Neue Egozentrismen

Für viele Menschen ist die Entdeckung anderer, mit der eigenen unvereinbarer Werteordnungen, die aber in sich stimmig sind, ein Schock. Dasselbe gilt für die Entdeckung, dass es einander feindliche Glaubensdogmen gibt, von denen keines absolute Geltung hat. Diese Entdeckungen können aber eine geistige Kehrtwendung einleiten, die den zweiten Schritt in Richtung autonomer Staatsbürger markiert. Viele junge Erwachsene gelangen zunächst zu einer tief skeptischen, ja relativistischen Haltung gegenüber den eingefahrenen Selbstverständlichkeiten: „Jede Gesellschaft hat ihre eigenen Werte", „es gibt keine absolute Wahrheit", „Wahrheit ist immer geschichtlich bedingt" usw. (Stufe 4 nach Kohlberg; OSER/ALTHOF 1992, S. 137).

Neue Unsicherheit

Für den Relativismus spricht, dass er jede Tendenz zu dogmatischen Behauptungen und theoretischen Allmachtsphantasien desavouiert. Im Ver-

Zwischenstufe: Relativismus

gleich zur Naivität, mit der man als Kind das Weltbild und Wertesystem der Erwachsenen befürwortet hat, stellt er einen Fortschritt dar. Doch wie hinterfragt man die Fundamente des gesellschaftlichen Zusammenlebens, ohne sich den Boden unter den Füßen wegzuziehen? Findet man im Internet Antworten? Inspirierender ist es zu reisen, direkt in andere Lebensformen einzutauchen.

Nicht selten wird heute der Relativismus auf die Spitze getrieben. Dann schlägt er um in einen Selbstwiderspruch (vgl. 5.5): Wenn es keine Wahrheit gibt, dann ist auch der Satz, der dies aussagt, nicht wahr. Wer behauptet, alle Wahrheit sei historisch bedingt, provoziert die Frage, von wann bis wann *diese* Wahrheit gültig ist. Ein konsequenter Relativist dürfte sich nie über etwas empören, denn er anerkennt keine sakrosankte moralische Regel, die jemand übertreten könnte. Entrüstung wäre ein Zeichen von Intoleranz. Ist eine relativistische Einstellung auch gegenüber der Genitalverstümmelung von Mädchen, der Witwenverbrennung in Indien, den brutalen Morden durch die mexikanische Drogenmafia, der Rekrutierung von Kindern im Krieg, gegenüber Massenvergewaltigungen, Genoziden und Völkermord am Platz?

Wer zu einem pointierten Relativismus neigt, unterschätzt leicht das Potential eines interkulturellen Konsenses „von unten". Dass Menschen fast überall dagegen kämpfen, erniedrigt und ausgebeutet zu werden, ist ein deutlicher Hinweis darauf, dass gewisse Praktiken (fast) überall auf der Welt geächtet werden.

Übergang zum „post-konventionellen" Denken

So gut wie alle Menschen unterscheiden zwischen *gerecht* und *ungerecht*. Die damit verbundenen Vorstellungen mögen im Einzelnen zwar auseinandergehen (WALZER 2006), doch werden die meisten Menschen – wo immer auf dem Globus sie leben – den extrem ungleichen Zugang zu Ressourcen und Kapital, wie er aktuell gegeben ist, nicht als sonderlich gerecht empfinden.

Menschenrechte

Bei den Menschenrechten, mindestens bei ihrem „harten Kern", ist eine Einigung über kulturelle Grenzen hinweg keine bloße Utopie: Jeder Person steht das Recht auf Leben zu und damit das Recht auf Kleidung, Wohnung, Gesundheitsdienste; das Recht auf Schutz vor Versklavung und Folter; auf Bewegungs- und Meinungsfreiheit, das Recht, nicht ohne Grund verhaftet zu werden. Die UNO hat sich im Anschluss an die Verabschiedung der Menschenrechtserklärung (von 1948) auf eine Reihe weiterer Konventionen und Übereinkommen geeinigt, von denen einige nahezu von allen Staaten ratifiziert worden sind – etwa die Kinderrechtskonvention (Näheres vgl. KESSELRING 2012, Kap. I.11 und II.11). Eine breite interkulturelle Übereinstimmung in wesentlichen Fragen des Menschseins *schließt unterschiedliche Praktiken und lokale Ausgestaltungen der Moral natürlich nicht aus.* Das Umgekehrte gilt aber ebenso: Die Vielfalt unterschiedlicher Normen- und Wertesysteme schließt die Möglichkeit einer weitgehenden Einigung über die *Conditio Humana* nicht aus. Wer dem zustimmt, hat den Relativismus überwunden.

7.6.3 Entwicklungslogische Fragen

Der Wechsel von der „konventionellen" zur „postkonventionellen" Moral folgt auf den Übergang von der Moral der Kleingruppe (Familie, Peer-Gruppe), in der jeder jeden kennt, zu derjenigen einer größeren Gesellschaft, in der man die meisten Menschen, die einem begegnen – in der Bahn, auf dem Flughafen, im Supermarkt oder einer Hotel-Lounge – nicht mehr persönlich kennt.

Wir alle sind Mitglieder mehrerer sich überlappender oder ineinander geschachtelter sozialer Verbände: unserer Familie und Verwandtschaft, Nachbarschaft oder Gemeinde, unseres Staates, unseres Berufsstandes, unserer Glaubensgemeinschaft, und letzten Endes der Menschheit insgesamt. Wir identifizieren uns mit verschiedenen Gruppen – ja die Zugehörigkeit zu unterschiedlichen, zum Teil frei wählbaren Gruppen prägt unsere Identität (SEN 2007).

Manchmal entzünden sich Konflikte entlang der Spannungslinie zwischen Familie und Staat. Das ist nicht erst ein Problem in modernen Gesellschaften. Im fünften Jahrhundert vor Christus schon diskutierte Konfuzius, ob der Sohn den Vater verklagen soll, wenn er Schafe stiehlt (KONFUZIUS 1998, S. 18) Darf der überzeugte Anhänger der staatlichen Ideologie dem Geheimdienst andersdenkende Familienmitglieder nennen? Darf der Familienvater Steuern hinterziehen, um seinen Kindern eine bessere Ausbildung zu finanzieren? Auch ein gewisses Spannungsverhältnis zwischen staatlichem und internationalem Recht wird heute immer deutlicher.

Konfliktlinie Familie-Staat

In manchen konkreten Situationen stehen die *Goldene Regel* und die *Verallgemeinerungsregel* selbst ebenfalls in Spannung zueinander. Im modernen, freiheitlich-demokratischen Staat gilt: Die Gesetze haben Vorrang. Die Verallgemeinerungsregel wiegt also stärker als die Goldene Regel. Für die Kritik an den Gesetzen einer Diktatur genügt die Verallgemeinerungsregel allerdings ebenfalls nicht mehr. Dafür braucht es einen anderen Maßstab – die Menschenrechte. Wer ihre Bedeutung versteht und die ihnen zugrunde liegende Mechanik begreift, hat die Stufe des „post-konventionellen" Denkens erreicht.

Der Übergang von der Klein- zur Großgruppe hat eine geschichtliche Parallele im Übergang von der Häuptlingsgesellschaft zum Staat. In einer Häuptlingsgesellschaft ist nur ein Einziger für die Erhaltung des Wohls aller zuständig. In einer egalitären Gesellschaft gilt jeder Erwachsene als mündig: Man traut ihm zu, wenigstens rudimentär zu überblicken, was seiner Gesellschaft nützt und was ihr schadet.

In gewisser Weise hat der „aufgeklärte" Staatsbürger eine dem *Leader* in einer Häuptlingsgesellschaft vergleichbare Stellung: Jeder mündige Bürger ist ein kleiner Gesetzgeber. Nicht dass er anderen vorschreibt, wie sie leben sollen, vielmehr entwickelt er soziale und politische Visionen und setzt sie der Kritik der anderen aus, stets mit Blick auf die Gesellschaft als ganze und auf die Interessen ihrer Mitglieder. Die Fähigkeit, *sich selbst* („autós") das *Gesetz* („nomos") *zu geben* – ein Gesetz, das dem Willen und Einverständnis der anderen anzupassen ist – dies und nichts anderes bedeutet *Autonomie* (vgl. 4.5). Als Staatsbürger betrachten wir uns gegenseitig in diesem Sinn als autonom, und das heißt: Wir achten uns gegenseitig.

Staatsbürger: aufgeklärt und autonom

Literaturverzeichnis

Allmendinger, Jutta (2012): Schulaufgaben. Wie wir das Bildungssystem verändern müssen, um unseren Kindern gerecht zu werden. München.

Amery, Carl (1963): Die Kapitulation oder Deutscher Katholizismus heute. Reinbek.

Apel, Karl-Otto (1976): Das Apriori der Kommunikationsgemeinschaft und die Grundlagen der Ethik. In: Ders.: Transformation der Philosophie II, Frankfurt, S. 358–435 (Orig. 1972).

Apel, Karl-Otto (1988): Diskurs als Verantwortungsethik und das Problem der ökonomischen Rationalität [Vortrag vom 15.12.1987]. In: Ders.: Diskurs und Verantwortung. Frankfurt, S. 270–305.

Arendt, Hannah (1981): Vita Activa oder vom tätigen Leben. München (Orig 1958).

Aristoteles (NE): Nikomachische Ethik. Übersetzt und herausgegeben von Olof Gigon. München [8]2010.

Bahr, Petra (2010): Haltung zeigen. Ein Knigge nicht nur für Christen. Gütersloh.

Bandura, Albert (1976): Lernen am Modell. Stuttgart.

Bauer, Joachim (2006): Prinzip Menschlichkeit. Warum wir von Natur aus kooperieren. München.

Bauer, Joachim (2008): Lob der Schule. München.

Bentham, Jeremy (1988): A Fragment on Government. Cambridge (Orig. 1776).

Bentham, Jeremy (1907): An Introduction to the Principles of Morals and Legislation. Oxford (Orig. 1789).

Bentham, Jeremy (2012): Unsinn auf Stelzen. Schriften zur Französischen Revolution. Berlin.

Bieri, Peter (2001): Das Handwerk der Freiheit. München.

Bieri, Peter (2013): Eine Art zu leben. Über die Vielfalt menschlicher Würde. München.

Binswanger, Mathias (2006): Tretmühlen des Glücks. Wir haben immer mehr und werden nicht glücklicher. Was können wir tun? Freiburg.

Binswanger, Mathias (2010): Sinnlose Wettbewerbe. Warum wir immer mehr Unsinn produzieren. Freiburg.

Bobbio, Norberto (1988): Die Zukunft der Demokratie. Berlin.

Boff, Leonardo (2009): Tugenden für eine bessere Welt. Kevelaer.

Bordt, Michael (2013): Die Kunst, sich selbst auszuhalten. Ein Weg zur inneren Freiheit. München.

Brantschen, Niklaus (2005): Vom Vorteil, gut zu sein. Mehr Tugend – weniger Moral. München.

Braunmühl, Ekkehard von (1975; [5]1988): Anti-Pädagogik. Studien zur Abschaffung der Erziehung. Weinheim.

Braunmühl, Ekkehard von (2006): Zeit für Kinder. Theorie oder Praxis von Kinderfeindlichkeit-Kinderfreundlichkeit-Kinderschutz. Leipzig.

Brezinka, Wolfgang (1993): „Werte-Erziehung" in einer wertunsicheren Gesellschaft. Bern.

Bringuier, Jean-Claude (1977): Conversations libres avec Jean Piaget. Paris.

Bueb, Bernhard (2008): Lob der Disziplin. Eine Streitschrift. Berlin.

Burckhardt, Jacob (1978): Weltgeschichtliche Betrachtungen. Stuttgart.

Camus, Albert (1942): Le mythe de Sisyphe. Paris.

Chiapparini, Emanuela (2012): Ehrliche Unehrlichkeit. Eine qualitative Untersuchung der Tugend Ehrlichkeit bei Jugendlichen an der Zürcher Volksschule. Opladen.

Cortina, Adela (2005): O fazer da ética. Belenzinho.

Crocker, David A. (1995): Functioning and Capability: The Foundations of Sen's and Nussbaum's Development Ethics, Part 2, in: M.Nussbaum/J.Glover (Hrsg.): Women, Culture, and Development. A Study of Human Capabilities. Oxford, S. 153–198.

Damasio, Antonio R. (2005): Der Spinoza-Effekt. Wie Gefühle unser Leben bestimmen. Berlin.

Damon, William (1984): Die soziale Welt des Kindes. Frankfurt.

Dreikurs, Rudolf/Soltz,Vicki (1990): Kinder fordern uns heraus. Wie erziehen wir sie zeitgemäß? Stuttgart.

Drewermann Eugen (2001): Ein Mensch braucht mehr als nur Moral. Über Tugenden und Laster. Düsseldorf/Zürich.

Dubs, Rolf (1996): Schule und New Public Management. In: Beiträge zur Lehrerbildung 16/4, S. 330–337.

Erikson, Erik H. (1966): Identität und Lebenszyklus. Frankfurt.

Eykmann, Walter/Seichter, Sabine (2007): Pädagogische Tugenden. Würzburg.

Fellmann, Ferdinand (2000): Die Angst des Ethiklehrers vor der Klasse. Ist Moral lehrbar? Stuttgart.

Ferry, Luc (2007): Leben lernen: Eine philosophische Gebrauchsanweisung. München.

Fetz, Reto (2005): Von der Kinderphilosophie zur Jugendphilosophie. Information Philosophie 2005/1, S. 46–53.

Fichte, Johann Gottlieb (1834): Das System der Sittenlehre. Nachgelassene Werke, hrsg. von I.G. Fichte; Nachdruck Berlin 1962 (Orig. 1798).

Fisher, Roger et al. ([16]1997): Das Harward-Konzept. Sachgerecht verhandeln – erfolgreich verhandeln. Frankfurt (Orig. 1984).

Frankena, William K. ([5]1994): Analytische Ethik. München.

Frankfurt, Harry G. (1981): Willensfreiheit und der Begriff der Person. In: P.Bieri (Hrsg.): Analytische Philosophie des Geistes. Königstein, S. 287–302.

Frankfurt, Harry G. (2007): Sich selbst ernst nehmen. Frankfurt.

Freese, Hans-Ludwig (2002): Kinder sind Philosophen. Weinheim (Orig. 1989).

Frisch, Max (1998): Tagebuch 1946–1949. In: Gesammelte Werke in zeitlicher Folge. 2.Bd. Frankfurt (Orig. 1950).

Fromm, Erich (1960): Die Kunst des Liebens. Frankfurt/Berlin.

Fuchs, Werner (2009): Management by Heroes. Warum wir Vorbilder brauchen und ihnen folgen. Berlin.

Galli, Giuseppe (2005): Psychologie der sozialen Tugenden. Wien.

Gert, Bernard (1983): Die moralischen Regeln. Frankfurt. (Orig. 1966).

Giesecke, Hermann (1969): Einführung in die Pädagogik. München.

Giesecke, Hermann (2005): Wie lernt man Werte? Grundlagen der Sozialerziehung. Weinheim.

Gigerenzer, Gerd (2007): Bauchentscheidungen. Die Intelligenz des Unbewussten und die Macht der Intuition. München.

Gronemeyer, Marianne (1997): Lernen mit beschränkter Haftung. Über das Scheitern der Schule. Darmstadt.

Habermas, Jürgen (1983): Diskursethik – Notizen zu einem Begründungsprogramm. In: Ders. Moralbewusstsein und kommunikatives Handeln. Frankfurt 1983, S. 53–125.

Habermas, Jürgen (1984): Wahrheitstheorien. In: Ders.Vorstudien und Ergänzungen zur Theorie des kommunikativen Handelns. Frankfurt, S. 127–183 (Orig. 1972).

Hall, Robert T. (1979): Unterricht über Werte. Lernhilfen und Unterrichtsmodelle. München.

Harris, Paul L. (1992): Das Kind und die Gefühle. Bern.

Hegel, Georg Wilhelm Friedrich (1981): Phänomenologie des Geistes. Frankfurt.

Heitger, Marian (2004): Bildung als Selbstbestimmung. Hrsg. Von W.Böhm/V.Ladentin. Paderborn.

Hentig, Hartmut von (1973): Vorwort zu Ivan Illich: Entschulung der Gesellschaft. Reinbeck. 1973.

Hentig, Hartmut von (2006): Bewährung. Von der nützlichen Erfahrung, nützlich zu sein. München.

Heuser, Uwe Jean/Kunze, Anne (2013): Wollen die auch arbeiten? Junge Beschäftigte verlangen eine neue Arbeitswelt. DIE ZEIT No.11/07.03.2013, S. 23 f.

Hobbes, Thomas (2011): Leviathan. Frankfurt (Orig. 1651).

Höffe, Otfried (2007): Lebenskunst und Moral. Oder macht Tugend glücklich? München.

Hösle, Vittorio (1990): Die Krise der Gegenwart und die Verantwortung der Philosophie. München.

Hösle, Vittorio (1995): Macht und Moral / Replik. In: Ethik und Sozialwissenschaften 6/1995, S. 379–387; 427–432.

Hoffman, Martin L. (1983): Vom empathischen Leiden zur Solidarität. In: Günter Schreiner (Hrsg.): Moralische Entwicklung und Erziehung. Braunschweig: Westermann/Ag.Pedersen, S. 235–266.

Hoffman, Martin L. (2000): Empathy and Moral Development. Implications for Caring and Justice. Cambridge.

Horster, Detlef (Hrsg.) (2007): Moralentwicklung von Kindern und Jugendlichen. Wiesbaden. Einleitung.

Hossenfelder, Malte (2000): Der Wille zum Recht und das Streben nach Glück. Grundlegung einer Ethik des Wollens. München.

Hume, David (1978): Ein Traktat über die menschliche Natur. 2 Bände. Hamburg (Orig. 1739/40).

Illich, Ivan (1973): Entschulung der Gesellschaft. Reinbeck.

Immler, Hans (1989): Vom Wert der Natur. Zur ökologischen Reform von Wirtschaft und Gesellschaft. Opladen.

Kant, Immanuel: Werke in 12 Bänden, hrsgg. von Wilhelm Weischedel, Frankfurt 1978.

Kant, Immanuel (GzMS): Grundlegung zur Metaphysik der Sitten. Werke Bd VII, S. 9–102.

Kant, Immanuel: (KrV): Kritik der reinen Vernunft. Werke Bd. III/IV.

Kant, Immanuel: (MS): Die Metaphysik der Sitten. Bd. VIII, S. 307–634.

Kant, Immanuel: (ÜP): Über Pädagogik. Bd XII, S. 695–761.

Kant, Immanuel: (ZEF): Zum ewigen Frieden. Ein philosophischer Entwurf. Bd. XI, S. 195–251.

Kant, Immanuel (WiA): Beantwortung der Frage:

Was ist Aufklärung? (Orig.Dez.1783). Werke Bd. XI, S. 53–61.

Kelsen, Hans (2000): Was ist Gerechtigkeit? Stuttgart (Orig. 1953).

Kesselring, Thomas (^{2}1999): Jean Piaget. München.

Kesselring, Thomas (^{2}2012): Handbuch Ethik für Pädagogen. Grundlagen und Praxis. Darmstadt.

Kohlberg, Lawrence (1986): Der ‚Just Community'-Ansatz der Moralerziehung in Theorie und Praxis. In: F.Oser/R.Fatke/O.Höffe (Hrsg.): Entwicklung und Transformation. Grundlagen der Moralerziehung. Frankfurt, S. 21–55.

Kohlberg, Lawrence (1996): Die Psychologie der Moralentwicklung. Hrsgg. v. W.Althof. Frankfurt.

Kohn, Alfie (1989): Mit vereinten Kräften. Warum Kooperation der Konkurrenz überlegen ist. Weinheim.

Konfuzius (1998): Lun-yu. Dt.: Gespräche. Stuttgart (Orig. 5. Jahrhundert v. Chr.).

Krappmann, Lothar (1993): Bedrohung des kindlichen Selbst in der Sozialwelt der Gleichaltrigen. Beobachtungen zwölfjähriger Kinder in natürlicher Umgebung. In: Moral und Person, Hrsgg. von W.Edelstein, G.Nunner-Winkler, G.Noam. Frankfurt, S. 335–362.

Kronig, Winfried (2007): Die systematische Zufälligkeit des Bildungserfolgs. Bern.

Kuhse, Helga/Singer, Peter (1985): Should the Baby Live? The Problem of Handicapped Infants. New York: Oxford.

Kymlicka, Will (1996): Politische Philosophie heute. Eine Einführung. Frankfurt.

Lenzen, Dieter (1997): Lösen die Begriffe Selbstorganisation, Autopoiesis und Emergenz den Bildungsbegriff ab? Niklas Luhmann zum 70.Geburtstag. In: Zeitschrift für Pädagogik, 43/6, S. 944–965.

Lewin, Kurt (1951): Die Lösung sozialer Konflikte. Bad Nauheim (Orig. 1948).

Lickona, Thomas (1989): Wie man gute Kinder erzieht. München.

Lind, Georg (1993): Moral und Bildung. Heidelberg.

MacIntyre, Alasdair (1995): Der Verlust der Tugend. Zur moralischen Krise der Gegenwart. Frankfurt (Orig.1981).

Martens, Ekkehard (1999): Philosophieren mit Kindern. Stuttgart.

Mead, George Herbert (^{15}2008): Geist, Identität und Gesellschaft aus der Sicht des Sozialbehaviorismus. Frankfurt (Orig. 1934).

Mill, John Stuart (1985) Der Utilitarismus. Stuttgart (Orig. 1863).

Mitran, George (2007): Die zehn Tugenden. Texte und Bilder. Frankfurt.

Montessori, Maria (1967): Eine neue Erziehung: ‚Grundlagen meiner Pädagogik'. In: Oswald/Schulz-Benesch (Hrsg.): Grundgedanken der Montessori-Pädagogik. Aus Maria Montessoris Schriften und Wirkkreis. Freiburg (^{18}2002), S. 25–44.

Montessori, Maria (1967a): Schlüsselbegriffe der Montessori-Pädagogik. In: Oswald/Schulz-Benesch (Hrsg.): Grundgedanken der Montessori-Pädagogik. Aus Maria Montessoris Schriften und Wirkkreis. Freiburg (^{18}2002), S. 45–172.

Müller-Wieland, Marcel (^{2}1989): Der innere Weg. Mut zur Erziehung. Zürich.

Nagel, Thomas (1990): Was bedeutet das alles? Eine ganz kurze Einführung in die Philosophie. Stuttgart.

Nagel, Thomas (1991): Die Grenzen der Objektivität. Stuttgart.

Nagel, Thomas (1992): Der Blick von nirgendwo. Frankfurt.

Nietzsche, Friedrich (1964): Über Wahrheit und Lüge im außermoralischen Sinne. In: Ders.: Unzeitgemäße Betrachtungen. Stuttgart, S. 605–622 (Orig. 1873).

Noddings, Nel (1995): Philosophy of Education. Oxford.

Noddings, Nel (2002): Educating Moral People. A Caring Alternative to Character Education. New York.

Nunner-Winkler, Gertrud (1996): Moralisches Wissen – moralische Motivation – moralisches Handeln. In: M.S.Honig/H.R.Leu/U.Nissen (Hrsg.): Kinder und Kindheit. Soziokulturelle Muster – Sozialisationstheoretische Perspektiven. München, S. 129–156.

Nussbaum, Martha (1999): Der aristotelische Sozialdemokratismus. In: Dies. Gerechtigkeit oder das gute Leben. Gender Studies. Frankfurt, S. 24–85.

Oser, Fritz (2001): Acht Strategien der Wert- und Moralerziehung. In: W.Edelstein/F.Oser/P.Schuster (Hrsg.): Moralische Erziehung in der Schule. Weinheim, S. 63–89.

Oser, Fritz/Althof, Wolfgang (1992): Moralische Selbstbestimmung. Modelle der Entwicklung und Erziehung im Wertebereich. Ein Lehrbuch. Stuttgart.

Parfit, Derek (1986): Overpopulation and the Quality of Life. In: P. Singer (Ed.): Applied Ethics. Oxford, S. 145–164.

Pascal, Blaise (1966): Pensées. Über Religion und über einige andere Gegenstände (hrsgg. von Ewald Wasmuth, Anordnung nach der Zählung von L. Brunschvicg). Stuttgart (Orig. 1669).

Paul, Jean (1971): Selberlebensbeschreibung. Konjektural-Biographie. Stuttgart (Orig. 1818).

Peters, Richard S. (1972): Ethik und Erziehung. Düsseldorf.

Piaget, Jean (1973): Das moralische Urteil beim Kinde. Frankfurt (Orig. 1932).

Piaget, Jean (1981): Urteil und Denkprozess des Kindes. Frankfurt (Orig. 1924).

Piaget, Jean (^{2}1993): Die Entwicklung des räumlichen Denkens beim Kinde. Stuttgart (Orig. 1948).

Piaget, Jean (^{9}2009): Nachahmung, Spiel und Traum. Stuttgart (Orig. 1945).

Piaget, Jean (2014): Das Weltbild des Kindes. Stuttgart (Orig. 1926).

Piaget, Jean/Inhelder, Bärbel (1977): Von der Logik des Kindes zur Logik des Heranwachsenden. Olten.

Pieper, Josef (2004): Über die Tugenden: Klugheit, Gerechtigkeit, Tapferkeit, Mass. München.

Platon (1982): Der Staat. (übersetzt von K. Vretska) Stuttgart.

Plüss, Andrea (2010): Empathie und moralische Erziehung. Das Einfühlungsvermögen aus philosophischer und pädagogischer Perspektive. Zürich/Münster.

Puka, Bill (1990): Be your own Hero. Careers in Commitment. Project Proposal. New York.

Rattner, Josef/Danzer, Georg (2011): Persönlichkeit braucht Tugenden. Positive Eigenschaften für eine moderne Welt. Berlin.

Rawls, John (1971): Eine Theorie der Gerechtigkeit. Frankfurt (Orig. 1970).

Reiner, Hans (^{2}1974): Die Goldene Regel: Die Bedeutung einer sittlichen Grundformel der Menschheit. In: Ders.: Die Grundlagen der Sittlichkeit. Meisenheim. S. 348–479.

Rippe, Klaus-Peter/Schaber, Peter (Hrsg.): Tugendethik. Stuttgart.

Robinson, Sir Ken (2013): How to Change Education from the Ground Up. http://sirkenrobinson.com

Rohracher, Hubert (^{2}1947): Einführung in die Psychologie. Wien.

Rosenthal, Robert/Jacobson, Lenore (1968): Pygmalion in the Classroom: Teacher Expectation and Pupils' Intellectual Development. New York. Neudruck 2003.

Rousseau, Jean-Jacques (1971): (Emil): Emil oder über die Erziehung. Paderborn.

Sartori, Giovanni (1997): Demokratietheorie. Darmstadt.

Schäfer, Martin (2004): Schulleitung und Schulentwicklung. Die Wirkung des Führungsverhaltens von Schulleitungen auf Aspekte organisationalen Lernens (Dissertation). Bern.

Scheler, Max (1985): Wesen und Formen der Sympathie. Bonn (Orig. 1912).

Schenk-Danziger, Lotte (2002): Entwicklungspsychologie. Wien.

Schiller, Friedrich (AuW): Über Anmut und Würde. In: Werke, Bd. 8.

Schiller, Friedrich: (WERKE), hrsg. von L. Bellermann. Meyers Klassiker-Ausgaben, Leipzig/Wien, o.J.

Schlick, Moritz (1984): Fragen der Ethik. Frankfurt.

Schmid, Wilhelm (2007): Glück. Alles, was Sie darüber wissen müssen, und warum es nicht das Wichtigste im Leben ist. Frankfurt.

Schneewind, Klaus A./Böhmert, Beate (2008): Kinder im Grundschulalter kompetent erziehen: Der interaktive Elterncoach „Freiheit in Grenzen". Bern.

Schneewind, Klaus A./Böhmert, Beate (2009): Kinder im Vorschulalter kompetent erziehen. Bern.

Schweitzer, Friedrich (1996): Grundformen ethischen Lehrens und Lernens in der Schule. In: G. Adam/F. Schweitzer (Hrsg.): Ethisch erziehen in der Schule. Göttingen, S. 62–80.

Seel, Martin (2010): 111 Tugenden, 111 Laster. Eine philosophische Revue. Frankfurt.

Selman, Robert L. (1984): Die Entwicklung des sozialen Verstehens. Entwicklungspsychologische und klinische Untersuchungen. Frankfurt.

Sen, Amartya (2000): Ökonomie für den Menschen. Wege zu Gerechtigkeit und Solidarität in der Martwirtschaft. München.

Sen, Amartya (2000a): Der Lebensstandard. Berlin.

Sen, Amartya (2007) Die Identitätsfalle. Warum es keinen Krieg der Kulturen gibt. München.

Shaw, Bernard (2004): Man and Superman. A Comedy and a Philosophy, Westminster, S. 177–244 (Orig. 1903).

Simmel, Georg (1992): Exkurs über den Fremden. In: Ders. Untersuchungen über die Formen der Vergesellschaftung. Gesamtausgabe Band 11. Frankfurt, S. 764–771 (Orig. 1908).

Singer, Peter (1984): Praktische Ethik. Stuttgart.

Singer, Peter (2009: Leben retten. Wie sich Armut abschaffen lässt – und warum wir es nicht tun. Zürich.

Smith, Adam (1990): Der Wohlstand der Nationen. München (Orig. 1776).

Smith, Adam (2004): Theorie der ethischen Gefühle. Hamburg (Orig. 1759).

Spaemann, Robert (1982): Moralische Grundbegriffe. München (^{8}2009).

Spinoza, Baruch de (1989): Ethik nach geometrischer Methode dargestellt. Hamburg (Orig. 1677).

Spitz, René (1960): Ja und nein. Stuttgart.

Spranger, Eduard (1945): Lebenserfahrung. Tübingen.

Steinherr, Eva (2012): Wie kultiviere ich die Freiheit bei dem Zwange? In: Evald Kiel (Hrsg.): Erziehung sehen, analysieren, gestalten. München, S. 45–68.

Steinherr, Eva (2013): Kommt Erziehung mit relativen Normen aus? In: Pädagogische Rundschau 67/4, S. 421–440.

Stern, Clara und William (1975): Die Kindersprache. Darmstadt (Orig. 1934).

Strawson, Peter (1962): Freedom and Resentment. In: Proceedings of the British Academy 48, p.187–211. Dt.: Freiheit und Übelnehmen. In: U.Pothast (Hrsg.), Seminar: Freies Handeln und Determinismus. Frankfurt 1978, S. 201–233.

Streckeisen, Ursula/ Hänzi, Denis/ Hungerbühler, Andrea (2007): Fördern und Auslesen. Deutungsmuster von Lehrpersonen zu einem beruflichen Dilemma. Wiesbaden.

Tauber, Robert T. (1997): Self-fulfilling Prophecy. A Practical Guide to Its Use in Education. Westport.

Thiel, Christian (1980): Stichwort „Argumentation", in: Enzyklopädie Philosophie und Wissenschaftstheorie Bd. 1, S.161. Mannheim.

Thiel, Oliver/Valtin Renate (2002): Eine Zwei ist eine Drei ist eine Vier. Oder: Sind Zensuren aus verschiedenen Klassen vergleichbar? In: R.Valtin/ C.Schmude: Was ist ein gutes Zeugnis? Noten und verbale Beurteilungen auf dem Prüfstand. München, Kap. 7.

Thompson, Spencer K. (1975): Gender, Labels and Early Sex Role Development. In: Child Development 46, S. 339–347.

Tomasello, Michael (2009): Die Ursprünge der menschlichen Kommunikation. Frankfurt.

Tomasello, Michael (2010): Warum wir kooperieren. Frankfurt.

Treml, Alfred K. (1994): Ethik als Unterrichtsfach in den verschiedenen Bundesländern Eine Zwischenbilanz, Frankfurt (als PDF-Datei im Internet).

Tugendhat, Ernst (1979): Selbstbewusstsein und Selbstbestimmung. Frankfurt (^{6}1997).

Tugendhat, Ernst (1993): Vorlesungen über Ethik. Frankfurt.

Turiel, Elliot (1983): The development of social knowledge. Morality and convention. Cambridge.

Unger, Peter K. (1996): Living High and Letting Die. New York/Oxford.

Vögeli-Mantovani Urs (1999): Mehr fördern, weniger auslesen. Zur Entwicklung der schulischen Beurteilung in der Schweiz. SKBF-Trendbericht Nr. 3. Aarau.

Waal, Frans de (2011): Das Prinzip Empathie: Was wir von der Natur für eine besser Gesellschaft lernen können. München.

Wagenschein, Martin (2003): Kinder auf dem Wege zur Physik. Weinheim.

Wagenschein, Martin (2009): Naturphänomene sehen und verstehen. Genetische Lehrgänge. Hrsg. von Hans Christoph Berg. Bern.

Walzer, Michael (2006): Thick and Thin. Moral Argument at Home and Abroad. South Bend.

Weber, Max (^{5}1980): Wirtschaft und Gesellschaft. Tübingen (Orig. 1922).

Weber, Max (^{7}1988): Die „Objektivität" sozialwissenschaftlicher und sozialpolitischer Erkenntnis. In: Ders. Gesammelte Aufsätze zur Wissenschaftslehre. Tübingen, S.146–214 (Orig. 1904).

Weber, Max (1992): Politik als Beruf [Vortrag]). Stuttgart (Orig. 1919).

Weber, Max (2005): Schriften zur Soziologie. Stuttgart: Reclam.

Weizsäcker, Ernst Ulrich von (1990): Erdpolitik. Darmstadt.

Wittgenstein, Ludwig (1967): Philosophische Untersuchungen. Frankfurt (Orig. 1953).

Wolf, Christa (1993): Kindheitsmuster. Berlin.

Wolf, Ursula (1999): Die Philosophie und die Frage nach dem Guten. Reinbek.

Wygotski, Lew (1977): Denken und Sprechen. Frankfurt (Orig. 1934).

Youniss, James (1984): Moral, kommunikative Beziehungen und die Entwicklung der Reziprozität. In: W.Edelstein/J.Habermas (Hrsg.): Soziale Interaktion und soziales Verstehen. Frankfurt, S. 34–60.

Youniss, James (1994): Soziale Konstruktion und psychische Entwicklung (hrsgg. Von L.Krappmann und H.Oswald. Frankfurt.

Zoller, Eva (2010): Selber denken macht schlau. Philosophieren mit Kindern und Jugendlichen. Bern.

Personenverzeichnis

Allmendinger, Jutta 17, 25–28, 66f.
Althof, Wolfgang 42, 141
Amery, Carl 72
Apel, Karl-Otto 90, 99ff., 104, 106
Arendt, Hannah 57
Aristoteles 41, 48, 58f., 69–73, 78, 89, 137

Bahr, Petra 73
Bandura, Albert 16f., 40
Bauer, Joachim 17, 21f., 29, 33f.
Bentham, Jeremy 64, 108–111, 116, 121
Bieri, Peter 32, 48ff., 136, 139
Binswanger, Mathias 21, 23, 66f.
Bobbio, Norberto 91
Böhmert, Beate 17f.
Boff, Leonardo 73
Bordt, Michael 68
Brandt, Willy 44
v. Braunmühl, Ekkehard 15
Brezinska, Wolfgang 40
Bueb, Bernhard 17, 73

Camus, Albert 63
Chiapparini, Emanuela 73
Cortina, Adela 18, 65

Damasio, Antonio 76, 87
Damon, William 42
Danzer, Georg 73
Dewey, John 30, 44, 90
Dreikurs, Rudolf 38
Dubs, Rolf 21

Epikur 64
Erikson, Erik 129
Eykmann, Walter 73

Fellmann, Ferdinand 39, 44
Fendrich, Reinhard 68
Ferry, Luc 52
Fetz, Reto 140
Fichte, Gottlieb 63, 79
Fisher, Roger 95
Frankena, William 115
Frankfurt, Harri 47, 57
Freese, Ludwig 98
Freire, Paulo 14
Freud, Sigmund 16

Frisch, Max 132
Fromm, Erich 86
Fuchs, Werner 68

Galli, Giuseppe 73
Gert, Bernard 79
Giesecke, Hermann 15, 18
Gigerenzer, Gerd 49
Gronemeyer, Marianne 21, 29

Habermas, Jürgen 43, 51, 90ff., 96f., 99, 106
Hall, Robert 41
Harris, Paul 126, 131, 133
Hegel, Georg Wilhelm Friedrich 63f., 79
Heitger, Marian 29
v. Hentig, Hartmut 14, 34
Herostratos 67
Heuser, Uwe 66
Hobbes, Thomas 36
Höffe, Otfried 73
Hoffman, Martin 125, 128
Horster, Detlef 34
Hösle, Vittorio 37
Hossenfelder, Malte 65
Humboldt, Wilhelm von 9
Hume, David 47, 54
Hunger, Sophie 60
Hussein, Saddam 115

Illich, Ivan 14, 21, 24
Immler, Hans 52

Jacobson, Lenore 27

Kant, Immanuel 12, 14, 20, 31, 33, 41, 47f., 79–86, 89f., 98ff., 137, 140
Kelsen, Hans 55
Kennedy, John F. 44
Kohlberg, Lawrence 42ff., 124, 126, 134, 137,141
Köhler, Horst 13
Kohn, Alfie 21
Konfuzius 143
Krappmann, Lothar 136
Krikaljow, Sergei 60
Kronig, Winfried 24ff., 28
Kunze, Anne 66

Kymlicka, Will 108, 112

Lenzen, Dieter 19
Lewin, Kurt 54, 57
Lickona, Thomas 38, 43, 125, 132, 134, 136
Lind, Georg 42

MacIntyre, Alasdair 71f.
Marmet, Jürg 60
Martens, Ekkehard 98
McCourt, Frank 37
Mead, George Herbert 133
Merton, Robert 27
Mill, John Stuart 108f., 111f., 115
Mitran, George 73
Montessori, Maria 14, 16, 35
Müller-Wieland, Marcel 15
Mursi, Mohammed 37

Nagel, Thomas 47, 56
Neill, Alexander 14
Nietzsche, Friedrich 62, 79
Noddings, Nel 45
Nunner-Winkler, Gertrud 126
Nussbaum, Martha 60

O'Neill, Onara 79
Oser, Fritz 27, 39–42, 44, 88

Parfit, Derek 120
Pascal, Blaise 37, 63
Paul, Jean 131
Peters, Richard 90
Piaget, Jean 16, 20, 32f., 44, 63, 87, 124ff., 130f., 134–137
Pieper, Josef 73
Platon 41, 64, 69, 115
Plüss, Andrea 45
Priestly, John 108
Puka Bill 40

Rawls, John 25, 66, 79, 86
Rattner, Josef 73
Reiner, Hans 137
Rippe, Klaus-Peter 73
Robespierre, Maximilien de 113
Robinson, Ken (Sir) 28, 30
Rogers, Carl 15
Rohracher, Hubert 51f.

Rosenthal, Robert 27
Rousseau, Jean-Jacques 16, 59

Sartori, Giovanni 91, 95
Schaber, Peter 73
Scheler, Max 128
Schenk-Danziger, Lotte 129f., 141
Schiller, Friedrich 81, 87f.
Schleiermacher, Friedrich 15
Schlick, Moritz 55
Schmid, Wilhelm 59, 61f.
Schneewind, Klaus 17f.
Schopenhauer, Arthur 79
Schweitzer, Friedrich 15
Seel, Martin 73
Seichter, Sabine 73
Selman, Robert 42, 133
Sen, Amartya 60, 65, 67
Simmel, Georg 78

Singer, Peter 41, 110ff., 116–119, 122
Smith, Adam 75–78, 80, 87ff., 110f., 136, 138
Sokrates 64, 69
Soltz, Vicky 38
Spinoza, Baruch de 73ff., 82, 87ff.
Spitz, René 129
Steinherr, Eva 19f., 33
Stern, Clara und William 130
Strawson, Peter 86
Streckeisen, Ursula 26

Tauber, Robert 27
Thiel, Christian 94
Thiel, Oliver 25
Thompson, Spencer 130
Tomasello, Michael 127
Treml, Alfred 39–42

Tugendhat, Ernst 32, 78, 85, 88, 98, 101, 133
Turiel, Elliot 126

Valtin, Renate 25
Vögeli-Mantovani, Urs 25

Wagenschein, Martin 17
Walzer, Michael 142
Weber, Max 35, 53, 55, 81
v. Weizsäcker, Ulrich 52
Wittgenstein, Ludwig 15
Wolf, Christa 131
Wolf, Ursula 57
Wygotski, Lew 16

Youniss, James 140

Zoller, Eva 98

Sachverzeichnis

Abitur 26, 28f.
Absicht 46, 72, 80f., 110, 119, 133
Achtung [s. auch Respekt] 11f., 31f., 43, 79, 82f., 86f., 98, 106
– einseitige 33, 88, 135
– gegenseitige (wechselseitige) 31, 88, 96, 103, 106, 126, 135
Affekt 47f., 52, 73ff., 86, 88, 129, 134, 136f.
Aggression 32, 65, 105
Aggressionsverbot 95, 105
Alphabetisierung 14
– in der Sprache der Gefühle 45
Antipädagogik 14–17
Argument, Argument, argumentieren 19f., 42, 83, 93–100, 111, 118
Aufmerksamkeit, geteilte („Joint Attention") 127
Aushandlungsprozess → Verhandlung
Autonomie [s. auch Selbstbestimmung] 10, 12, 14, 18, 20, 31–34, 79, 82, 85–88, 98, 104, 137, 143
Autorität 35f.

„Bauchgefühle" 49
Behaviorismus 15

Beobachter, neutraler (Smith) 136
Beschlussfassung (demokratische) 90–93
Beurteilung von Schülern 25f.
Bildung 14, 23, 29
Bildungsforschung 7f.
Bildungskonzept(e) 20, 24
Bildungssystem 30
Bildungswesen 13, 21f.
Bildungsziel(e) 17
Billigung 76, 78, 132, 135, 137f.
Böse 45, 79, 138
Burnout 29

Chancengleichheit 8, 11, 13, 22, 24–29
Charakter 49, 70
Charisma 7f.
Common Sense 18
Curriculums-Planung, kollektive 96

Dankbarkeit 48, 138
Debatte 12, 93, 95, 98, 105
Demokratie, demokratisch 30, 41, 90ff., 99, 115, 143
Demütigung 31ff., 73
Dezentrierung, dezentrieren [s. auch Egozentrismus] 20, 63f., 98, 124f., 137, 140

Dialog, dialogische Haltung 12, 17–20, 41, 99
Dilemma 12, 120
Dilemma-Diskussion 42, 99
Diskriminierung, diskriminierend 16, 19, 67, 112
Diskurs 12, 19f., 41, 49, 55, 92, 93, 96, 99–106
Disziplin 14, 17
Dogmatismus [s. auch Relativismus] 19ff., 141
Drohung 15, 26ff., 36ff., 96, 98

Egoismus/Egoist 75, 84
Egozentrismus, egozentrisch [s. auch Dezentrierung] 20, 43, 124f., 133, 137, 141
Ehre 61, 66f.
Einfühlung(sfähigkeit → Empathie
Einigung, Einigungsprozess 91–93, 97f.
Emanzipation 14, 44
Emotion [s. auch Gefühl] 28, 44, 69, 75ff., 94, 119, 121, 129, 134, 136
Empathie(fähigkeit) 16, 37f., 55, 76f., 97, 118, 124, 126–129, 131, 137f.
Empfindung(en) 50f., 70, 77f.

Empörung, Entrüstung 48, 107, 138, 142
Empowerment 36
Entscheidung 28, 33, 34, 38, 46–49, 57ff., 59, 71, 84, 86, 129, 140
– kollektive 90–93, 97, 99
„Entschulung" der Gesellschaft 14
Entwicklung bottom up 92
Entwicklung top down 92
Entwicklung, moralische 12, 31f., 42, 44, 124–143
Entwicklung sozialer Beziehungen 124–143
Ethik [s. auch Moral] 13, 69–73, 93, 100, 106, 108–122

Flow 65
Freiheit [s. auch Herrschaftsfreiheit] 15, 17, 30ff., 46ff., 52, 58f., 61, 63, 67, 79f., 87, 116
– der Entscheidung, Entscheidungs-F. 47f., 84, 86f., 91, 104
– der Handlung 46f., 84, 86
– des Willens 46, 48, 84, 86, 129f., 136
Freundschaft 14, 42, 57, 77, 133, 135, 140
Frustration 66, 74

Gebote versus Verbote 78f.
Gefühl [s. auch Emotion] 16, 32f., 45f., 48, 50–53, 69f., 73, 80, 86, 88f., 97, 124, 128ff., 132f., 136f.
Gefühlsbildung 45
Gefühlskontrolle 77f., 135ff.
Gehirnforschung 47, 86f.
Gerechtigkeit, gerecht 7, 37, 44, 55, 70, 99, 112, 115, 122, 124, 142
Gesinnung 40f., 81
Gesinnungsethik 81
Gewalt 14f., 17, 19, 37, 45, 60, 73, 104, 106, 115
Gewissen 34, 138
Gleichberechtigung, Gleichbehandlung 96, 119
Gleichheitsprinzip:
– bei K. O. Apel 101–105
– im Utilitarismus 111f., 119, 122
Globalisierung 21, 80, 99
Glück 11, 57–62, 64, 75, 80
Goldene Regel → Regel, Goldene
Gott 63, 81f., 132
Grenznutzen 111
Grundrecht(e) [s. auch Menschenrechte] 32, 79, 103ff.

Habitus 72
Haltung 12, 40, 54, 69–73, 78, 88f., 137
Handlungsfolgen 119
Happy Victimizer (glücklicher Übeltäter) 126
Hedonismus 64
Herrschaftsfreiheit 96

Imitation 17
Indifferenz 73, 89
Individualismus 72f., 89
Indoktrination 18f., 39
Instrumentalisierung, instrumentalisieren 32, 38, 84f., 104, 106
Interesse(n) 25, 28ff., 44, 48, 51f., 56, 94, 96, 104f., 109, 112, 116, 119, 128, 136, 143
Intuition, intuitiv 16, 35, 37, 113, 121f., 125, 127f., 133, 136
– moralische 120f.

Just Community-Schule(n) 42f.

Kategorischer Imperativ (Kant) 82–89
Katholische Soziallehre 70
Kinderrechte 32f., 37
Klimawandel 83ff.
Kommunikation 16, 53, 61, 76f., 92f., 96, 105f.
kommunikatives Handeln (Habermas) 96
Kompetenz 36
Kompromiss 92, 94
Konflikt 91, 94, 98, 143
Konkurrenz → Wettbewerb
Konsens 18f., 22, 43, 53, 55, 72, 92–96, 98f., 105, 141
Werte-K. 18, 89
Konvention, konventionell 78, 140, 143
Kooperation 12, 20, 23, 31, 38, 61, 76, 93f., 97, 99, 101–104, 106, 114, 127, 135f.

Lebensplanung 56ff., 61
Lebensstandard, Lebensqualität 60, 66f., 120, 122
Leistungsbeurteilung, Leistungsmessung 21f., 26ff.
Lernen 13–17
– am Modell 16
– von Regeln 15f.
– durch soziale Interaktion 15–18, 28, 34ff.

Liebe/Partnerschaft 51, 70, 74, 76, 140
Liebe (zum Kind/zum Schüler) 33, 74
Lust 17, 45, 50, 64, 70f., 74, 108ff., 118
Lustprinzip 16

Macht 31, 35–38, 61, 63, 105f.
Macht im pädagogischen Verhältnis 36, 105f.
Machtkampf 35, 37f.,106
Machtmissbrauch 35, 37
Mediation 94
Mehrheitsprinzip 92f., 95
Menschenrecht(e) [s. auch Grundrechte] 19, 32, 40, 43, 53f., 69, 73, 79, 87, 89, 115, 122f., 142f.
Menschenwürde 19, 31f., 34
Messbarkeit von Qualitäten 21, 23, 27f.
Mitgefühl [s. auch Sympathie] 77, 87
Mitte: Lehre von der rechten M. 71, 78
Moral, moralisch 71, 78–82, 85–88, 99f., 102, 104, 106, 124, 142f.
Moralentwicklung 124–43
Moralerziehung 39f., 45
Moralismus, Moralist 113, 122
Motivation 21, 33, 39, 42, 45, 47, 50, 67, 73, 129, 136

Nationalsozialismus 72
Natur 24, 48, 64, 66, 81f., 98, 130
New Public Management 21
Norm(en) 25, 31, 69, 71, 78f., 82, 94, 99f., 102, 104, 106, 113ff., 119, 122, 126f., 135, 137f.

Pädagogik, schwarze 35
„pädagogische Zumutung" (Oser) 27, 88
Paradoxie/paradox 15, 33, 47, 81, 126
Pascals Wette 63
Peer-Gruppe 34, 135f., 138, 140, 143
Perspektivenübernahme 42
Pflichten bei Kant 79ff.
Pflichten und Rechte 31, 34, 37, 101, 103ff., 121
Philosophie, philosophisch 40ff., 45, 47, 63, 71, 73, 79f., 122, 140

Philosophieren mit Kindern 98f.
Pluralismus, pluralistisch 18, 40, 55, 72f., 89
Pluralismus der Werte 40, 49
Privatschulen 23f.
Prüfung/Examen 26–28
Pygmalioneffekt 27

Qualitätsmanagement 22

Recht 31–34, 37, 69, 104f., 142
– juristisches 80
Rechtsgüter
Regel [s. auch Norm] 15, 18, 53, 82–86, 90, 95, 97, 99f., 104, 106f., 113ff., 122, 124, 126, 130, 134, 137, 141
Regel-Ethik 71, 102–107
Regel, Goldene 83, 102f., 125f., 132f., 135, 137, 141, 143
Relativierung 63f.
Relativismus, relativistisch 18f., 39, 53, 89, 141f.
Religion, religiös 8f., 41, 60, 63, 99
Religionsunterricht 9, 39f.
Resilienz 34
Rhetorik 95
Rolle 139
Rücksichtnahme 69, 82

Sanktion, Sanktionswesen 15, 18, 37, 40, 43, 69, 106f., 111, 115, 141
Scham 76, 127, 133, 135f., 138
Schicksal 59, 63, 120
Schleier des Nichtwissens 86
Schuld(gefühle) / Gewissensbisse 48, 126f., 133f., 138
Schule 11, 13ff., 17f., 20–30, 36f., 39, 44, 66f., 98
Schüler-Lehrer-Verhältnis 32–38, 43, 87f., 102, 105f.
Schwarzfahren → Trittbrettfahren
Selbstbestimmung [s. auch Autonomie] 11, 15, 18, 20, 29, 31, 46, 57, 69, 140
Selbstbewusstsein 131
Selbstbild 17, 34
Selbstkontrolle 78, 89
Selbstverantwortung 33
Selbstverwirklichung 65

Selbstwertgefühl 17, 32, 34, 43, 57, 98, 104, 126, 133, 138f.
Selektion, Selektionswesen 20f., 26, 28f.
Sensibilität, sensibel 41, 77f., 89
Sinn 11, 61ff.
Spaß 62, 65f., 98
Spontaneität 14, 18, 21
Sprachlernen 15f.
Status 66
Stigmatisierung 22
Stoiker 65
Strafe → Sanktion
Strategisches Verhalten 95
Symbol(e) 16, 130
Symbolspiel 131
Sympathie [s. auch Empathie] 23, 74, 76f., 89f., 130

Theologie 40, 73
Tierethik 12, 116ff.
Toleranz, tolerant 19f., 70, 73, 89, 141
Trittbrettfahren, Schwarzfahren 83, 100, 103ff., 141
Trotz, Trotzreaktion 129, 134
Tugend(en) 12, 34, 40, 69–73, 78f., 89, 137
– ethische 71
– intellektuelle 71
– universalistische 78

Überlegung 49
Überzeugung 40f., 98, 124, 126, 134, 138
Übung 70
„Umkehrung des Bewusstseinseins" (Hegel, Piaget) 63
Universalisierung 85f., 88f.
universalistisch 89
Unparteilichkeit, unparteilich 78, 88, 93f.
Unsterblichkeit 67f.
Unterricht 10–16, 27–30, 39–45, 89, 107
Unterricht als Lebenshilfe 39
Unterricht in Ethik 39–45
Utilitarismus, utilitaristisch 12, 64, 108–122

Verallgemeinerungsregel [s. auch Regel] 103, 106, 141, 143

Verantwortung, Verantwortlichkeit 33, 35, 42f., 140
Verantwortungsethik 81
Verbot(e) 78f., 103f., 126
Verhandlung [s. auch Aushandlungsprozess] 12, 93f., 98, 105
Versprechen 32, 37, 83, 104, 113f., 121
Vorbild 17, 34, 39ff., 71

Wahrheitsanspruch 97, 100
Werbung 65
Werte 7ff., 12f., 15–20, 28, 31, 40f., 46, 51–61, 75, 132, 135, 138
– ökonomische W. und Preise 52f.
Wertebewusstsein, Werteüberzeugung 32, 39
Werteordnung, Wertesystem 18f., 141f.
Wertevermittlung 39f.
Wertfreiheit, Wertfreiheitspostulat 9, 55
Werthaltung 33, 39
Werturteil 8, 54, 56, 75, 89
Wettbewerb, Wettkampf 12, 20–23, 25f., 61, 65f., 93, 95, 99, 103, 137
Widerspruch, widersprüchlich 14, 20, 41, 50, 94, 97, 100., 140ff.
– performativer 100
– pragmatischer 20
Wille, Willensakt 35, 47–50, 80, 83, 128ff., 132, 134ff
Willensfreiheit: s. Freiheit
Willensschwäche 48f.
Wirtschaft 9, 13, 21, 29, 52f., 55, 60, 65, 122
Wohlbefinden, Wohlergehen 35, 59f., 64, 75, 80, 108f., 115, 116
Wohlstand 66f., 75
Wohltätigkeit, Wohlwollen 111, 122, 137
Wunscherfüllung 65f.
Würde → Menschenwürde

Zeigegeste (beim Kleinkind) 127
Zeitgeist 18
Zwang 13, 15, 33, 47, 97, 105f.
Zwangsneurotiker 48
Zwei-Welten-Lehre (Kant) 81f.
Zweck, Handlungszweck 85